“公法与治理”
学术文库
第一辑
Public Law and Governance Series No.1

成长中的法律

曾哲 等◎著

撰稿人：（按照姓氏笔画顺序排序）
王 可 王 璐 向瑶琼
陈治美 周泽中 索肖娟
黄 莎 彭媛坪 曾 哲

中国法制出版社
CHINA LEGAL PUBLISHING HOUSE

总　序

我们正处于法学史上的关键时期。现代国家制度的观念基础已经悄然发生变化，国家的神圣理论、主权理论、契约理论都在历史的长河中随着时代的变迁而不断花样翻新，在与国家技术化、中立化理论角逐的过程中，逐渐失去了理论的锐气。在封建时代被奉为君主“私有物”的主权，与封建“领主权”共同确立起来的近代法律制度上的权力概念，也随着国家与社会关系、政府与市场关系、组织与个体关系的调和而变得模糊不清。随着中立主义、相对主义甚至大众娱乐主义哲学话语的大获全胜，霍布斯国家学说中反复出场的“利维坦”很难不被认为是耸人听闻。与公法的权力逻辑相比，公法的治理逻辑已经更加突显。进而，我们需要从何种角度介入法学（认识论）；以何种方式解释法学（方法论）；以及法学到底为了什么（目的论），答案并非不证自明。

一、从法学之内迈向法学之外

根据法学历史发展轨迹，有学者区分了“法学内的法学”和“法学外的法学”。前者运用一套法律家创制的法律语言，沿用来自法律家经验的解释方法，完成法律实务之问题解答，以追求实践—技术的知识之旨趣。德文名曰 Rechtsdogmatik（“法律教义学”）。它满足于体制内法律解释、评述和法的续造，极力在实在法平台上工作，追求法之安定性与一致性，“守护着经年相沿的行事方式和语言体系，不大情愿在法律之外寻求问题求解的视角，抵御来自正统法学之外的思想方式、概念和知识”。后者是专业法学以外的思想者法学，它所关注的问题、运用的语言及知识追求与法学内的法学有所不同，其采取“外观的立场”而又企图深入法律之内在的根本问题（如“法律存在和效力的终极根据”）。法学外的这些学者常年垄断着对自然法的解释权，自然法学同时也成为哲学家、伦理学家、神学家或政治学家在学科围墙之外“干预”法学知识领地的通道，直到19世纪实证主义兴起以后这种状况才发生改变，“法律家的法哲学”取代了自然法学。①

因此，哈特将实践法律而非空想家或哲学家所提供的“法律是什么”的答案，比作一道道光芒，使我们看到了许多隐藏在法律之中的东西，当然这道光芒又是如此的耀眼，以至于我们对于其余的东西变得盲目。而且，“对比于在各类著作中永无止境的理论纷争，奇怪的是当他们被要求这么干时，大多数人都能轻而易举且很自信地列举出关于法律是什么的例子”②。所以，法学之内的学者认为：“与其脱离程序来奢谈价值，不如基于法之安定性来树立法之权威；与其天马行空地质疑制定法中的价值认定，不如恪守以宪法为核心的制定法体系所表征之形式的价值共识，作为一切具体共识和妥协的一种基础。”③这种共识基础之所以能够被信任，归根结底来自对现行体制的自信，即类似于假定现行体制下的法本身就是“善”的。因此，作为一种退而

① 舒国滢：《从方法论看抽象法学理论的发展》，载《浙江社会科学》2004年第5期。

② H.L.A. Hart, *Concept of Law*, Oxford University Press, 1994, p.2.

③ 林来梵、郑磊：《基于法教义学概念的质疑》，载《河北法学》2007年第10期。

求其次的理论，法学之内的法学自觉地选择了目的论“下降”，试图在法律文本最低共识基础上以法之安定性维护法之权威性。在尊重制定法的基础上，以法学方法论为工具，以解决法律实务问题为己任，最终维系并不断重构统一的法律秩序。①

然而，法学之内的法学公开放弃的乃是学科界限外的广阔天地。其根本问题在于，“社会事实”中的问题并不以学科为界。社会科学家涂尔干曾旗帜鲜明地提出，要认识社会，进而要形成一门关于社会的科学，就得去发现社会事实。② 表面上看涂尔干的“社会事实”与法学所认知的公法或政治法没有任何干系，而且绝大多数社会科学家都至少表面拒绝将二者拉上关系。但是，在现代民主体制下，“社会事实”就是一种政治事实。或许古代世界人民生活中的“鸡零狗碎”与城邦政治毫无瓜葛，但现代民主体制下，人民事务无小事，“人民的衣食住行，就是最大的国家政治”。因此，退守法学之内并非明智之举。

二、从神圣政治迈向治理技术

从孔德的“社会物理学”开始，社会科学家就试图在人民之间的关系与物质之间的关系中找到结合之处。孔德自认为对社会有机体论的统计分析与生物学中对个体有机体论的统计分析间建立起了真正的

---

① 周升乾：《法教义学研究》，中国政法大学博士学位论文，2011 年 3 月。

② [法]迪尔凯姆（涂尔干）：《社会学方法的准则》，狄玉明译，商务印书馆 1995 年版，第 7 页。托克维尔也说：“社会状况一经建立，它立刻可以公正地被认为几乎是规定国家行为之法律、惯例和思想的一切来源：举凡非它产生的东西，它都加以变更。”参见[法]托克维尔：《民主在美国》，秦修明等译，吉林出版集团有限责任公司 2013 年版，第 42 页；另可参见董果良译本，商务印书馆 1987 年版，第 52 页。

对应关系。[①] 最初的社会学就是将“生物有机体”与社会结构做一种细致的类比，实际上是从生物世界中寻找“人民联合”的秘密。他们大多认为，社会的有机特征，就如同生物学上对器官、组织描述的那样，各因素相互依赖、相辅相成。社会系统是一个类同于生物系统的有机系统，其中人的行动就如同生物系统中的细胞。这种“生物学隐喻”的社会思想后来成为结构功能主义的起点，支配着英美社会学界达数个世纪之久。[②] 但是，以“生物学隐喻”表述人类社会的内在联系，多少有动物化的倾向，即“比较低级的现象去阐明比较高级的现象”[③]。斯宾塞提出的表明人类社会真正性质的“超有机体”概念，试图使社会理论超越适者生存的生物学而迈入一种科学发现“人民联合”内在秩序的学术。

涂尔干在他的博士论文中指出，“一群乌合之众竟然组成了一个社会，一个杂乱无章的国家竟然要去寻求界限和限制，这在社会科学家看来简直是一种骇人听闻的事情”。[④] 在关于劳动分工使社会成为可能的精彩论述中，他旗帜鲜明地说：“事实上，分工所产生的道德影响，要比它的经济作用显得更为重要，在两人或多人之间建立一种团结感，才是它真正的功能。无论如何，它总归在朋友之间确立了一种联合，并把自己的特性注入其中。”[⑤] 分工的重要意义并非让人民获得更多利润，而是通过分工，使人民之间的相互依赖加深了，而且从

① Auguste Comte, *System of Positive or Treatise on Sociology*, London: Burt Franklin, 1875, pp.239-240.

② [英]帕特里克·贝尔特:《二十世纪的社会理论》，瞿铁鹏译，上海译文出版社 2005 年版，第 34 页。

③ [英]鲍桑葵:《关于国家的哲学理论》，汪淑钧译，商务印书馆 1995 年版，第 60 页。

④ [法]涂尔干:《社会分工论》，渠东译，生活·读书·新知三联书店 2000 年版，第 40 页。

⑤ [法]涂尔干:《社会分工论》，渠东译，生活·读书·新知三联书店 2000 年版，第 20 页。

性质上来说，这种依赖从机械的依赖变成了有机的依赖，他们不是为了使自己高尚而和平共存，不过是因为和平共存而使自己高尚。分工的重要价值，首先不在于它能够通过一种“看不见的手”，将追逐私利的行为转变为公共的福利和社会的秩序，而在于分工带来了人之间的相互依赖和团结，从而构成了作为社会秩序基础的集体良知。[①]

分工不仅仅使得社会成为可能，更使社会的存在获得了政治伦理，同时还使得这种存在格局变得更加复杂、抽象和细致入微。法国思想家福柯清晰地说明了现代国家治理术的内在复杂性、隐秘性。他通过重述刑罚史的方式，发现走向现代的刑罚（国家治理术）并非“从野蛮走向文明”，而是从粗放型权力技术走向密集型“权力技术学”的进程。在他看来，不是权力变得文明了，而是权力通过物理学的方式使自己变得符号化、内在化乃至灵魂化了。[②] 也就是说，过去的神圣政治针对的是人的身体，现代的国家治理术针对的是人的灵魂；过去重视威慑；现代重视纪律。这样才产生了以规范文本为基础的“确定性政治”[③]，也因此才有了上述法学之内的法学所始终坚持的制定法及其规则效力。

然而，现代社会中“人民联合”的内在秩序虽然趋向于“确定性政治”及其国家治理术，但显然“人民联合”的秘密不是制定法，也不是制定法权威所构建起来的。涂尔干给我们带来的最大启迪就是，如果分工仅仅是一种劳动的方式，而不具备将“人民联合”在一起的纽带作用、团结功能，那么以分工为基础的现代社会是不可想象的。

---

① 李猛：《论抽象社会》，载《社会学研究》1999 年第 1 期。

② [法]福柯：《规训与惩罚》，刘北成等译，生活·读书·新知三联书店 2007 年版，第 93 页、第 113 页。

③ Stephen Toulmin，*Cosmopolis：The Hidden agenda of Modernity*，Free Press，1990，p.20.

因为单纯的程序技术不能担当起维系“人民联合”的内在秩序所需要的观念价值资源，同样也就无法为内在秩序基础上的政治体制提供合法性论证。

三、填补理想与现实的鸿沟

在现代社会，作为“社会事实”的政治事实首先是：在民主体制下，统治者已经不能直接向人民说话（发号施令），他们必须深切理解人民如何说话（“社会事实”）。学术研究的任务也因此发生了根本性的改变，他们不仅仅要提出理想，他们还必须理解现实。尽管理想与现实之间存在着不小的鸿沟，[①] 这种鸿沟还常常令有些学者们无限亢奋或者几近奔溃，如马克思、尼采等。法学之所以无法满足变迁中复杂社会的要求，乃是因为它在法律这种人类自己创造的尺度内工作。[②] 面向“社会事实”本身，是以现实所展示出来的问题为中心展开学术，而非以语言和逻辑构建的学术为中心比附社会。学术自身不会产生问题。至于有学者担心的“以实然推导应然”[③]，这就需要判断如何推导。若仅仅是对现实的完全肯认，失去任何理性分析和建构能力，显然无法推导应然；若是在对经验一手材料理性分析的基础上，提出有益于“人民联合”和社会秩序的建设性方案，则推导无妨。面向“社会事实”本身，就是价值中立地理解人民如何说话。这包含着三个问题：为什么是人民说话（深度关注中国社会自身的内在运行机理）；人民以什么方式说话（对人民利益做

---

① 李忠夏：《中国宪法学方法论反思》，载《法学研究》2011 年第 2 期。

② 郑戈：《法学是一门社会科学吗》，载《北大法律评论》1998 年第 1 卷第 1 辑。

③ 陈景辉：《法律与社会科学研究的方法论批判》，载《政法论坛》2013 年第 1 期。

分类化处理)；人民说了什么（分析反思人民利益的内涵)。需要注意，作为一种“社会事实”的“人民”，不再是“意识形态”概念或政治概念，[①] 而是一个经验性概念。作为一个经验性概念，就可以通过“小人物”惩戒故事来反观“大历史”。[②]

编辑出版“公法与治理”学术文库，是西南政法大学行政法学院学术行动计划的重要组成部分。我们历来坚持既回归经典，又关注现实。我们认为，人和人生活在一起，并由此构成有机的共同体，并非利用某种个别利益或某种规范可以达成。任何共同体背后都有一套既成的社会事实及其背后的价值体系。“沉睡”的社会（社会整合的缺失）和“亢奋”的社会（社会整合的过度）同样危险。当前中国社会处于转轨时期，体现出来的基本特征就是表面“亢奋”，实质“沉睡”，[③] 因此，深度解读中国社会已经成为许多学者的共识。法学如果

---

① 意识形态的“人民”被外在地建构进“人民—非人民”的敌我关系中。据考证，与“国民”相比，“人民”本低于“国民”在政治范畴中的地位。重光在《国民与人民之分别》一文中说：“是故他国有国民，而我国则止有人民。人民者岁贡租税于政府，而不求相当之利也。专以服从强权为能事……哀我同胞，一奴隶之未已，而终古为奴隶乎。”也就是说，“人民”一词是奴隶的别称，是专制压迫和剥削的对象，是无产阶级。“人民”与“国民”最大的区别在于人民尚未觉醒，不求“税利”，亦即没有因纳税而产生相应的权利诉求和国家意识。然而，正是这如同“奴隶”的人民，在李大钊的表述中获得了鲜明的政治力量。1922 年李大钊在“平民政治与工人政治”一文中讲道：“democracy”原意为“人民的统治”，但资产阶级所用之“人民”具有虚假性，仅指中产阶级，而无产阶级的“democracy”才符合其原意。王人博发现，李大钊将“劳工问题”“经济问题”“大众文学问题”都挪借到“democracy”概念中加以消解，而解决这些问题的密钥就是“平等”，平等是一个失衡社会稍有良知的知识分子最为朴素的关切。“人民”由此成为现代话语体系中最有活力的元素，在底层革命浪潮中的重要政治时刻总起着关键性作用。参见高旭等编：《〈觉民〉月刊整理重排本》，社会科学文献出版社 1996 年版，第 199 页，以及李大钊：《平民政治与工人政治》，载《新青年》1922 年第 9 期。

② 陈柏峰：《小人物，大历史》，载《法律和社会科学》2013 年第 11 卷，第 311—314 页。

③ 周尚君：《地方法治试验的动力机制与制度前景》，载《中国法学》2014 年第 2 期。

不与社会事实及其价值体系达成某种制度性和解，最终伤害的不会是社会事实，而是法学，这也是一条政治事实。编辑出版“公法与治理”学术文库，旨在通过发现和整理社会事实中的系列公法问题和治理问题，凝练和升华一批优秀学术作品，期望能够达成所愿。

谭宗泽　周尚君

2017 年 12 月 1 日

序　言

故今日之责任，不在他人，而全在我少年。

少年智则国智，少年富则国富，少年强则国强，少年独立则国独立，少年自由则国自由，少年进步则国进步，少年胜于欧洲，则国胜于欧洲，少年雄于地球，则国雄于地球。红日初升，其道大光；河出伏流，一泻汪洋；潜龙腾渊，鳞爪飞扬；乳虎啸谷，百兽震惶；鹰隼试翼，风尘吸张；奇花初胎，矞矞皇皇；干将发硎，有作其芒；天戴其苍，地履其黄；纵有千古，横有八荒；前途似海，来日方长。美哉，我少年中国，与天不老！壮哉，我中国少年，与国无疆！

——梁启超语

一个民族最不能忽视的文化传承，是青少年的品格传承；一个国家最不能松懈的建设，是青少年的精神建设。作为民族和国家的希望和未来，青少年必须深深扎根于肥沃的社会土壤中，吸收绿色的教育雨露，沐浴和煦的家庭阳光，不断地抽枝拔节，向上进取，充分发挥自己的知识才干，才能为家庭的幸福、社会的和谐、国家的强盛贡献自身的有限力量，坚强地撑起国家的希望苍穹。但是，青少年的臂膀尚不够强健，羽翼亦尚未丰满，他们稍显娇嫩的身躯随时可能会遭受狂风暴雨的摧残，新萌的枝叶亦面临着被罪恶虫蚁蚕食的风险。成长的道路充满着艰难险阻，需要青少年增强自我辨别、自我掌控、自我救助乃至自我救赎的能力，唯有自身树立起强大的保护意识，才能从源头上抵御外界的不当侵扰，谨防误入歧途，从而免受诱惑，免受欺害，免遭不公。然而，单个个体的防御能力终究是有限的，青少年群体的合法权益保护更需要国家和社会提供安定有序的法治环境，还其一片安全的发展空间，从制度意义上构建法律保护的坚固藩篱，有效地保证青少年成长在法律保护的轨道上稳步前行。

《成长中的法律》一书，是对青少年权利保护的面面观，是对青少年成长过程中必经的关键阶段可能面临的法律问题进行全方位的解读——既有历史的凝练和厚度，又有现代性的风姿和质感。这部《成长中的法律》完美地勾画出青少年群体作为我国宪法保护语境下一个特殊的“认识权利、拥有权利、享受权利，甚至滥用个人权利的群体”的意识完善过程，详细记录着每个社会个体从童年、少年再到青年的成长过程中会遭遇的林林总总的人生困惑，是一部指引青少年不断努力寻求法律保护、司法救济的“葵花宝典”。在这个不可或缺或说是人生最精彩的片段和过程中留下永恒的咏叹。青少年将逐渐清楚地意识到自己不应妨害他人权利的行使，积极行使权利应以实现自身价值的正当性为要，以及借助相应的法律手段获得权利救济。人的生理年龄的增长和心理心智的成熟与否并不一定成比例，但人毕竟是人类社会发展过程中法律青睐和眷顾的唯一特定对象，不可逆转、不可停止、更不可让与；青少年法律意识的强化，则是人类政治文明发展历史文明长河得以延续繁荣、生生不息的坚实的文化精神基础，难怪梁启超坚定地认为“故今日之责任，不在他人，而全在我少年”。

成长中的“法律”，是青少年权利意识强化的重要载体和依托，是青少年提升自我防护能力和核心竞争力的利器。正如美国学者杰尔森·布鲁纳说："法律提供保护以对抗专断，它给人们以一种安全感和可靠感，并使人们不致在未来处于不祥的黑暗之中。"对于正在历经人生观、价值观塑造关键期的青少年而言，知法、懂法、学法、用法，构筑是非有分、善恶有界之思想基础，是驱散邪恶乌云、增进社会福祉之不二良方。法律具有的可预测性、规范指引性，能够为青少年的言行举止划定明晰可见的界限。通过规范培育青少年守规矩、知分寸的优良作风，建设和谐稳定的社会秩序，将能促进青少年群体与社会环境系统之间的良性互动。以上，基于"成长"与"法律"两个重要维度来解读"成长中的法律"，便是本书作者的核心要旨。

第一章"青春焕法"，其重点针对童年、少年、青年等不同时期可能会出现的普遍法律问题进行逐一分析，即从法律的视角分析不同成长阶段的法律现象及其困惑。该编重点呈现青少年在日常生活中的法律事件，着力阐述某个或者某类法律问题，通过生动平实的语言介绍、法律专业术语的解释，为青少年读者拿起法律的武器捍卫自己权利做出客观务实的努力。其一"童言有法"，主要讲述幼童成长中备受关注的遗弃、拐卖、性侵、虐童、受教育权、隐私权、名誉权与肖像权等话题，通过引用典型案例对社会现实进行描述，以此重申我国相关法律、法规对儿童的法律保护，敦促社会各界能够更为关注对幼童的法律保护。树立法律观念，应从儿童做起，推进儿童的法律保护教育，首先应当实现儿童"言之有法"。其二"少年法成"，犹如围炉夜话，娓娓讲述的则是少年面临的颇为现实的人生成长问题，例如未成年人过年压岁钱的归属、主体行为能力以及责任能力的不同划分，刑事法律对未成年犯的特别优位与处罚，法律援助、犯罪记录封存等具体的制度保护，在校学生之间的侵权行为责任，网络谣言的法律责任，童工维权以及未成年人的著作权保护，等等。逐渐走向成熟的少年，主体意识与行为更加独立，必须有效地辨别多元社会的是非善恶美丑，这就需要更加深刻地理解法律，善于运用法律来守护自己成长的一方净土。因此，在法律观念和法律思维初步养成的少年时期，必须为这些懵懂少年们提供完备、系统的法律教育，做到“少年法器养成”（器，工具也）。其三“青春留影”，主要阐述即将步入成年的青少年们进行多重身份的转换之后，在恋爱婚姻、工作家庭中普遍面临的一些法律问题。例如，恋爱期间的同居问题、彩礼问题，闪婚闪离及婚后的夫妻共同财产问题，还有离婚的法定条件、子女抚养及老人赡养，工作阶段的劳动合同签署、就业歧视问题、工伤赔偿问题以及社会保障问题。

在我们人生成长的各个年龄阶段，都会遇到阶段性的法律问题。它们的出现并不可怕，相反都是青春年华留给我们的宝贵缩影。在成长的不同阶段树立重要的法律意识，着重培养必需的法律能力，能够有助于这些法律问题和成长困境的化解，随之青春的脚步也将会更加坚定地朝着理想的远方大步疾进，犹如河出伏流，一泻汪洋。

第二章“律久弥新”，精心选取十五个富有我国历史特色的法律制度，以及十一条古今中外广为流传的法律格言。对这些源远流长的法律制度文明和格言警世之语意涵进行整理、阐释精义，可以从中外法制典籍的厚重韵味中拓宽青少年的法律视野。其一“史制名规”，能够帮助青少年了解和掌握我国古代法律制度的原生态面貌，切身感受到我国法律制度的历史变迁。其二“流言法语”，深入挖掘著名格言背后隐含的深刻法律原理，指引着青少年们透过历史的重重云影迷雾，从曾经的沧桑书山文海中领悟富有生活哲理法思的名句意蕴，亦可从流行现世的法律制度规范理解那些家喻户晓的法律格言中补给个人成长的理论营养。《成长中的法律》一书，必定会帮助青少年群体形成和健全科学的“三观”，即正确的社会主义核心价值观、法律正义观、人生观。

提高全社会的法律审读视野，更深刻地理解法治，灌输法治精神，便是本书作者群体意识孜孜以求的目标所在。

回首法律主体研究旨趣，把握时代脉搏，是我们每个法律人或说是法律共同体不可克减的社会责任和担当。

是为序。

曾哲

丁酉年二月初五

于西政寓所

目　录

CONTENTS

第一章　青春焕法

第一节　童言有法

一、被遗弃的天使

①

“世上只有妈妈好，有妈的孩子像块宝，投进妈妈的怀抱，幸福享不了……”多么熟悉的词曲，多么温情的画面。有妈妈的怀抱，有家庭的温暖，是每个降临人间的孩子都渴望得到的。然而，那无情的

① 图片来源于网络 http: //hz.edushi.com/bang/3g/info/2-5-n2790381-p0.htm，最后访问时间：2016年2月15日。

一幕幕却从未消失在我们的眼际，襁褓中的孩子在哭泣，震天动地，似乎在诉说着“妈妈别走！”

2016 年 1 月 10 日，61 岁的李斯贵告诉记者，早上 8 时左右，在小区打扫卫生时，看见路边树丛中有一名用红色毛巾包裹着的婴儿，毛巾上沾着血渍，婴儿全身冻得通红。2015 年 12 月 15 日晚，位于友爱路的南宁市妇幼保健医院的女厕所里，有人发现了一辆婴儿车，车内的女婴已经睡着，身边放有一张“望有缘人收养”的字条……也许大家对于类似被遗弃在树林、路边、医院、大街、厕所的孩子的新闻早已麻木。上述两个孩子是不幸的，但因为好心人的相助，他们是幸运的，能够被及时地发现，被送往医院检查，最后活了下来。然而，被遗弃的孩子并不都是那么幸运，等待他们的或许是死亡、饥饿、受冻，甚至是被人贩子非法利用……孩子，被喻为“天使的精灵”，从降临下来的那一刻应该是无忧无虑的，而无情的灾祸让他们还没来得及看看这个美妙的世界就又匆匆离开。

遗弃儿童是世界各国长期存在的一个社会问题。在我国，由于历史因素和现实制度的双重限制，重男轻女的传统思想使儿童遗弃的问题更为严峻。由于遗弃原因、特点的复杂性和不确定性，在遗弃儿童的数量方面，我国尚缺乏官方的统计数字，但其数量的不断增长却是不争的事实。据相关部门保守估计，中国每年有 10 多万名儿童被遗弃。面对这么庞大的数据，面对这些被遗弃的孩子该怎么办？难道他们是死是活我们可以全然不顾吗？当然不能。我国法律规定父母对子女有法定的抚养义务，把自己的亲生骨肉遗弃不管必然会受到法律的制裁，可被处以治安处罚，严重者甚至可构成遗弃罪。

首先，必须意识到父母对孩子具有抚养的义务。这是法定义务，即法律规定的义务，不能随意放弃。我国《婚姻法》第 21 条规定，父母对子女有抚养教育的义务。禁止溺婴、弃婴和其他残害婴儿的行为。《未成年人保护法》第 10 条规定，父母或者其他监护人应当创造良好、和睦的家庭环境，依法履行对未成年人的监护职责和抚养义务。禁止对未成年人实施家庭暴力，禁止虐待、遗弃未成年人，禁止溺婴和其他残害婴儿的行为，不得歧视女性未成年人或者有残疾的未成年人。

其次，我们必须深刻意识到遗弃行为的违法性质。遗弃行为剥夺了孩子的生命权及其所应享有的来自父母的关心与照料，因此我国法律明令禁止对儿童的遗弃。如果有抚养义务的人未对被抚养人履行该义务，实施丢弃或抛弃的行为，必须对该违法行为承担相应的法律责任。依据我国《治安管理处罚法》第 45 条第 2 项规定，遗弃没有独立生活能力的被扶养人的，处 5 日以下拘留或者警告，情节严重者，可依据《刑法》第 261 条构成遗弃罪，即“对于年老、年幼、患病或者其他没有独立生活能力的人，负有扶养义务而拒绝扶养，情节恶劣的，处五年以下有期徒刑、拘役或者管制”。

尽管我国现行多部法律都涉及对弃婴行为的禁止，但从实际情况来看，我国儿童遗弃现象却并未因此得到多大的改善。可是，毕竟法律作为事后调整和惩戒的强制手段，而遗弃儿童的问题并不仅仅是一个家庭的原因，更多的是社会或者国家的责任，因为从有关调查数据来看，被遗弃的绝大部分是残疾儿童或重病儿童，一个普通的家庭面对这种不幸，不愿负责的父母往往会走上这条不法之路。

面对此种矛盾该怎么办？还记得为保护儿童权益所设立的“弃婴安全岛”吗？自 2011 年 6 月 1 日中国第一个“弃婴安全岛”在河北石家庄社会福利院设立以来，引发广泛的社会讨论。赞成者认为，设立“弃婴安全岛”提高了弃婴的存活率，保障了弃婴的生命安全，体现了社会进步。质疑者认为，设立“弃婴安全岛”是对弃婴行为的变相纵容和鼓励，与法律禁止弃婴的要求不一致。“弃婴安全岛”无法代替父母的血亲之爱，容易扭曲儿童的心理和性格。此外，“弃婴安全岛”的设立会对政府及相关福利机构造成沉重负担。与其弃而后养，不如将财力“前置”，让那些残疾或重病的无辜婴儿生活在亲人身边温暖的襁褓中。

“弃婴安全岛”所引发的社会争议恰恰暴露出我国社会长期以来对于遗弃儿童这一行为的矛盾看法。“弃婴安全岛”不仅生发家庭伦理之痛，背后还隐藏着社会之痛。笔者认为，“弃婴安全岛”的设立并非对遗弃行为的纵容，而更多的是对被遗弃孩子生命权的尊重。孩子不仅仅是一个家庭的，还是一个社会的、一个国家的。面对被遗弃的孩子，社会不能不管。对遗弃孩子的父母的法律责任应按照相关的法律规定进行处罚，但不能因为父母遗弃行为的违法性，就置那些被遗弃孩子的生命于不顾。“弃婴安全岛”的设立只是政府对于遗弃儿童救助工作的进一步建设与完善。

孩子是天使，是可爱的，是无辜的，首先请给与他们一个健康的身体，孕前做好防御，让他们快乐降临。孩子降临了，请不要随意放弃你的责任，因为这更是一种幸福。政府也请不要袖手旁观，孩子是社会的孩子，应当给与他们帮助。事前做好保障工作，不要让那些坚持承担抚养义务的父母寸步难行。

二、大头娃娃

——不能承受的生命之重

①

中国有句古话叫作："民以食为天。"可见食品在国人的眼中占据着绝对重要的位置。可是如今，一提到食品，我们不由得会想到曾经报道的地沟油、苏丹红鸭蛋、皮鞋酸奶、镉大米……柴米油盐酱醋茶，生活本该如此简单，可是面对那一件件被曝光的食品安全事件，我们是该庆幸自己竟然拥有如此强大的抵抗力，还是为未来的生存环境感到恐慌呢？不管怎样，活着的我们还是要好好活着，为了那些曾经在食品安全问题上的无辜受害者，为了千千万万后人能安心吃上一顿饭，能安心喝上一杯奶……

2003 年，在安徽阜阳地区，因食用劣质奶粉，孩子们出现了严重的营养不足，面大如盘，四肢瘦小。十几年过去，当年的那些"大头娃娃"已经到了身体发育的关键时期，如今他们还好吗？为此，前瞻网做了十年回访调查，那些曾经遭受痛苦的孩子的身体状况是令人心颤的。曾经的"大头娃娃"悦悦摊开双手，两根食指却无法伸直。"大头娃娃"小旭，"学习上比一般孩子要用功很多，各科成绩却总在

① 图片来源于网络 http://bbs.voc.com.cn/topic-6467563-1-1.htm，最后访问时间：2016 年 2 月 15 日。

70分上下徘徊。有时候老师提问，他需要反应老半天才能回答”。家住阜阳市阜南县的婷婷体形瘦弱，与当初生病时浮肿虚胖的形象判若两人……

“南非国父”纳尔逊·曼德拉说过这样一句话：“知晓一个社会的灵魂，就看这个社会对待孩子的方式，除此之外，没有更好的办法。”虽然悲惨的个案已经过去十几年，可是提到“大头娃娃”“三聚氰胺”，还是会让稍有良知的人无比气愤。头大、嘴小、浮肿、低烧，这些症状不由得在脑海中浮现。十几年这么长，足以冲淡很多东西，让人忘记很多事情。可是对于有些人来说，注定这会是一辈子的伤痛，无论时间怎么流逝，伤口却永远无法愈合。

2004年受人瞩目的老河口市“大头娃娃”索赔一案[①]，耗时近三年，历经三审，最终由襄樊市中级人民法院作出终审判决：劣质奶粉供应商一次性赔偿“大头娃娃”周某某医疗费、护理费等共计11.84万元的80%，即9.47万元，并一次性赔偿周某某精神抚慰金1万元，劣质奶粉经销商承担连带赔偿责任。周某某的监护人对此损害后果承担20%的责任。历经三年的漫漫维权路换来的却是一份连医疗费也不够支付的赔偿，这是一个比悲剧更悲剧的事实。婴儿受劣质奶粉之害仅几个月，而受害者维权之路却总是漫漫无期。但是正如19世纪德国法学家耶林所说的，“为权利而斗争”。路再难也得走下去，不能让那些黑心商家逍遥法外。对于这些不法商贩，我们应保持零容忍态度。

为了更好地维护消费者的合法权益，进一步强调经营者的义务。《消费者权益保护法》于2013年10月25日修正，于2014年3月15

---

① 萧雨林、田伯韬：《诉讼也难弥补“大头娃娃”的伤——湖北省老河口市“大头娃娃”案始末》，载《中国妇女报》2007年6月8日，第2版。

日正式实施。修正后的《消费者权益保护法》中明确规定，消费者在消费的过程中受到的人身或财产损失可以得到赔偿。其中第 11 条明确规定，消费者因购买、使用商品或者接受服务受到人身、财产损害的，享有依法获得赔偿的权利。此外，该法第 40 条明确规定了责任主体，即消费者在购买、使用商品时，其合法权益受到损害的，可以向销售者要求赔偿。如果消费者或者其他受害人因商品缺陷造成人身、财产损害的，除可以向销售者主张赔偿责任外，还可以向生产者要求赔偿。

《消费者权益保护法》第 49 条具体规定了消费者或其他受害人人身受到伤害后具体可以主张哪些赔偿，列举了医疗费、护理费、交通费等为治疗和康复支出的合理费用；以及因误工减少的收入；造成残疾的，还应当赔偿残疾生活辅助具费和残疾赔偿金；造成死亡的，还应当赔偿丧葬费和死亡赔偿金；对受害人人身权益的行为，造成严重精神损害的，受害人还可以依据第 51 条要求精神损害赔偿。如果经营者在提供商品时有欺诈行为，受到损害的消费者还可依据第 55 条，要求惩罚性赔偿。

2008 年 6 月 28 日，兰州市解放军第一医院收治了首宗患“肾结石”病症的婴幼儿，又一场震惊全国的劣质奶粉事件随之曝光。“三聚氰胺”，一种可导致人体泌尿系统产生结石的化工原料，却被奶粉制造商用来提高奶粉中的蛋白质含量。有 4 名婴孩因喝了毒奶粉死亡，有 30 多万名儿童患病。该事件产生的法律后果已经不再仅限于民事赔偿责任，更是构成了我国《刑法》第 140 条中规定的生产、销售伪劣产品罪，是指生产者、销售者在产品中掺杂、掺假，以假充真，以次充好或者以不合格产品冒充合格产品。

从安徽阜阳的“大头娃娃”到“三聚氰胺”奶粉，虽然已过去十几年，但是回忆起来依旧令人痛心疾首。食品安全之路，我们任重而道远，特别是有关孩子的食品安全，我们更是责任重大，因为他们不仅仅是一个家庭的孩子，还关系着国家的未来、民族的希望。

消费者要积极维护自己的权益，避免心存“免费搭车”的念头，都想让别人先来提起诉讼，自己免费，最终结果可能是谁也不去反映食品安全问题，保护自身的权益。就像老河口市的“大头娃娃”一案，虽然维权之路异常艰辛，但是却在默默地推动着我国法治之路的进程。

民以食为天，食品安全需要一点良心。黑心的商家，你忍心让你的孩子喝那样的奶粉吗？你忍心让你的孩子承受那样的痛苦吗？法网恢恢，一定是疏而不漏的。

国家多一点责任……食品监督机关请认真担起责来。

三、恶魔之手

——儿童性侵

①

韩国电影《熔炉》里面有一句台词让人记忆犹新，是这样说的：“我们之所以努力，不是为了改变这个世界，而是为了不让这个世界改变

① 图片来源于网络 http://www.china.com.cn/v/news/2013-09/23/content_30100220.htm，最后访问时间：2016年2月16日。

我们。”社会也许会有黑暗，但是我们要坚守心中的净土，对得起良知，不愧于天地，不愧于生而为人。这部电影讲述的是一个聋哑学校的校长对孩子进行性侵，后被告上法庭，并为此承担法律责任的故事。聋哑孩子，这个本就已经非常不幸的群体，在学校这样一个圣洁的地方居然遭受如此令人发指的侵害行为，不得不让人感到悲愤。从电影中可以看到孩子的恐惧与无奈、挣扎与反抗，可是在高压的胁迫中，他们默默承受着这一切。直到一个新来的老师，看到那些孩子的异常，他们恐惧、焦虑、无助、敏感、退缩……他鼓励孩子们在法庭上站起来，指认披着高尚外衣的恶魔。面对强权的校长，这条诉讼路并不是那么平坦。在法庭上揭露这种种恶行，对受到伤害的孩子来说，无疑是一场痛苦的回忆。但是，怎么能让这样的恶魔逍遥法外而不承担任何法律责任，继续披着高尚的外衣去伤害更多无辜的孩子呢？再难也得坚持下去。在电影中，我们看到了受到伤害的孩子在老师的鼓励下勇敢机智地指出那些恶魔，看到了受害儿童互相扶持，看到了掩盖在高层领导光鲜形象下的丑恶，看到了坚持就是胜利，看到了邪终不胜正。这部电影很好地反映了韩国在儿童性侵问题上所进行的努力。

在我国，传统保守思想以及对性文化的压制，导致性侵儿童的问题更具严重性和紧迫性。据《2014 年儿童防性侵教育及性侵儿童案件统计报告》显示，2014 年 1 月 1 日至 12 月 31 日，被媒体曝光的案件达 503 起，平均 0.73 天就曝光 1 起，也就是每天曝光 1.38 起，是 2013 年同期的 4.06 倍[①]。这仅仅是媒体“曝光”的数据，即我国儿童性侵问题的“冰山一角”。

---

① 参见中华社会救济基金会儿童安全基金“女童保护”项目发布的《2014 年儿童防性侵教育及性侵儿童案件统计报告》。

另外，受害人群呈现逐渐低龄化趋势，尤其以 7 岁到 14 岁的小学生居多。报告还分析指出，案件中广泛存在“两多发”和“两薄弱”的现实情况：“家长、学校及社会各界监护缺位下的临时起意多发，熟人犯罪多发；义务教育小学阶段儿童安全监护薄弱，农村地区儿童安全监护薄弱。”①

国人是谈性色变的，耻于谈性，羞于谈性，当被孩子问及有关问题时总是遮遮掩掩，甚至当电视节目中突然出现男女主角亲密行为时会对孩子说“不要看”。现在网络如此发达，与其让孩子通过某些不正当途径来满足对于性的好奇心，还不如对他们坦然解释。相关数据表明，半数家长未对孩子进行过性教育。2014 年，“女童保护”项目对全国 21 个省区市的 3482 名学生进行了问卷调查。其中，仅有 20.0% 的孩子知道什么是性教育，48.3% 的孩子不知道何为性教育，31.7% 的孩子选择“似懂非懂（知道一点点）”。在 337 名受访家长中，对孩子进行过性教育的未超过半数，占 48.6%；没有的达 51.4%。32.5% 的家长从未向孩子讲过预防性侵害的知识。② 面对如此严峻的形势，我们不能继续坐以待毙，而应全力出击。

首先，我们应有一种权利意识，应明白性权利是基本的人权，即生而为人应有的权利，包括性自由权、性完整权、性身体安全权等。儿童作为一个自然人当然享有性权利。但是由于儿童的认知能力、辨别能力以及反抗能力的有限性，对于他们性权利的保护应当更多地依赖于家庭、学校、社会各方面的努力。值得注意的是，媒体所曝光的

---

① 参见中华社会救济基金会儿童安全基金“女童保护”项目发布的《2014 年儿童防性侵教育及性侵儿童案件统计报告》。

② 参见中华社会救济基金会儿童安全基金“女童保护”项目发布的《2014 年儿童防性侵教育及性侵儿童案件统计报告》。

各种儿童性侵事件本质上是对儿童性权利造成严重侵犯的犯罪行为，这种行为会导致儿童的身体及心理健康严重受损。

有关研究表明，遭受性侵害的孩子在相当长的时间里会不同程度地表现出一系列心理症状，如恐惧、焦虑、抑郁、暴食或厌食、不喜欢自己的身体、对身体有异样感、低自尊、行为退缩、攻击性行为、注意力不集中、药物滥用、自杀或企图自杀。如果没有得到足够的帮助，这些孩子成年后多会在人际关系方面遇到困难，难以与异性建立亲密关系。

对此种犯罪行为，法律应作出否定性的评价，让行为人受到应有的制裁。我国《刑法》对于性侵儿童方面的规定有强奸罪、猥亵儿童罪等。另外，《刑法修正案（九)》废除了嫖宿幼女罪，嫖宿幼女将视同奸淫幼女从重处罚，修正案已于 2015 年 11 月 1 日起施行，由此可以看到国家对于性侵儿童保护力度的加大。但是法律保护一般是事后的保护，我们更应防患于未然。

这类案件具有特殊性，应从多方面进行防御。首先，受害者年龄小，缺乏自我保护意识，对于一些非法诱惑不能做出正确的判断。所以，在家庭中、学校中、社会中，我们应加强对孩子的性教育，让他们能在面对那些性不法行为时学会勇敢地说“不”。防止不良居心的人利用孩子们对性的好奇心而对其实施侵害的行为。

其次，在此类案件中，行为人与受害者往往会有某种特殊关系的存在，如师生关系、亲属关系或者其他熟人关系。例如，被报道的甘肃陇西教师刘某某在两年的任教时间中打着背诵课文、检查作业的幌子性侵了 8 名小学生。更有甚者，人民网报道的“禽兽父亲性侵亲生女儿十年，其母担心声誉竟选择沉默”。

最后，在孩子被性侵这类案件中还有一个很明显的特点便是持续时间长，有些甚至长达十几年。此类伤害行为持续的时间越长，越会出现在对该违法行为进行指控时可能因证据不足而指控犯罪不成立这种让受害人及其家属失望的结果。但是在法庭上必须讲究证据，这是我们法治社会的体现。所以，为了防止这种结果的出现，在面对这样的侵犯时，需改变我们以前的思维，及时报案，而不要为了所谓的面子和声誉一味地容忍。无论如何，孩子的健康才是最重要的。另外，还应加强伦理道德教育，为人师表，为人父，怎么忍心对孩子下如此恶毒之“手”？

面对这样的侵害，孩子们一定不要害怕，去勇敢地揭露他们，让他们承担应有的法律责任，你的退让只会让那些心存恶意的人得寸进尺。社会请给这些孩子更多的鼓励，不要因为他们遭受过这样的侵害而看不起他们。

四、妈妈我想回家

——拐卖儿童问题

①

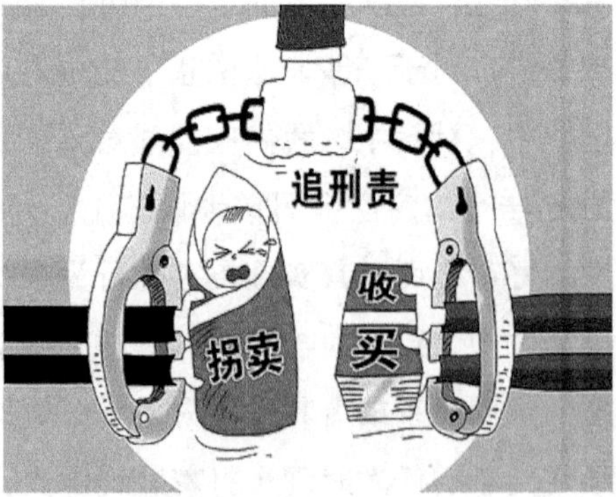

① 图片来源于网络 http://www.xilu.com/news/guaimaiertongzhixingsixing2_4.html，最后访问时间：2016 年 2 月 16 日。

"急找孩子，求转。孩子在重庆市大渡口锦绣花园小区附近被一个40多岁的男人拐走了，望好心人帮助，联系电话……"像这样的寻人启事，相信大家一定不会感到陌生。当孩子被拐走之后，父母急疯了，把能用到的手段都用尽了，只为找到自己的孩子。上面写的内容并不多，但字字饱含泪水。

看着她那张照片，大大的眼睛，天真无邪的微笑，心中有一种莫名的忧伤。不知道这个可爱的女孩能否再次回到父母的怀抱，她会被卖到何方，当她哭着叫妈妈时，人贩子打她了怎么办，不给她吃的怎么办，默默地为她祈祷着，希望小女孩能平安回到爸爸妈妈的身边……

《亲爱的》是一部反映拐卖儿童现象的电影，相信看过的人对电影里面的画面依然会记忆犹新。一对离异的父母因不小心把孩子弄丢了，开始了一场历经艰辛的寻子之路。一个明知是虚假的线索，却仍不肯错过，仅为他们内心仅存的那一丝侥幸，万一是真的呢！每一个熟悉的颜色、每一个熟悉而模糊的面庞都不想错过。妈妈再也无心工作，每天以泪洗面，最终她再次离婚，踏上了漫漫寻子路。

上述事例和电影是现实生活中拐卖儿童问题的一个真实写照。在孩子被弄"丢"之后，通常会给父母带来精神上、情感上、经济上等一系列问题，父母之间可能相互埋怨导致夫妻关系恶化，进而引发其他的危机；对于被拐卖的孩子而言，则更多的是面临着暴力、性侵等身体和心理上严重的伤害。因此，打击拐卖儿童刻不容缓。

不过，对受害者的数量估计显示出很大的差距，国内官方的数据显示，每年大约有1万名儿童被拐卖，但美国国务院却认为这一数据在2万名左右，一些独立机构统计的数据更高，认为每年中国被拐卖的儿童人数有近7万名，这一数据相较于美国国内被拐儿童在100人至200人显得骇人听闻。也许有些人会说，中国相对于美国而言人口基数大，但是我想说的是，每个孩子对于每个家庭来说都是百分之百的。

在我国，拐卖儿童通常发生在两种情形之下，第一种情形是人贩子采取偷盗、强抢、诱骗等方式实施拐卖儿童的犯罪行为；第二种情形是被拐儿童系被亲生父母出卖或遗弃，继而被人贩子收买、贩卖。

对于第一种情形，往往是由于父母的疏忽大意让人贩子有机可乘。为了预防此种拐卖儿童行为的发生，首先，就父母来说要教导孩子提高对陌生人的警惕意识，特别是在寒暑假及上学放学路上；日常生活中对孩子的防拐教育也是必不可少的，让孩子学会拒绝诱惑、寻求社会帮助的方法。其次，就社会而言，在发现异常情况，比如一个妇女带着一个孩子，孩子有反抗、哭泣等异常行为时多留一个心眼，及时报警。最后，法律上对拐卖儿童行为作出禁止性规定，目前我国对于拐卖儿童的犯罪行为，其最低刑期是处五年以上十年以下有期徒刑，并处罚金，情节特别严重者，甚至可以处以死刑。对于那些想实施拐卖儿童行为的人，无疑会形成一种巨大的威慑作用。

第二种情形是拐卖儿童中新出现的犯罪行为。此前，安徽省法院系统公布的 15 例拐卖儿童案件共涉及 17 个被拐卖儿童，其中有 10 个孩子是被亲生父母主动“送养”的，多名孩子被转手多次。对于这种行为，我们该如何定性？亲生父母可能会因为家境困难而难以抚养，或者因为系非婚生子女避免道德上的谴责，抑或因为重男轻女的思想，将自己的亲生孩子“送”给他人。例如，41 岁的砀山县男子张某曾在铜陵打工，与河南女子叶某同居。2013 年 11 月 29 日，叶某生育了一对龙凤胎。迫于家庭压力，他打算将一双儿女送人抚养。在中间人刘某和冉某的撮合下，张某瞒着叶某将两个孩子分别送给西某某和黄某。为此，刘某和冉某收到了对方支付的 5 万元，其中 3 万元给了张某。5 天后，叶某报警。在本案中，张某的行为该怎样定性呢？对于拐卖儿童，我国《刑法》第 240 条第 2 款规定，拐卖妇女、儿童是指以出卖为目的，有拐骗、绑架、收买、贩卖、接送、中转妇女、儿童的行为之一的。从该条款我们可以看出，拐卖儿童是指以出卖为目的，实施了拐骗、绑架、收买、贩卖、接送、中转的行为之一就可认定为拐卖儿童罪。从该条中我们可以看到，实施犯罪的主体并没有把父母排除在外，亲生父母可以成为犯罪的主体，这也更是要被谴责的。父母对于孩子不仅有法律上的抚养义务，更有道德伦理上的抚养责任。可是在这类案件中，却是父母将自己的亲生孩子“送”给他人，于情于法都不被容许。另外，在犯罪的主观方面是以出卖为目的，所谓以出卖为目的就是把孩子当作商品出售，严重侵犯了孩子的人格尊严。就如德国哲学家黑格尔所说的“成为一个人，并尊重他人为人”，这是最基本的要求。当一个具体的人被贬义为物（客）体、仅是手段或可替代之数值时，人格尊严已受伤害。犯罪的客观方面表现为拐骗、绑架、收买、贩卖、接送、中转行为之一的。

在实践中，为了营利而出卖亲生子女或者靠出卖亲生子女脱贫致富的行为，均触犯了《刑法》第 240 条的相关规定。父母因生活所迫无能力抚养子女时，完全可以通过合法的收养程序将他们送由他人抚养，这才是父母作为子女的法定监护人合法转移监护权的行为。我国《收养法》第 5 条规定，有特殊困难无力抚养子女的生父母可以作送养人。为获取钱财而转移子女的监护权，则属于将亲生子女作为商品进行交换的非法行为。同时，出卖亲生子女较之拐卖他人的孩子更是对公序良俗的一种强烈冲击。所以，亲生子女应该涵盖在拐卖儿童罪的犯罪对象中。将出卖亲生子女的行为排除在拐卖儿童罪的行为对象之外或仅以遗弃罪论处，均不合理。

质言之，下列行为均应以拐卖儿童罪认定：将生育作为非法获利手段，生育后即出卖子女的；为收取钱财，明知对方不具有抚养目的或根本不考虑对方是否有抚养目的，将子女“送”给他人的；为收取高额的“感谢费”“营养费”送给他人的行为。

为了打击此类拐卖儿童行为，在我国《刑法》第九次修改过程中，就第 241 条第 6 款进行了修订，“收买被拐卖的妇女、儿童，对被买儿童没有虐待行为，不阻碍对其进行解救的，可以从轻处罚”。之前的规定是“收买被拐卖妇女、儿童……对被买儿童没有虐待行为，不阻碍对其进行解救的，可以不追究刑事责任”。对比两者，我们可以发现，新修订的《刑法》将收买被拐卖儿童的行为一律入刑。这可以从买方市场来有效地遏制拐卖儿童行为的发生。那种抱着侥幸心理收买被拐卖儿童“抚养”的人，不仅会“人财两空”，还须承担法律责任。

父母应是孩子的守护神，是孩子遮风避雨的港湾，请不要为了那一点点金钱利益，把孩子当作“商品”出卖。

五、十年育树　百年育人
——孩子教育权

①

① 图片来源于网络 http: //baike.sogou.com/PicBooklet.v?relateImageGroupIds=&lemmaId=563606&now=&type=1#simple_0，最后访问时间：2016 年 2 月 15 日。

“故今日之责任，不在他人，而全在我少年，少年智则国智，少年富则国富，少年强则国强。”国家的富强、民族的振兴全在少年，而少年的智、富、强则取决于一个国家的教育。俗话说“十年育树，百年育人”，教育事业并非一朝一夕就能建立或强大起来的，它需要我们每一代人的努力。

国家重视学前教育、义务教育，发展大学教育、职业教育、特殊教育都是为了实现这一目标。而面对日益激烈的竞争，社会上出现了多元化的教育模式，如“私塾”。面对这些教育模式，我们是否可以根据自己的意愿来做出选择呢？这涉及对公民受教育权的概念、性质等方面的正确理解。下面就之前发生过激烈争议的“孟母堂事件”来进行阐述。

事件大概如下：“孟母堂”是 2005 年在上海成立的一种现代家庭教育模式，是一群有着共同理念、共同目标的家长由于不满正规学校的学习，为了孩子接受更好的教育，基于共同协议而成立的类似于传统私塾的组织。其设的课程有中文、英文诵读，都是诵读国内外经典名著，还有礼仪学、数学等。但 2006 年 7 月 17 日上海市松江区教育局下发告知单（沪松教〔2006〕94 号）指出：“孟母堂”属于非法教育机构，从事的是非法教育活动，应立即停止非法行为。上海市教委维持了这一行政行为。理由有：其一，违反办学许可的有关规定；其二，违反《义务教育法》第 2 条、第 4 条和第 35 条的有关规定；其三，违反有关教育收费的规定。而“孟母堂”负责人则声称，“孟母堂”并没有违反《义务教育法》第 2 条、第 4 条和第 35 条的有关规定，教育部门的告知和公开发言无法律依据。

我国《宪法》第 46 条第 1 款规定，中华人民共和国公民有受教育的权利和义务。从该条款我们可以了解到，受教育权的主体是中华人民共和国的公民，即具有中华人民共和国国籍的人都享有受教育权。在“孟母堂”中接受家庭教育的孩子享有受教育权是不容置疑的。首先，根据《宪法》第 46 条第 2 款规定，国家培养青年、少年、儿童在品德、智力、体质等方面全面发展，可以看到我国对于青年、少年、儿童在接受教育权方面的重视。正是因为这一年龄群体权利的易受侵害性，需要加以特殊的保护。其次，这一群体的受教育状况关系到民族的振兴、国家的富强与未来的发展。值得注意的是，对这一群体权利的重视并不意味着国家对于这一群体受教育可以进行垄断，排除接受其他教育的方式。

《宪法》第 49 条第 3 款规定，父母有抚养教育未成年子女的义务。父母基于此，为了让孩子健康快乐地成长，可以选择适合他们的教育方式。“孟母堂”就是一群志同道合的父母为了孩子，对孩子接受教育的方式所进行的选择。

从《宪法》上述条款可以知道，受教育既是公民的权利，也是公民的义务。这一义务从我国的《义务教育法》中得到了很好的体现，对于适龄的儿童、少年，父母必须让其接受教育，未能让适龄的儿童、少年接受教育的，有关机关可以依法对未履行该义务的父母或者其他监护人进行批评教育，并责令限期改正。另外，受教育权兼具自由权和社会权双重性质，也表现出了消极性和积极性的双重属性。[①] 通俗地说，受教育权的自由权属性就是免受国家的不正当干涉，保护父母或者其他监护人对于实施教育方式的自由选择。受教育权的社会权属性就是国家必须提供必要的条件来满足公民对于教育的需求。毕竟

---

① 秦强：《“孟母堂事件”与宪法文本中“受教育条款”》，载《山东社会科学》2007 年第 2 期，第 55 页。

“孟母堂事件”中的那些父母是少数，他们有足够的资金和闲散的时间来对自己的孩子进行单独教育。大多数父母并不具有对孩子进行独自教育的实力，他们依赖国家的正规化学校教育。这两种情况体现出了受教育权的自由权属性和社会权属性。我们并不能因为“孟母堂事件”中的父母属于少数人，就随意取缔他们的权利。一个国家的法治水平并不取决于对多数人权益的保护，而是取决于对少数人权益的保护。

那何为学校呢？是否义务教育只能在学校进行？我们知道学校就是由国家或者法律规定的社会团体、企业、个人基于公益或营利开办的面向不特定对象的，为国家和社会承担公共教育责任的，传授知识、承继和传播文明的公众机构，其开办经费来源于国家划拨及社会、企业或个人的捐助或投资。我们基于对学校相关定义的分析，可以发现学校相对于其他教育方式具有以下几个特点：其一，设立学校的主体并不是任何个人或机构都可以设立的，只有国家或者法律规定范围内的社会团体、企业、个人才可以设立。其二，学校面对的对象是不特定的。其三，设立学校的目的是公益或营利。其四，设立学校的经费来源于国家的划拨及社会、企业或个人的捐助或投资。类似于“孟母堂”的组织并不具有学校的特点，两者的共同点仅在于传授知识、承继和传播文明。所以类似于“孟母堂”的组织根本就不是《义务教育法》的调整对象。

从上海市教委给出的理由中，我们看到相关行政人员认为对于适龄儿童、少年进行义务教育，就意味着适龄的儿童、少年只能接受正规的学校教育（参见《义务教育法》第 2 条），其他一切教育方式都是非法的；教授的内容只能是教育部所确定的教学内容，上的课程也只能是教育部所确定的相关课程（参见《义务教育法》第 35 条）。也许这一理解对于“扫盲”具有重要的作用，但是对于一个国家、一个民族的创造性无疑将是致命的。义务教育只是教育中的最低层级，只能保障孩子受教育的机会。随着社会的发展，当有资源进行更好的教育时，而不仅仅是为了满足《义务教育法》中的扫盲目的，想要追求更多修养、学识时，怎么就违法了呢？一定要明白法律只是最低的要求。天才为什么就不能拥有属于天才的教育方式呢？这难道就是那些行政工作人员眼中的教育公平吗？（参见《义务教育法》第4条）“孟母堂事件”虽然已经过去多年，但是在如何理解受教育权方面仍发挥着重要的作用。

六、当爱遇上隐私权，我该怎么办？

①

偷看我的日记，偷看我的网上聊天记录，偷翻我的书包……越来越少的信任，越来越重的猜疑。当爱遇上隐私权，我该怎么办？面对

---

① 图片来源于网络 http://www.wj001.com/news/ht/2015-07-21/740886.html，最后访问时间：2016年2月16日。

这种情况，不同的孩子会有不同的应对方式。

“小小的日记，不知有没有触痛你小小的心，原谅我对自己的这份吝啬，没有让你把它带走……它是我的魔鬼与天使斗争的战场，把自己痛骂的荒岛，诉说委屈的壁墙……最黑暗、最脆弱。”当老妈想拿走我的日记时，我拒绝了，但是不知道有没有伤害到关心自己的妈妈。我为了请求妈妈的原谅写下了这段话，这是我保护自己隐私权的方式。

相对于曾经那个叛逆的我，权利意识越来越强的小孩可能会选择把父母告上法庭，来保护自己的隐私权。河南省淇县人民法院铁西法庭就曾审理了这样一个案件，年仅11岁、上小学五年级的李某，因父母未经其同意翻看日记，以侵犯隐私权为由，将其父母告上了法庭。法官经过一番探究，了解了事件的原因。原来，孩子的父母经营一家砂石厂，李某是独子，成绩一直名列前茅。近来，砂石厂的生意红火，父母对李某的关心程度明显不足。最近一次小考，李某的成绩下降了十几名，家长向班主任了解情况，班主任说李某上课注意力不集中，常与同学说话，对其学习成绩下降的真正原因并不知道。夫妻俩回家后，趁儿子上补习班，偷偷打开了儿子带锁的日记本，发现他竟然与同班女生在“谈恋爱”。暴怒之下，夫妻俩把李某从补习班里叫出来教训了一顿。事后，他们也很后悔，向孩子认错，不料小家伙不理不睬，要到法院状告父母。[①] 倔强的李某通过法律的手段来保护自己的隐私权。

但是，并非每一个孩子在面对隐私权被侵犯时都是理智的。曾经报道过这样一个事件，某校有一个高二年级的女孩，成绩优异，热爱写作，在日记里细腻地描述与一位男生在学习上相互帮助的友情，其

---

① 案件来源于 http: //edu.sina.com.cn/zxx/2015-05-28/1538470495.shtml，最后访问时间：2016 年 2 月 16 日。

母在整理房间时发现了紧锁抽屉的日记本，偷看了她的日记，误以为孩子陷入早恋，遂采取跟踪追问、限制外出、投诉老师等种种方式，却不料这一切行为让本来乖巧听话的孩子越来越叛逆，导致最后不仅名落孙山，还得了精神分裂症。

孩子也是人，有自己的人格尊严，也有自己不愿诉说的秘密。虽然未成年人由于年龄的原因，认知和识别能力是有限的，社会生活相对来说比较简单，但是未成年人享有的隐私权是不容置疑的。所谓隐私权，是指自然人享有的对其个人的、与公共利益无关的个人信息、私人活动和私有领域进行支配的一种人格权。①

个人信息指个体特征信息、历史记录，包括一个人的身高、体重、身体资料、病历记录、兴趣爱好、姓名、肖像、家庭情况等。个人空间是一种有形的隐私，它的范围除临身领域外，还包括个人居所、书包、口袋等，除非法律另有规定，他人不得任意侵入。个人活动是与公共利益无关、不愿为他人知晓的活动，比如日常生活、社会交往。

未成年人作为一个人，他们有对有关个人的，而无关公共利益的个人信息、个人空间、个人活动享有不愿公开、不想为他人知晓、不被侵犯的权利。对于未成年人隐私权的保护，我国法律有明确的规定，如我国《未成年人保护法》第 39 条第 1 款规定，任何组织或者个人不得披露未成年人的个人隐私。第 2 款亦明确规定，只有在某些特殊情况下才能开拆、查阅。具体规定是：对未成年人的信件、日记、电子邮件，任何组织或者个人不得隐匿、毁弃；除因追查犯罪的需要，由公安机关或者人民检察院依法进行检查，或者对无行为能力的未成年人的信件、日记、电子邮件由其父母或者其他监护人代为开拆、查

① 王利明：《人格权法新论》，吉林人民出版社 1994 年版，第 155 页。

阅外，任何组织或者个人不得开拆、查阅。

相对于孩子的隐私权，父母或其他监护人对未成年人享有监护权，对孩子具有“抚养、教育、保护”的职责。这意味着父母对未成年人的身心的健康、受教育的情况、日常的行迹、从事财产性活动有知晓的权利。随着信息技术的发展，越来越多的父母选择借助信息技术监督孩子的日常行为。如中国移动曾向消费者推送一款叫作“亲子通”的业务，该业务有三大功能：其一，可以向家长提供孩子的话费余额信息；其二，能通过设置黑名单的方式来限制通话号码和时段，一旦超出了家长预设的通话时间，系统就会以短信为载体提醒家长；其三，可以提供包括定时查询和随时查询在内的位置查询服务。此外，一种被学生称作“电子密探”的新型“家校联系网络信息系统”正在上海市的学校里悄然兴起。但是，需要我们注意的是，虽然父母进行该行为的出发点是对的，并未带有恶意，但是未成年人是一个具有人格尊严的个体，会感觉到父母对自己连起码的信任都没有，监视着自己的一切行为，反而会产生逆反心理。

面对父母的监护权与孩子的隐私权这一权利冲突时，一方面，要考虑到未成年人具有年龄小、认知辨别能力有限的特点，在面对一些问题时，认可父母行使监护权对于保护孩子健康成长所具有的不可或缺效果。另一方面，我们也要尊重未成年人的隐私权，让他们能够独立地面对自己力所能及的事情。

因此，在这一权利冲突中，首先，父母应树立保护未成年人隐私权的意识，根据孩子成长的不同阶段来适度地行使自己的监护权，随着孩子的成长，应该给予他们更多的自由空间来考虑未来，而不是一味地把自己的思想强加在孩子身上。

其次，彻底摆脱长久以来形成的错误思想，即认为对孩子享有无限的控制权，孩子是自己的“附属品”。孩子是人，一旦脱离了母体，他就是一个完完整整的人，而不附属于其他任何一个人。父母要学会尊重孩子，只有当父母尊重孩子时，孩子才会学会自觉地尊重父母。

再次，尤其是面对处在叛逆期的孩子，父母、老师应当更加注重与孩子的沟通，获取孩子的信任，让他们能对自己敞开心怀，积极寻找解决困惑的办法，而不是通过一些侵害孩子权益的方式来证实自己对孩子叛逆行为原因的猜测。

最后，孩子也应更多地体谅父母，可怜天下父母心。父母可能会因一时的爱子心切而做出某些不当的行为，比如偷看你的日记、偷翻你的书包，一定要及时向父母说明，而不是赌一时之气做出更不理智的行为。

当“爱”遇上隐私权，多一份沟通，少一份争吵。

七、一人“做事”谁来当

——未成年人在校侵权

①

① 图片来源于网络 http: //epaper2.01ny.cn/html/2012-05/31/content_968670.htm，最后访问时间：2016 年 2 月 15 日。

孩子与孩子之间相互嬉戏打闹，难免会发生意外，造成侵权，特别是在学校这种孩子聚集的地方，发生侵权的可能性更大。可能因为一句不经意的话，也可能因为一个嘲笑的眼神，抑或可能因为一个挑逗的行为……面对这些侵权，家长和学校之间往往会出现相互埋怨、推诿、扯皮的现象。下面就一例发生于山东省东阿县的真实事件[①]，简单介绍这类侵权的责任认定问题。

小明与小军同是东阿县某校的四年级在校生。2013 年 4 月 11 日下午 1 点半左右，根据学校的安排，小军和几个同学在排自行车，小明故意找小军的事，去扒小军的裤子，惹急了小军，小军便去追小明，追上后小明抱住小军，后由于小军用力过大使小明倒在地上受伤了。小明受伤后，其同学告诉在校门口的值班老师张某，张老师到场后打电话通知了小明的家长，由小明的家长带小明先后在东阿县高集镇中心卫生院、东阿县第五人民医院、东阿县人民医院治疗。另查明，根据学校的规定，学生排车子是轮流值日，当时应有两名值班老师在场，但事发时学校未安排人员现场值班管理，仅有一名值班老师张某在校门口，学校里面没有其他老师维持秩序。小明的父母因未能与小军的父母、学校就有关责任问题达成一致，一纸诉状将他们告上了法庭。在这个案件中，有两个关键问题，其一是受伤的小明是否能够得到全部赔偿的问题；其二是小军及其监护人、学校是否应承担赔偿责任，承担多大比例的责任。

首先，就第一个问题而言，受伤的小明是否能够得到全部赔偿。

① 源自中国裁判文书网 http: //wenshu.court.gov.cn/content/content?DocID=57420304-1603-4ba5-9ed3-0ef9328cdd4e，最后访问时间：2016 年 2 月 15 日。

从上面的案情简介中可以看到，小军用力推小明的起因是小明对小军的挑衅，可以认定小明对自身的损害后果也有过错，根据《侵权责任法》第 26 条规定，被侵权人对损害的发生也有过错的，可以减轻侵权人的责任。因此，本案中可以减轻小军、小军父母以及学校的侵权责任。

其次，对于小军及其父母和学校是否应承担赔偿责任，承担多大比例责任的问题。依相关证据及查明的事实，小军用力将小明摔倒在地的行为与小明受伤的结果存在因果关系，也就是说，侵权行为与损害结果之间有因果关系，且小军存在过错。根据我国《侵权责任法》第 2 条第 1 款规定，侵害民事权益，应当依照本法承担侵权责任，以及第 6 条第 1 款规定，行为人因过错侵害他人民事权益，应当承担侵权责任。所以，小军应承担侵权责任是毋庸置疑的。同时，《侵权责任法》第 32 条第 1 款规定，无民事行为能力人、限制民事行为能力人造成他人损害的，由监护人承担侵权责任，监护人尽到监护责任的，可以减轻其侵权责任。因为被告小军为限制民事行为能力人，小军的父母作为小军的监护人应承担相应的侵权责任。

原告小明和被告小军均为限制民事行为能力人，在学校期间，学校对小明和小军负有教育、管理的职责。根据《侵权责任法》第 39 条规定，限制民事行为能力人在学校或者其他教育机构学习、生活期间受到人身损害，学校或者其他教育机构未尽到教育、管理职责的，应当承担责任。被告学校认可事发时没有值班老师或管理人员在场进行管理，可见被告学校未尽到管理和保护义务，存在过错，对小明的损害后果应承担相应的赔偿责任。综上分析，小明不能得到全部的赔偿，小军及其监护人和学校应当承担部分赔偿责任，责任的比例根据过错的大小来确定。

如上述的侵权事件在校园里不足为奇。如何预防和处置校园伤害，需要校园、社会、家庭的共同努力，建立起多层次、全方位的预防和处置机制。首先，在遇事时我们要学会遇事冷静，避免使用暴力手段解决问题。在此案件中，如果小军在面对小明的挑衅行为时不是追上去扭打导致用力过猛推倒小明受伤，而是通过老师冷静解决，就不会发生后面的一系列侵权赔偿纠纷。这不仅仅是一个人的问题，也许你满足了一时的快感，但是你的父母要为你承担这不法行为所带来的后果，更有甚者，会毁了一个家庭的幸福。在很多案件中，面对的是巨额的医疗赔偿。不要因为小小的冲突而破坏同学之间纯纯的友谊，彼此多一点宽容，多一份谅解，多一份尊重和沟通。

其次，作为学校、幼儿园等教育机构，要做好事前的提示、事中的处理、事后的救助等方面的工作。每位教职员工都要尽职尽责地履行各自的义务，多一份责任，少一份玩忽，化冲突于无形之中，让校园成为学习的乐园，成为学生童年中最美好的记忆。

孩子在成长过程中出现磕磕绊绊、有些小伤小病在所难免。很多时候，做父母的应以平常心理性地去处理。父母的爱子心，我们可以理解，但是在维权时却一定程度上表现出对孩子的过度保护及对对方的过度反应，这种不理性行为不仅会造成对孩子的二次伤害，还会影响孩子的人格养成。作为父母，不要因为小小的冲突而使两个家庭对簿公堂，父母应以身作则，让孩子学会换位思考，让孩子多一点忍让，少一份计较。过错一方的孩子家长应勇于认错，给孩子做个好榜样；而另一方家长也应大度地接受道歉，并教育孩子要学会宽容和谅解他人，这样两个孩子才能重新愉快相处。

八、虐童毒瘤

①

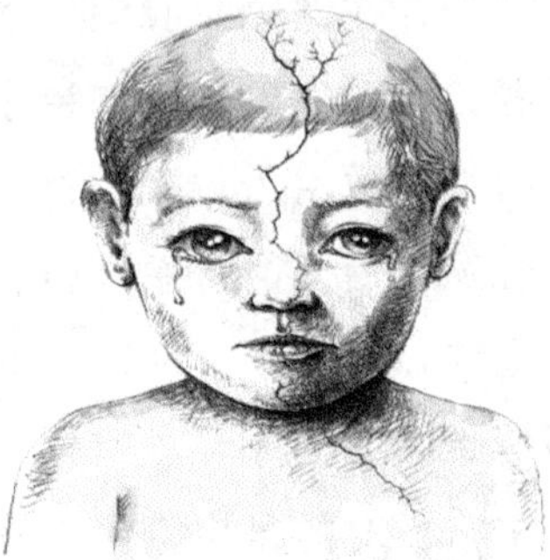

家，温暖幸福的港湾：孩子穿着漂亮的衣服嘻嘻哈哈、蹦蹦跳跳，无忧无虑地吃着零食，看着动画片，在爸爸妈妈的怀里撒着娇……但是对于有些孩子来说，这一切都是那么的遥不可及。他们也许遭受着打伤、烫伤、烧伤。在一系列惨不忍睹的虐童新闻曝光后，我们知道对于那些遭受虐待的孩子来说，他们没有勇气去奢求关爱与呵护。家成了噩梦的源泉，成了地狱的代名词。

2015 年 10 月 24 日，当人们还在为“南京虐童案”中那个身上、嘴上、腿上布满伤痕的小男孩感到痛心不已时，一位网友在其微博中发的一张照片又引来众多网友的关注。照片里，女老师一脸微笑，两只手分别揪着一名男童的耳朵，将男童双脚提离地面约 10 厘米，男童因剧痛张着嘴巴哇哇大哭。这就是“浙江温岭虐童事件”。正如在“南京虐童案”中，男童养母、被告人李某在法庭中所诉称的那样，“我没有犯罪，对指控我故意伤害罪，我很有异议。”“宝宝来我家 3 年了，

① 图片来源于网络 http: //news.163.com/11/0714/08/78TJNBEB00014AED.html，最后访问时间：2016 年 2 月 15 日。

恶习都没有改掉，我想打他一下，出于教育的目的，我心里不是想伤害人。”这似乎是大部分父母打孩子的原因——“不听话，只是为了教育。”父母打孩子，老师打孩子，这似乎是理所当然的事情。孩子不听话，当然要管、要教育，打似乎在我们社会中成了一种普遍的教育方式。很多父母和老师恨铁不成钢，秉承“棍棒底下出孝子”的理念教育孩子，就是在这样的思想下，我国社会中的虐童现象屡屡发生。

但是，父母对于此种施暴行为却不以为然。有的家长说“偶尔打不算虐待”，有的家长认为“只是轻微教训一下孩子”，甚至有的家长在遗弃或杀害孩子后认为“是为了解脱孩子的痛苦”。他们并不认为打孩子是家庭暴力，是虐待孩子的行为，反而认为是为了孩子以后能够更好，往往认为程度严重的伤害才是家庭暴力。为了孩子好成了很多家长为其暴力行为辩解的借口，这些家长并没有将自己的行为和家庭暴力、虐待联系在一起。

由此可知，在我们社会中，虐童毒瘤之所以会存在，原因并非单一的，而是多方面的：其一，长期以来我国就流传着“不打不成才”的传统观念，并不把打骂孩子当回事，社会对于父母的此种行为更多的是采取宽容的态度。其二，社会急于求成的心态导致父母教育方式的缺乏，父母没有耐心教育孩子，而打骂就成了中国父母教育孩子的主要方式。其三，除了我国法律对于虐童问题的忽略或者含糊不清的界定，社会的相关法律意识也不到位。

那么，什么是虐童？只有对此有个清晰的认识，才能更好地防止虐童现象的出现。在我国的有关法律中，虽有对于虐待儿童行为的禁止性规定。例如，《宪法》第 49 条第 4 款规定，禁止虐待儿童。我国《未成年人保护法》第 10 条第 2 款规定，禁止对未成年人实施家庭暴力，禁止虐待、遗弃未成年人，禁止溺婴和其他残害婴儿的行为，不得歧视女性未成年人或者有残疾的未成年人。《治安管理处罚法》以及《刑法》把情节恶劣的虐待儿童行为已上升为违法行为和犯罪行为，但是都没有明确什么是虐童行为。只有《最高人民法院关于适用〈中华人民共和国婚姻法〉若干问题的解释（一）》（以下简称《婚姻法解释（一）》）中进行了大概的定义，即家庭暴力，是指行为人以殴打、捆绑、残害、强行限制人身自由或者其他手段，给其家庭成员的身体、精神等方面造成一定伤害后果的行为。持续性、经常性的家庭暴力，构成虐待。

但是，世界卫生组织将虐待儿童定义为，抚养、监管儿童及对儿童有教育权的主体，对儿童做出的身体或精神上的虐待、忽视以及经济剥削，造成或足以造成儿童生存发育及尊严实际上或潜在的损害的行为。

比照世界卫生组织采取的概念而言，我国的相关概念还有明显不足。首先，并未对虐待儿童作出特别的规定，而是混杂在家庭成员中，这不利于对未成人权益的特殊保护。其次，强调的是直接针对身体的暴力行为，或者实际的损害，而对于潜在的危险却并未提及。最后，强调的是一种作为的方式，对于不作为方式的侵害并未涉及，如父母和监护人在具备完全能力的情况下，未能向儿童提供身心发育、教育、庇护以及安全等方面应有的帮助。

可见，社会现象、社会意识的变化是法律修改的前提和基础。因此，我们需要转变对于“虐童”的错误观念，即那种认为“打孩子是为了孩子好”“孩子不打不成才”“轻微的打不算虐待”等观念。

我们认为，是否属于虐待儿童的行为应主要取决于对孩子的成长发育是否产生不利影响，不论次数的多少、时间的长短、程度的轻重、方式的残暴。老师和家长一般所认为的那种虐童行为已属于恶劣的虐童行为，这种行为已经触犯《刑法》，上升为一种犯罪行为，需要承担刑事责任。

孩子不能想“打”就能“打”，因为儿童正处于成长发育的关键时期，老师和父母眼中的所谓“轻微行为、教育行为……”可能会对孩子的成长产生不良影响。据心理学家分析，遭受虐待的儿童会对实施这些行为的人失去信任，也会对他们所代表的那个人群失去信任，并且对这个人群产生长期的敌对或者恐惧心理，对其自身价值产生怀疑，并且在和人真诚交往上产生障碍等一系列问题。

父母面对孩子的不听话要多一点耐心，克制自己的情绪，毕竟孩子就是孩子，怎么可能不犯一点小错，是将小错化无还是酿成大祸，很大程度上取决于父母的教育方法。孩子面对父母和老师的虐待行为不要一味地容忍，可以通过合适的方法来寻求救济，如向其他亲朋好友、居委会或村委会的工作人员、邻居叔叔阿姨等寻求帮助。并非要用法律的方式来规定一个相关人员的报告义务，如果在我们的生活环境中存在虐童的现象，不要以为这是人家的家务事就选择袖手旁观，多一份热情，多一份关心，我们的社会才会变得更加美好。

只有我们共同努力，虐童毒瘤才可能得到根治，一切都是为了孩子。

九、有关孩子收养的那些事儿

①

① 图片来源于网络 http://ah.anhuinews.com/system/2013/11/27/006220252.shtml，最后访问时间：2016 年 2 月 15 日。

这个世界上，有一种情让人感觉最温暖，亘古绵长，无私无求，不因季节更替，不因名利浮沉，比起爱情它更坚韧，比起友情它更无私，那就是亲情……在法律上除了血缘亲情，还可以因收养行为而产生亲情……在我们社会中存在着大量的收养行为，但有些人却因为不了解我国有关收养法律制度中的规定而导致发生一些令人遗憾的事件。

相关媒体曾经报道过这样一起案件，家住河南省登封市王堂沟村的王某在实施收养行为时，未经送养夫妻双方的同意，且未按照法律规定办理收养登记手续，从而失去了一个视如己出、抚养了 3 年的女儿。时光倒退到 2002 年，一对家住新密市的恋人张某和李某未婚先育，生下一个女儿，因女方家人反对二人婚事，并认为未婚先育很丢人，便说服李某将孩子送人，几经辗转，孩子被送到了王某手中。但孩子的亲生父亲对此并不知情，几经努力才打听到孩子的下落。最终通过法律手段从王某手中要回了孩子。王某这个年过半百、膝下无儿无女的老人，经历得女之后的欣喜到失去之后的悲痛，显得格外的苍老。这在很大程度上是对有关收养方面法律知识的欠缺所造成的。如果当初王某在收养前去有关部门咨询，看自己是否符合收养孩子的条件，如果符合，再通过正常的法律途径办理相关的收养手续，也就不会导致现在这样的结果——失去一个视为己出、抚养了 3 年的孩子。类似事例并不在少数，因此有必要对收养中的一些重要问题进行阐述。所谓收养，是指公民（自然人）领养他人的子女为自己的子女，依法创设拟制血亲的亲子关系的民事法律行为。

根据我国《收养法》第 6 条规定，收养人应当同时具备下列条件：（1）无子女；（2）有抚养教育被收养人的能力；（3）未患有在医学上认为不应当收养子女的疾病；（4）年满 30 周岁。王某是符合收养人条件的，但是符合收养人条件并不一定会带来收养关系的成立。因此，收养关系成立的条件包括三个方面：收养的实质要件、收养的意思表示、收养的形式要件。所谓实质要件就是法律对收养人、送养人、被收养人资格的规定。不是任何人想成立收养关系就可以成立的，而是必须满足法律规定的条件。下列不满 14 周岁的未成人可以被收养：丧失父母的孤儿、查找不到生父母的弃婴和儿童、生父母有特殊困难无力抚养的子女。在本案中，王某收养的那个女孩并不满足这些条件，如果王某去民政部门咨询，是可以查找得到该女孩的生父母的，同时亲生父母也并非因特殊困难无力抚养，而是由于该女孩是非婚生子女，其母亲碍于名誉而将女孩送养。

关于收养的意思表示，亦即收养的成立还需要收养当事人的意思表示。收养关系无疑是一种法律关系，有关权利义务的关系。而法律行为的成立不仅要有适格的当事人，还要有各方当事人所谓的意思表示。收养关系的当事人是收养人与被收养人，送养人只能作为被收养人的法定代理人参与收养关系，而不能作为收养关系当事人参与其中。根据我国《收养法》第 10 条的相关规定，无论是送养还是收养都需要夫妻双方的共同同意，所以单方收养或送养的都是无效的收养。在王某这个案件中，收养关系不能成立的另一个重要原因在于未经送养夫妻共同同意，从而导致收养无效。因为孩子的亲生父亲张某对于孩子被恋人李某送养给他人并不知情，是恋人在其家人“教唆”下的单方送养行为。

关于收养的形式要件，是建立收养关系的法定程序，旨在确立并公示合法的收养关系，维护收养关系的稳定，防止不法收养。就我国而言，对于收养关系的形式要件是去县级以上的民政部门登记。自登记之日起，收养关系成立。可见我国《收养法》对于收养关系的形式要件采取的是行政程序。对于上述案件，王某在接到被抱送过来的孩子时，完全沉浸于喜悦之中，却忘记前往民政部门询问登记，才会导致后面的事情发生。

收养要满足三个方面的条件：收养的实质要件、收养的意思表示、收养的形式要件，由此建立合法有效的收养关系，并随之产生法律效力，养父母与养子女间的权利义务关系适用关于父母子女关系，养子女与养父母的近亲属间的权利义务关系适用于法律关于子女与父母的近亲属关系的规定，即养父母及其近亲属与养子女间产生拟制的直系血亲关系。简言之，就是因收养关系而成立的亲子关系与血缘亲子关系在法律上是一样的。另外，养子女与其生父母及其他近亲属间的权利义务关系因收养关系的成立而消除。

当然，《收养法》就一些特殊情况做出了例外的规定，如第 7 条第 1 款规定：收养三代以内同辈旁系血亲的子女，可以不受本法第 4 条第 3 项（生父母有特殊困难无力抚养的未满 14 周岁的未成年人）、第 5 条第 3 项（有特殊困难无力抚养子女的生父母），以及第 9 条（无配偶的男性收养女性的，收养人与被收养人的年龄应当相差 40 周岁以上）和被收养人不满 14 周岁的限制。

最后是收养关系的解除问题。收养成立后，如果收养过程中出现当事人进行收养时未曾预料的事由，比如说，送养人隐瞒被送孩子的病情或其他一些不利于收养的信息，收养人发现后可以解除收养；养父母子女之间产生一些不可协调的纠纷，无法继续一起生活下去，也可以解除收养关系。而解除收养关系的具体途径有：其一，按当事人的协议来解除收养关系，即双方就解除收养关系达成一致同意。其二，按当事人一方的要求解除收养关系。如果有虐待、遗弃等侵害未成年养子女合法权益行为的，送养人有权要求解除养父母与养子女间的收养关系，或者请求人民法院解除。

而解除后的法律后果是终止养父母与养子女之间的关系，双方不再具有父母子女间的权利义务，养子女与养父母的近亲属关系也随之解除。关于养子女与生父母及其近亲属间的权利义务关系的恢复问题，《收养法》是以养子女是否成年为界限，区别对待、分别处理，即在子女未成年时，各项关系自行恢复；在子女成年以后可以协商确定。

十、我是明星我做主？

——儿童代言

①

我们这个时代是一个最好的时代，也是一个最糟的时代，有人可能一夜成名而风光无限，有人可能受万人唾弃而一蹶不振。一个企业想要在这个时代中生存下来，扩大影响力，占据市场份额，当然免不了进行宣传推广，明星代言则会是企业的首选。

今天我们看到明星代言的商品数量是如此之多，种类是如此之繁，从日常生活用品到精美高端产品，从食品到药品……似乎我们的企业已经进入一种本末倒置的怪圈，以为即使再烂再次的商品，只要

---

① 图片来源于网络 http: //news.hexun.com/2015-09-02/178797658.html，最后访问时间：2016 年 2 月 16 日。

有了明星代言就可以滥竽充数，把大把大把的资金投入聘请明星代言上，而不是提高产品或服务的质量、技术、创新上。

最近一两年，广告商精准地看到眼下热潮，将广告代言转移到了儿童身上，利用消费者的盲目心理，对可爱萌娃的追捧来实现其经济利益。此时，父母该何去何从？也许会认为这是一个对孩子不错的锻炼机会，会对孩子的发展有益，也许会被丰厚的利益所诱惑而盲目替孩子做主，接广告代言活动。然而，广告代言这看似光鲜无比的行为背后涉及哪些法律问题呢？让我们一一道来。

首先，我们需要明确什么是广告、广告代言人，只有了解它的本质，我们才能做出理智的判断，而不是一味地被广告商蒙蔽。所谓广告，简言之就是广而告之。在商业广告中，商品的生产者、经营者为了获得经济效益，让更多的消费者购买，会进行宣传推广。此时他们宣传推广的重要手段就是通过挑选广告代言人的方式进行。“广告代言人”是指除广告主以外，在广告中以自己的名义或者形象对商品、服务做推荐、证明的自然人、法人或者其他组织。简言之，代言人就是对产品或服务起推荐和证明作用的人。

《消费者权益保护法》第 45 条第 3 款明确规定：“社会团体或者其他组织、个人在关系消费者生命健康商品或者服务的虚假广告或者其他虚假宣传中向消费者推荐商品或者服务，造成消费者损害的，应当与提供该商品或者服务的经营者承担连带责任。”也就是说，在有广告代言人的情况下，消费者生命健康权益因虚假广告或其他虚假宣传而受到侵害时，除可以向产品、服务生产者或者销售者主张权利外，还可以向该产品、服务的广告代言人主张权利。此条涉及一个重要的词语就是虚假广告或虚假宣传，就是说广告代言人所代言商品的宣传内容与商品的实际情况不符，或者说宣传的内容容易使消费者对该商品的实际情况产生错误的理解。

在童星代言中，儿童由于年龄的原因不可能有完全的认知能力、判断能力，对其所代言产品的性能、作用、质量不可能有清晰明确的认知。成年明星在面对其所代言的商品出现问题时，都可能会辩解道：“我是人又不是神，怎么可能会对所代言的商品知根知底？”既然一个成年人都无法做出判断，更何况是一个儿童呢？所以，如何规范我国的广告代言问题，如何更好地保护未成年人的权益，促进未成年人健康成长？《广告法》已经对有关未成年人部分进行了修改。

《广告法》于 2015 年 4 月 24 日修订，该法第 38 条第 2 款规定，不得利用不满 10 周岁的未成年人作为广告代言人。

①

《民法总则》第 20 条规定，不满 8 周岁的未成年人为无民事行为能力人，由其法定代理人代理实施民事法律行为。可见未满 8 周岁的未成年人，由于其心智的不成熟，其认知能力、判断能力、自我保护能力都是有限的。为了更好地保护该群体的健康成长，法律作出了“该群体不能以自己的名义从事民事活动，必须由其法定代理人代理”的规定。从上文对广告代言人的定义可知，代言人是以自己的名义、

① 图片来源于网络 http: //heb.hebei.com.cn/system/2015/01/15/014747453.shtml，最后访问时间：2016 年 2 月 16 日。

亲身感受推荐产品。像广告代言这类的经济活动，所涉及的环境、接触到的事情都已超出该年龄阶段孩子所能承受的范围。更有甚者，如果童星所代言的产品出现问题，被卷入复杂的诉讼程序中，对其以后的发展无疑会留下难以磨灭的痛苦记忆。

另外《侵权责任法》第 32 条以及《民法总则》第 20 条规定，无民事行为能力人、限制民事行为能力人造成他人损害的，由监护人承担民事责任。未满 8 周岁的未成年人，作为无民事行为能力人，不能独自承担相应的法律责任，而是由其监护人承担。我们知道，权利与义务是对等的，没有无权利的义务，也没有无义务的权利。儿童作为广告代言人，的确会因此而获得相当丰厚的报酬，但也应负有在合同有效期内保证所代言商品质量的真实并进行监督的义务。从此分析可以看到，童星在广告代言的过程中是不可能正确履行义务的，也不能承担相应的责任，这样下来就会让孩子形成一种只有权利没有义务的错误观念，不利于其以后的成长。

最后，童星代言看似是一种“光圈”，但是这份虚荣会让孩子认为自身与其他孩子存在明显差距，久而久之，便会沉迷于被人追捧、崇拜的个人满足之中，最终不利于孩子形成正确的人生观、价值观、世界观。

希望自己的孩子能有一天变得家喻户晓，能够璀璨夺目，几乎是很多父母的愿望，为此可以不惜一切培养孩子各种各样的才能，周末没了，兴趣班来了，快乐没了，压力来了……只为参加各种综艺去展示自己的孩子，亲爱的父母，请不要这么自私，孩子就是孩子，那些所谓的光圈、所谓的名利、所谓的金钱，相对于孩子的快乐健康而言，永远都是微不足道的。

法国思想家卢梭认为：“在人生的秩序中，儿童有他的地位，应该把成人看作成人，把孩子看作孩子。”让孩子遵循着自己的发展规律，不要过早地让他们接受那些本不该属于他们那个年龄阶段的事情。也许成功成名很重要，但是拥有一个快乐的、无忧无虑的童年更重要。

十一、他们的幸福其实很简单

没有什么比我们对待孩子的态度更能深刻折射出这个社会的核心价值追求了。

——曼德拉

在中国，随着我国市场经济的快速发展，城乡二元结构的形成，劳动力出现了大规模的流动，一个新的特殊阶层逐渐形成并日益壮大——农民工。在大量农民工父母一方或双方外出打工的同时，他们的孩子却被留守在家乡，这群孩子有一个共同的名字——留守儿童。2015 年大年初八，一个 8 岁的孩子朝着即将奔赴成都打工的父母哭号道：“你们不能这样对我。”2015 年 6 月 16 日，贵州省毕节七星关区 4 名留守儿童喝农药自杀；2015 年 10 月 5 日重阳节当天，广东省电白区观珠镇河垌村 3 名留守儿童相约喝药自杀，最小的仅 7 岁；2015 年 11 月 22 日，广东省 12 岁的菲菲被诊断患上了严重的精神分裂症。这些悲剧背后反映的是 6100 多万名留守儿童的心理和精神状态。

9 岁的刚刚是二年级学生，妹妹今年 6 岁。刚刚 5 岁的时候，父母双双去珠海打工，他们跟着爷爷、奶奶生活。在某年暑假的时候，两兄妹被接到了珠海父母租住的房屋里。由于白天父母在外上班，两兄妹只能在房间里玩耍，就是在此期间一场令我们每个人都触目惊心的惨剧发生了——9 岁的哥哥打断了妹妹的 13 根肋骨。父母说，4 年的时间里，只能在寒暑假的时候见到兄妹俩。每次见到孩子们的时候，彼此都感到十分陌生，孩子们不愿意跟父母交流，对父母说的话总是爱搭不理。心理医生在与刚刚交流后发现，作为留守儿童，刚刚在农村老家经常受到同学们的欺负，但是又不能及时得到来自父母的关心、认可。心理医生开出了药方，希望刚刚的父母留在他身边，而且给予刚刚更多心灵上的陪伴。

文学家鲁迅先生曾说：童年的情形，便是将来的命运。留守儿童这一特殊的群体，他们的心理健康，他们的成长不仅关系着每个家庭的幸福，更关系着我们整个社会的安稳，整个民族的未来。权威统计数据显示，我国有将近 6103 万名留守儿童，而留守儿童心理健康问题的检出率高达 57.14%；根据最高人民法院的相关统计，截止到 2015 年年底，留守儿童犯罪约占未成年人犯罪的 70%，且呈现连年上升的趋势。

上面的数据和具体案例反映出一个严重的社会问题，就是留守儿童的心理健康问题。父母为了改善生活常年在外打工，有的孩子一年中只有在春节的时候才能见到父母，有的孩子甚至数年见不到父母。在漫长的期盼和等待中，许多父母和留守儿童之间成了“最熟悉的陌生人”。在这些留守儿童心里，父母对于他们来说在某种程度上只是一个称呼，仅仅会对他们说：“爸爸妈妈这么辛苦都是为了你，你要好好听话，好好学习……”但是，缺少了成长过程中最重要的爱和陪伴，他们在某种意义上成了这个社会、这个时代的“孤儿”。长期的留守，长期缺乏父母的关爱和管教，这种情感和监护的欠缺对他们的心理健康产生了严重影响，特别容易出现自卑、易怒，缺乏安全感，偏执、逆反、脆弱敏感等心理、性格障碍，甚至出现自杀倾向或者走上犯罪的道路。

留守儿童心理健康问题的出现主要是因为，他们大部分都由祖辈来进行照顾，祖辈在思想观念方面和孙辈存在很大的差距，在成长的过程中缺乏教育和沟通，留守儿童不愿意将心里的想法告诉祖辈，致使他们出现道德的偏差、行为的失范。此外，外出打工的父母迫于生活压力，或自身难保，或难以立足，他们大部分没有能力把孩子带到自己的身边，不得不去接受养孩子却不能教孩子的现实。也正是由于关爱的缺失，父母对孩子有一种无法照顾的愧疚感，更多的时候通过金钱的方式予以补偿，偶尔的联系也只是过问孩子的身体、学习情况，甚少关注孩子的心理、教育状况，从而导致子女在心理、性格、道德品行上出现问题。当然，留守儿童心理健康问题的出现并不能完全归咎于父母一方，学校教育、社会环境的“断层”也是十分重要的原因。

留守儿童心理健康是值得我们社会去反思的一个重要问题。留守儿童是这个时代最容易受到伤害的一个群体，他们缺失的不仅是亲情的关怀、父母的关心和陪伴，更多的是一个正常儿童所应拥有的幸福童年和成长路径。留守，不应成为孩子的成长之殇。改变留守儿童现状，从根本上来说需要经济的发展，打破城乡二元结构，发展农村经济，但这是一个漫长的过程。我们需要关注的是，在现有条件下，父母、学校、政府、社会能够为改善这一状况做出哪些努力？以外出务工父母为例，父母对孩子心理与性格的培养、孩子的健康成长起着无可取代的作用。世界上没有任何力量可以代替来自父母的关爱和陪伴。因此，那些外出务工的父母需要明白的是，没有任何一种缺失能胜过亲情的缺失，留守儿童真正需要的不仅是物质的满足，留守儿童的幸福其实很简单，他们更需要的是和父母的朝夕相处以及心灵的陪伴。当然，在面对生存压力的情况下，如何使自己的孩子不被留守并不是一件容易的事情。外出务工的父母如果在现有条件下实在无力携带自己的子女共同生活，那么放任不管也绝不应该是其应有的态度。外出务工的父母除了应该采取多种方式与孩子沟通，更应该把沟通的范围拓展到吃饱穿暖之外的心灵沟通。加强与监护人、老师的沟通，一旦发现孩子有心理问题，及时解决。当然，外出务工父母也应该尽可能尽到自己的监护职责，让孩子能够在正常的轨道上成长。

2016年，国务院印发了《关于加强农村留守儿童关爱保护工作的意见》，提出以促进留守儿童健康成长为出发点和落脚点，加强农村留守儿童关爱保护工作，依法强化家庭、政府、教育部门和学校、各级群团组织的职责，确保农村留守儿童的健康成长。

每一个孩子都是祖国的未来、民族的花朵，他们健康成长是我们整个社会共同的责任和义务。莫让留守儿童成为“时代的孤儿”，莫让他们成为“社会之殇”，让他们拥有一个健康的心理，让他们享受快乐的成长。笔者相信，只要我们重视留守儿童心理健康问题，外出务工父母、学校、政府、社会能做更多的努力，留守儿童的明天一定会越来越美好。

十二、谁来给茜茜公民身份

儿童出生后应立即登记，并有自出生起获得姓名的权利，有获得国籍的权利，以及尽可能知道谁是其父母并接受其父母照料的权利。

——《儿童权利公约》

长期以来，由于受传统观念以及相关政策的影响，非婚生子女不是大众关注的焦点。然而，值得注意的是，随着人们婚育观念的变化，我国婚前同居、非法同居、婚外情等现象与日俱增，非婚生子女数量呈现不断上升趋势。第六次人口普查数据显示，中国约有1300万人没有户口，这其中就包括很多非婚生子女。而户口是获得公民身份的象征，没有户口，上学、就业、工作、结婚生子等方面困难重重，甚至随着“实名制”的普及，购买火车票、乘坐飞机都是一个难题。可以说，在我国，没有户口，你将寸步难行。

2010年的春天，年轻漂亮的张某与有家室的周某相恋，并生下了女儿茜茜。张某后来虽然有了自己的家庭，但没过几年就与丈夫离了婚，几经周折找到了茜茜的亲生父亲周某。周某有自己的家庭，并有两个女儿。刚开始，周某还经常来看望孩子，不时地给一些生活费，但没过多长时间，周某就玩起了“失踪”，打电话不接，发短信不回。张某好不容易在单位门口碰到了周某，希望周某能够配合给茜茜上户口，并承担生活抚养费，但这时的周某却矢口否认是茜茜的亲生父亲。眼见茜茜就要上小学了，但是公立学校不接收没有户口的孩子，私立学校又上不起，在不得已的情况下，张某向法院提起了诉讼，要求法院判决周某承担相应的抚养责任。庭审中，周某辩称不是茜茜的亲生父亲，张某只能申请法院进行亲子鉴定，但周某拒绝配合。如果不进行亲子鉴定，法院就无法确定父女关系，周某因此就无须承担抚养责任吗？并不是。张某在庭审中提供了与周某存在亲密关系以及承担生活费的证据，法院根据《最高人民法院关于适用〈中华人民共和国婚姻法〉若干问题的解释（三）》（以下简称《婚姻法解释（三）》）的规定，当事人一方起诉请求确认亲子关系，并提供必要证据予以证明，另一方没有相反证据又拒绝做亲子鉴定的，人民法院可以推定请求确认亲子关系一方的主张成立。最终，法院判决确认周某与茜茜之间是父女关系，周某每月支付孩子生活费800元。

①

非婚生子女的法律地位应该如何认定，享有哪些权利呢？我国《婚姻法》第25条明确规定，非婚生子女享有与婚生子女同等的权利，任何人不得加以危害和歧视。不直接抚养非婚生子女的生父或生母，应当承担子女的生活费和教育费，直至子女能够独立生活为止。《继承法》第10条规定，遗产按照下列顺序继承，第一顺序：配偶、子女、父母。第二顺序：兄弟姐妹、祖父母、外祖父母。继承开始后，由第一顺序继承人继承，第二顺序继承人不继承。没有第一顺序继承人继承的，由第二顺序继承人继承。本法所说的子女，包括婚生子女、非婚生子女、养子女和有扶养关系的继子女。也就是说，我国法律明确规定了非婚生子女与婚生子女享有同等的法律地位，享有受抚养权、继承权，等等。但是需要注意的是，在法律上，非婚生子女享有这些权利的前提是能够证明存在父母子女关系，而证明的途径只有亲子鉴定。但我国法律并没有规定在父母一方拒绝配合做亲子鉴定时可以强制鉴定，此时根据前面《婚姻法解释（三）》的规定起诉请求确认亲子关系的一方当事人必须能够提供必要证据予以证明与另一方存在亲密关系等。但现实中，由于许多两性关系的隐秘性，这种证据可能根

① 图片来源于网络http://fuwu.huangye88.com/xinxi/2586189.html，最后访问时间：2016年2月16日。

本无法找到，进而无法确认非婚生子女与其生父母之间存在父母子女关系，那么非婚生子女很有可能得不到应有的抚养以及其他任何婚生子女享有的权利。

令人欣慰的是，茜茜的生活费得到了一定的保障，但她的户口问题还是没有着落。由于非婚生子女是非法生育的，上户口受到了很大的限制，而正是这种限制使得许多非婚生子女无法解决户口问题，他们不得不游走在社会的边缘，失去了本应有的上学、就业等权利。现实中，根据我国《人口与计划生育法》《户口登记条例》以及各个地方的计划生育与管理办法，对像茜茜这样的非婚生子女上户口问题作了诸多限制。比如，非法生育子女的公民，应当依法缴纳社会抚养费。但现实中，多数非婚生子女的父母都难以承担高额的社会抚养费。如茜茜这种情况，当地计生委根据《社会抚养费征收管理办法》，按照 2010 年城镇居民人均可支配收入的 10 倍，要求茜茜父母缴纳 20 多万元的社会抚养费。再如，上户口必须提供出生医学证明，没有出生医学证明的，必须提供亲子鉴定证明。但现实中，很多非婚生子女的父亲为逃避法律责任，往往拒绝配合做亲子鉴定，而我国法律并未规定可以强制鉴定，这就导致很多非婚生子女成了“黑户”。再者，对于那些父母已经死亡以及随着现在很多单身女性通过人工授精出生的子女，无法做亲子鉴定难道就意味着子女注定无法上户口吗?

从法律上来讲，我国《宪法》的平等原则以及《婚姻法》赋予非婚生子女的平等权利要求非婚生子女户口问题必须尽快进行改革。从道义、人权保护来讲，父母违反法律不应成为剥夺子女基本权利的理由。非婚生子女自身是无辜甚至是最需要法律保护的弱势群体，生存发展权是每个自然人应该拥有且不得予以剥夺的基本权利，但在我国，户口与一切息息相关，非婚生子女无法上户口事实上就是在剥夺他们的生存发展权。笔者认为，在我国建设法治国家的进程中，任何违反宪法、人权的条文都应当废除，衡量一个国家法治化程度的最基本标准就在于是否能让一切公民平等自由地生存、发展。但愿，我国的户口制度能够尽快改革，做出有针对性的规定，能够使像茜茜这样的非婚生子女顺利上户口，享受他们应有的权利。

十三、学校承担责任的不同情形

近年来，校园中屡屡发生学生伤害事故，因学生伤害事故而引起的侵权责任纠纷也愈加频繁。一旦发生校园伤害事故，牵涉各方利益主体，学校自然而然就会成为“替罪羔羊”，处于十分尴尬的境地。学校对学生究竟负有什么责任和义务？在校中小学生发生伤害事故，学校是不是“无限责任公司”，在这些伤害事故中都应该承担责任？如果承担责任，应该承担什么样的责任？校内不同时间段发生学生伤害的责任如何划分？如何判断学校对于损害结果的发生有无过错？接下来，结合实际发生的不同典型案件，参照相关法律规定以及法院审理这些案件的处理结果，针对校园学生伤害事故的归责原则进行探讨。

①

① 图片来源于网络 http://www.anhuilife.com/wan-14245499.html，最后访问时间：2016 年 2 月 16 日。

案例一：丁某系湖北省武汉市武昌区某学校初一年级学生，2010 年 10 月 12 日是其生日，在上完晚自习后，丁某从学校门口的超市买了一箱啤酒和两瓶 42 度的白酒，拿回寝室与几个要好的哥们儿一起喝酒庆祝。在寝室熄灯后，他们仍在喝酒，其间发出了很大的吵闹声，在午夜时分才入睡。由于他们住在一楼，其间几次惊醒了宿管阿姨和隔壁寝室的同学，但都未加制止。第二天上早自习的时候，同学发现丁某昏迷不醒，后送往医院，经鉴定系酒精中毒，抢救无效死亡。事件发生后，学校支付了 5000 元的抚慰金，因不能达成赔偿协议，丁某父母将其告上了法庭。

案例二：2014 年 12 月 18 日，在山西省杏花岭区某小学三年级下午第二节英语自习课上，老师王某正在教室后面辅导学生，武某站起身来偷看前排同学李某的日记本并朗读出来，就在老师和同学都还没有缓过神来了解发生何事的时候，李某在极度愤怒之下扭过头一拳打在武某的鼻子上，致使武某鼻梁骨骨折。事情发生后，在场的王老师及时将武某送往医院，并通知了双方家长。经过治疗，武某父母花费医疗费 1 万多元。对于此事，武某的家长认为除李某的监护人应当承担责任外，在正常教学时间发生的伤害事故，学校也应当承担责任，但学校方面持有异议，认为校方无责。

案例三：2013 年 6 月 5 日，福建省福州市某小学二年级上午第一节课后，几名学生在操场上玩“摸瞎子”游戏时，其中一名学生将另一名学生撞倒，造成其右胳膊骨折。

案例四：王某系广西壮族自治区南宁市某小学三年级学生，在放学后被李老师叫住出黑板报，被突然倒塌的墙体砸中。事发之后，王某被送往医院就诊，经南宁市第一人民医院救治，王某进行了高位截瘫手术，经鉴定为三级伤残。住院期间各项费用共计 62.482 万元，后续医疗费用 80 万元。李老师和学校支付了住院期间医药费用 37.19

万元，此后就赔偿数额各方没有达成一致，王某家长将教师和学校共同诉至法院。

学校对学生应当承担教育管理、保护的责任，对学生在校园发生的人身伤害的赔偿应当坚持以下两个原则：

（1）过错原则或者过错推定原则

《侵权责任法》第 38 条规定，无民事行为能力人在幼儿园、学校或者其他教育机构学习、生活期间受到人身损害的，幼儿园、学校或者其他教育机构应当承担责任，但能够证明尽到教育、管理责任的，不承担责任；第 39 条规定，限制民事行为能力人在学校或者其他教育机构学习、生活期间受到人身损害，学校或者其他教育机构未尽到教育、管理职责的，应当承担责任。

《最高人民法院关于贯彻执行〈中华人民共和国民法通则〉若干问题的意见（试行）》第 160 条规定，在幼儿园、学校生活、学习的无民事行为能力人或者在精神病院治疗的精神病人，受到伤害或者给他人造成损害，单位有过错的，可以责令这些单位适当给予赔偿。

《学生伤害事故处理办法》第 8 条第 2 款规定，因学校、学生或者其他相关当事人的过错造成的学生伤害事故，相关当事人应当根据其行为过错的比例及其与损害后果之间的因果关系承担相应的责任。

根据上述法律规定，对学生伤害事故，学校承担的是过错责任和过错推定责任。前者是指学校只有在存在过错的情况下承担责任，后者是指如果学校对于所产生的损害后果不能证明自己没有过错就应当承担赔偿责任。两者的区别在于举证责任的不同，后者实行的是一种举证责任的倒置，其目的是减轻受害人的举证责任。对于学校来说，学校是否存在过错，首先应当从学校的性质、学校与学生的关系方面来看，如果学校在履行教育管理、保护职责中存在不当之处，且这种不当是造成损害的原因之一，学校就应当承担责任。案例一中，学校对于丁某的死亡就应当承担过错责任。原因在于，学校对住宿学生有教育管理的职责，在熄灯就寝之后听到学生在宿舍吵闹却未加以查看和制止，说明学校在管理中存在不当之处，与丁某的死亡之间存在因果关系，因此应当对丁某的死亡承担相应的赔偿责任。在考虑学校是否存在过错责任的时候，特别需要注意的是学校是否尽到了合理注意义务。所谓合理注意义务，是指按照通常的预见能力和预见水平，应当预见到可能发生的损害或者避免发生损害的义务。具体来讲，就是学校应当预见到而没有预见或者没有采取措施避免损害结果的发生，就是没有尽到相当注意义务；如果学校不可能预见到损害结果的发生或者已经尽到相当的注意义务，就不应当承担过错责任。案例二中，虽然伤害发生在上课期间，任课老师对学生有直接的教育、管理和保护义务，但是该事故的发生是十分突然的，甚至是一瞬间的事情，老师对此事的发生不可能预见也不可能制止，因此，老师、学校对此事的发生并没有过错，不应当承担责任。

（2）公平责任

根据《民法通则》第 132 条的规定，当事人对造成损害都没有过错的，可以根据实际情况，由当事人分担民事责任。案例三中，事故发生在课间休息时间，学校的管理责任和监护人的监护责任处于不确定的状态，且此事件的发生属于意外事件，学校、当事人双方对此事件的发生均没有过错，因此应当适用公平责任。而法院的最终判决也是按照公平原则，判决由当事人酌情分担原告的损失。

案例四中，学生在放学后因帮助或者配合老师完成一些活动时因为校园设施而受到人身伤害，学校是否承担责任？《学生伤害事故处理办法》第 9 条第 1 项规定，学校的校舍、场地、其他公共设施，以及学校提供给学生使用的学具、教育教学和生活设施、设备不符合国家规定的标准，或者有明显不安全因素的，学校应当依法承担相应的责任。因此，学生在校期间，即便是放学后的留校期间，因为校园设施而受到伤害的，学校应当承担责任。但是，如果学校对设施、设备已经尽到相当注意义务，或者因为学生自身的原因导致设施不安全产生人身伤害的，可以适当减轻学校的责任。

当前，学生课后留校的现象十分普遍，学生中的积极分子放学后会配合或者帮助老师从事一些公益性活动。值得注意的是，很多老师没有征求家长同意便擅自将学生留校担任其“得力助手”。那么，这些学生出现安全问题之后，教师、学校就会成为过错责任主体。

十四、我也有名誉权

把名誉从我身上拿走，我的生命也就完了。

——莎士比亚

俗话说：“人活脸，树活皮。”名誉权作为人格权的重要组成部分，是每个自然人与生俱来的权利。学生这一特殊群体，作为自然人当然享有名誉权。这不仅涉及学生的人格尊严，还关系到家长、同学、老师等对其思想、道德、行为、品质等如何进行评价，更关系到学生自身的身心健康。

俗话说：“良言一句三冬暖，恶语伤人六月寒。”由此可见，语言的力量非同一般。而不经意间的言语伤害可能会对一个人的名誉、身心带来严重的伤害，甚至是不可挽回和弥补的伤害。在现实生活中，侵犯学生名誉权的案件比比皆是，语言伤害对孩子会有这么大的影响吗？如何正确看待这一现象？这一现象背后所反映和折射的问题又是什么？儿童名誉权受到侵害后应如何救济？这些问题都值得我们予以关注并加以认真思考。

10 岁，本来是一个无忧无虑的年纪。10 岁的小丽本来应该跟所有孩子一样在学校里学习、玩耍，享受这个年龄本该有的朝气和活力。然而，一提起上学，小丽就直打哆嗦，浑身冒冷汗，哭着喊着求父母不要送她去上学。小丽本是一个品学兼优的学生，也是班上的体育尖子生，经常和同桌小华相约课后去打乒乓球。一次课后，小丽和小华相约班上其他两位同学进行混双比赛。比赛期间，小丽和小华配合默契，一路领先，时不时通过拥抱进行庆祝。这些亲昵行为被班主任文老师撞见，认为两个孩子早恋了，当着全班学生的面批评教育小丽："小丽，你这种行为是不对的，你现在这个年龄懂什么情、什么爱啊，不好好读书，每天搞这些乌烟瘴气的事情，你父母是怎么教育你的，你败坏了校风，也带坏了其他同学。"文老师还在其他老师、同学面前说小丽的坏话，"告诫"其他同学不要和其交朋友。在父母眼里，小丽是一个不善言辞、乖巧听话的孩子，不用家长教育批评就会自我反省的孩子。在得知此事后，父母与文老师进行了一番解释沟通，文老师认为小丽的这种"早恋"行为是由于家长缺乏管教造成的，自己的批评教育是为了小丽好。小丽父母虽然相信自己的孩子，但也答应老师会对小丽好好教育。文老师的话让小丽幼小的心灵受到了严重的打击，她十分想不通，老师的讽刺、挖苦，同学的疏远等行为让她彻底崩溃了。一段时间以来，小丽晚上经常从噩梦中惊醒，一提到学校，她就开始躲在墙角，全身是汗，眼睛里充满了恐惧。经专家诊断，小丽患上了应激性心理障碍。当然，经过医生的心理疏导和家长的细心呵护，小丽的情况有所好转。但这件事终究在她幼小的心灵留下了难以磨灭的阴影，小丽最终还是离开了那所学校。

①

从实践层面来看，一直以来孩子在学校遭受言语暴力的案件屡见报端。面对很多成绩不好、调皮捣蛋、做事出格的学生，许多老师依然认为，“教育”他是为了其能够更好地成长。虽然在素质教育和法治社会环境下，很多老师已经认识到身体暴力的违法性，可他们并没有意识到教育与教训之间的界限，对于语言这种“软暴力”造成的后果知之甚少。学生由于受“尊师重道”的影响，很少意识到自己的名誉受损。家长也普遍认为，老师越严厉对孩子越好，严师出高徒。所以，这其实在很大程度上纵容了这种现象的发生。用一句比较流行的话来讲就是，许多长辈和老师打着为孩子好的名义对孩子为所欲为。孩子年龄虽小，但依旧有自己独立的思想和认识，较强的自尊心，渴望得到他人的鼓励和认可，这些有意无意地侮辱、辱骂、诽谤、攻击性言语对儿童心灵的伤害可能是无法挽救的，远远要超出我们所想象的程度，轻的可能产生短时间的自卑、厌学、憎恨等情绪，重的可能产生长时间的心理问题，甚至因此而自杀、违法犯罪等。不可否认的是，近年来这种情况有所缓解。如2004年《上海市中小学教师守则》里明确提及“尊重学生人格”，北京市宣武区、天津市河北区、

① 图片来源于网络 http://www.zxxmw.com/article-50-1.html，最后访问时间：2016年2月16日。

山东省安丘市、宁夏市等教育部门都在中小学系统开展了“教师十不准”“教师忌语”等活动，要求教师不得对学生使用侮辱性、讽刺性、诬蔑性、诋毁性、训斥性、过激性、恐吓性等语言。当然，需要注意的是，教师侵犯学生名誉权的范围也不能任意扩大，否则会使一些学生面临着“不管不问”的窘境。实践中，伤害学生名誉权的形式主要包括辱骂、侮辱、诽谤、侵犯隐私权等。

从法律保护层面上来看，我国《宪法》《民法总则》《未成年人保护法》等相关法律都对公民享有人格尊严不受侵犯进行了相关规定。例如，我国《宪法》第 38 条规定，中华人民共和国公民的人格尊严不受侵犯。禁止用任何方法对公民进行侮辱、诽谤和诬告陷害。《未成年人保护法》第 5 条第 1 项规定，保护未成年人的工作，应当遵循尊重未成年人的人格尊严这一基本原则；第 18 条规定，学校应当尊重未成年学生教育的权利，关心、爱护学生，对品行有缺点、学习有困难的学生，应当耐心教育、帮助，不得歧视，不得违反法律和国家规定开除未成年学生。

从维护权利和承担责任角度来看，《教育法》第 43 条第 4 项规定，受教育者享有对学校给予的处分不服向有关部门提出申诉，对学校、教师侵犯其人身权、财产权等合法权益，提出申诉或者依法提起诉讼的权利。《民法总则》第 109 条规定，自然人的人身自由、人格尊严受法律保护。《民法总则》第 110 条规定，自然人享有生命权、身体权、健康权、姓名权、肖像权、名誉权、荣誉权、隐私权、婚姻自主权等权利。法人、非法人组织享有名称权、名誉权、荣誉权等权利。《最高人民法院关于确定民事侵权精神损害赔偿责任若干问题的解释》第 1 条规定，自然人因名誉权、人格尊严权而受到非法损害时可以向人民法院起诉请求赔偿精神损害；第 8 条第 1 款规定，因侵权致人精神损害，但未造成严重后果，受害人请求赔偿精神损害的，一般不予支持，人民法院可以根据情形判令侵权人停止侵害、恢复名誉、消除影响、赔礼道歉。可见，精神损害赔偿以“严重后果”为要件。因此，在学生名誉侵权案件中，以适用非财产性责任方式为主，以适用财产性责任方式为补充和例外。

教师是一个受人尊敬的职业，比起教书，育人更体现一个教师的职业素养。现实生活中，如何既保护未成年人的名誉权等合法权利，又尊重教师的教育权，如何使二者在同一轨道上并行，是值得教师、家长、社会共同思考的一个重要问题。但愿我们的教师能肩负起为人师者的责任，我们的家长和儿童能够强化自身权利保护意识，让每一个孩子远离言语上的伤害，让每个孩子都能有他们那个年龄本就应有的朝气蓬勃。

十五、谁擅自使用了我的照片

肖像权在我们生活中的重要性不言而喻。当今社会，很多人的肖像出现在微信、微博、陌陌、人人等各大社交平台，肖像权被侵犯的案件越来越多，特别是近年来，很多公众人物以侵犯肖像权为由向法院提起诉讼。实践中，各地也出现了不少侵犯未成年人肖像权的案件，而这些案件从一定程度上折射出我国法律规定的不足。如何保护普通公民特别是未成年人的肖像权，值得我们认真思考。

2010 年 7 月，浙江省武义县法院受理了当地第一起侵犯肖像权案件。2010 年 1 月 7 日，宋某带着仅出生半年的女儿来到当地某摄影机构拍摄半岁写真，以留作纪念。当时，摄影社的老板王女士觉得宋某的女儿十分阳光可爱，特地问宋某是否愿意将其中的一张照片作为该影楼的样本使用，宋某礼貌地拒绝了。为了能够从中挑选出更好的照片，摄影师为其拍摄了两张照片。当宋某去取照片时，摄影社以效果不好、没有冲洗为由只交给宋某其中一张照片和底片。但就在 5

月的时候，宋某的家人路过该摄影社时，却发现在未征得宋某同意的情况下，其女儿的半岁写真悬挂在橱窗里，并且女儿的照片被印刷成广告在大街上做宣传。同时，宋某还发现摄影社将照片有偿提供给某摄影作品展览会。于是，宋某找到该摄影机构，要求取回底片且停止使用照片作为样本并停止宣传活动，同时要求赔偿精神损害费2万元，但摄影社却说，照片系其拍摄，属于其作品，其有权使用。双方争执不下，宋某以侵犯其女儿肖像权为由向法院提起诉讼。

肖像权是指自然人对自己的肖像享有专有权，包括肖像制作权、使用权等。除法律规定外，未经本人或者其法定代理人的许可，他人不得擅自制作、拥有、使用该自然人的肖像。本案的争议焦点在于该摄影社是否侵犯了未成年人的肖像权。《民法总则》第 110 条第 1 款规定，自然人享有生命权、身体权、健康权、姓名权、肖像权、名誉权、荣誉权、隐私权、婚姻自主权等权利。也就是说，宋某刚出生半年的女儿也是公民，理所应当享有肖像权，其他人不得侵犯其肖像权。根据法律规定，侵犯公民的肖像权必须同时具备两个要件：第一，未经本人或者其法定代理人许可同意；第二，以营利为目的。

[1]

① 图片来源于网络 http: //www.lzbs.com.cn/lzsc/2006-04/03/content_699359.htm，最后访问时间：2016 年 2 月 19 日。

首先，本案中，宋某的女儿根据法律规定是无民事行为能力人，必须由她的监护人也就是法定代理人代理民事活动，或者征得她的法定代理人的同意。因此，在使用宋某女儿的照片时，必须征得宋某的同意。摄影机构在宋某明确拒绝的情况下，在橱窗内使用婴儿的照片、用来印刷在广告上以及擅自提供给摄影作品展览会的行为都违背了婴儿监护人的意愿。其次，摄影机构的上述行为实质上是一种广告行为，显然具有营利目的性。根据《广告法》第33条的规定，广告主或者广告经营者在广告中使用他人名义或者形象的，应当事先取得其书面同意；使用无民事行为能力人、限制民事行为能力人的名义或者形象的，应当事先取得其监护人的书面同意。摄影机构将婴儿的照片挂在橱窗内、印刷成广告用来宣传以及有偿提供给展览会的行为显而易见都具有营利目的，且其行为未经监护人的同意。因此，摄影社侵犯了宋某女儿的肖像权，是一种侵权行为。最后，摄影社认为其拥有照片著作权的说法是不正确的。肖像权不仅包括使用权，也包括制作权和所有权。作为婴儿监护人的宋某，同意摄影社拍摄照片是在行使婴儿的肖像制作权，而摄影社为其拍摄照片是经过宋某同意的、有偿提供服务的行为。这种等价交换的性质以及肖像权的专有性质决定了宋某享有专有婴儿的照片以及同意或者不同意他人使用婴儿照片的权利。根据国家版权局关于对摄影社拍摄的照片有无著作权的答复，照片虽为摄影作品，具有著作权的性质，但由于照片还可能涉及顾客的肖像权，因此摄影社在行使著作权时应遵守《民法通则》第100条的规定，即营利性地使用照片，须事先征得肖像权人许可。显然，立法上采取人格权高于著作权的理论。因此，该摄影社以营利为目的擅自使用婴儿的照片，侵犯了婴儿的肖像权。

肖像权属于人格权，主要是一种人格利益，同时具备一种延伸性的财产利益。侵犯肖像权的行为，根据《民法通则》第 120 条第 1 款的规定，公民的姓名权、肖像权、名誉权、荣誉权受到侵害的，有权要求停止侵害，恢复名誉，消除影响，赔礼道歉，并可以要求赔偿损失。对于赔偿损失的标准及数额并没有具体规定。《最高人民法院关于确定民事侵权精神损害赔偿责任若干问题的解释》第 1 条规定，自然人因肖像权或者其他人格利益受到非法侵害时可以向人民法院起诉请求赔偿精神损害，但根据第 8 条第 1 款规定："因侵权致人精神损害，但未造成严重后果，受害人请求赔偿精神损害的，一般不予支持，人民法院可以根据情形判令侵权人停止侵害、恢复名誉、消除影响、赔礼道歉。"因此，精神损害的赔偿以"造成严重后果"为要件，是否造成严重后果需要考虑多种因素予以认定。最终，法院判处摄影机构立即停止侵权行为；在判决生效后 10 日内向宋某作出书面赔礼道歉；驳回原告的其他诉讼请求。

需要注意的是，根据《民法通则》第 100 条的规定，侵犯肖像权的要件之一就是以营利为目的。而实践中，存在大量的虽不以营利为目的，但未经本人许可严重侵犯其肖像权，造成严重后果的，而且无法归为侵犯名誉权、隐私权等案件，但囿于法律的规定，这些案件中当事人的权利是无法得到救济的。肖像权是一种人格权，法律最主要保护的是公民肖像权所体现的精神、人格利益，其次才是保护精神利益派生下的财产、物质利益，这一点也可以从侵犯人格权承担责任的主要方式中体现出来。因此，一味僵化地强调以营利为目的与保护公民的人格利益是相互矛盾的。当然，在未就《民法通则》第 100 条作出修改之前，这种做法就会违反法律的规定，也容易导致权利的滥用。笔者认为，未成年人身心是最容易受到侵害的弱势群体，对其保护应当不同于成年人，这也是《民法通则》第 100 条需要修改的地方。因此，对那些不以营利为目的，未经同意使用未成年人肖像，无法归类于侵犯名誉权、隐私权等侵权行为，如果造成严重后果，就应当认定为侵犯了未成年人的肖像权。

第二节　少年法成

一、我的压岁钱我做主

对于处于成长阶段、长期学习又没有收入的青少年而言，一年之中最盼望的事情莫过于在过年的时候收压岁钱了。伴着新年的礼炮，恭恭敬敬地向长辈磕头作揖，送上一串亲昵、吉祥的祝福，一份份承载美好希望的压岁钱就到手了。然而，拿到压岁钱之后，家长们却总是拐弯抹角地告诉我们，这些压岁钱是父母走亲访友、礼尚往来的结果，没有父母送礼的“前期投资”，小孩子就不可能收到压岁钱，所以小孩子收到的压岁钱是父母的“投资回报”，最终还是要上交“国库”；或者以多种多样的理由告诉孩子，压岁钱要用来给他们交学费、买衣服、买书籍，他们收到的压岁钱早就因为家长的日常消耗而所剩无几。到头来，孩子虽然收到了很多压岁钱，但只是表面上让人欢欣鼓舞，最后的使用却由不得自己做主。未成年人缺乏精细成熟的财产管理意识虽是事实，但是他们不能对自己的压岁钱做主也是理所当然的事情吗？

[1]

① 图片来源于百度百科，最后访问时间：2016 年 2 月 22 日。

对此，首先应当明确的是，未成年人具有法定的、不受侵犯的财产权。正如英国法学家布莱克斯通所说，“没有任何东西像财产所有权那样如此普遍地唤起人类的想象力，并煽动起人类的激情……”[①]英国哲学家洛克曾说，“人们联合成为国家和置身于政府之下的重大的和主要的目的，是保护他们的财产”。[②]财产权作为民事权利中最古老的权利，并不因人的行为能力而受到任何损减。我国《宪法》第13条第1款明确规定，公民的合法的私有财产不受侵犯。这实际上就意味着，即使是心智不成熟的未成年人，其作为公民的基本权利也是与成年人平等无二的，未成年人的合法私有财产也平等地受到法律的保护。法律还专门规定了未成年人的财产受到监护制度的特别保护。这意味着，未成年人并不因为行为能力受限而不享有或者仅享有不完整的财产权。相反，正因为未成年人是成长中的弱势群体，法律需要予以更充分的保护。此外，不能将未成年人的所有行为都认定为无效。日常生活中，我们能经常看见未成年人接受奖励、赠与等类似的纯粹获益的行为，这类行为其实也是具有法律依据和法律效力的。

从性质上看，压岁钱寄托着长辈对晚辈的殷切希望，承载着对晚辈的美好祝福，是长辈对未成年晚辈不求回报的付出，本质上就是长辈对于未成年晚辈的赠与。因此，未成年人只需要做出接受赠与的行为即可，并不需要具备完全民事行为能力。也就是说，未成年人一旦收受压岁钱，就享有对该部分财产的所有权。法律对未成年人财产权利的保护别无二致，即使父母作为法定监护人也不得侵犯。

---

① [德]罗伯特·霍恩、海因·克茨、汉斯·G. 莱塞:《德国民商法导论》，楚健译，中国大百科全书出版社1996年版，第188页。

② [英]洛克:《政府论》(下篇)，叶启芳、瞿菊农译，商务印书馆1964年版，第266页。

2014 年，浙江省乐清市一名女子在离异后将家中长辈包给未成年子女的 50 余万元压岁钱转入自己账户，事后被丈夫发现但仍然不予返还。于是丈夫与三个子女一纸诉状将该女子诉至法院，要求返还存款并赔偿利息损失。尽管该女子觉得自己冤屈，认为“自己就是孩子的妈妈，孩子的钱就是自己的钱”，这是很多家长存在的认识误区，但法律并不如此认为。

必须要明确的是，未成年人收到的压岁钱在法律上就是归属于未成年人个人所有，是未成年人合法所有的个人财产。父母作为未成年人的法定监护人，更应当保护未成年人的权益。因为未成年人尚未具备成熟的财产意识与行为能力，因此监护人在财产方面应当依靠成年人的能力帮助其管理财产，以保持财产价值为基础有效保护财产，防止财产的不当流失，并且有条件地增加财产利益。监护人对于未成年人的财产仅享有监督与管理的权利，换言之，未成年人的财产并非监护人所有，而是未成年人本身所有。监护人应当尊重未成年人的财产权利，同时应当尽到适当照顾的义务，最终目的是维护未成年被监护人的权益。

很多情况下，维护未成年被监护人的利益不可避免地需要对财产进行处分，但此种处分必须是为了被监护人的利益，并以维护未成年人利益为直接目的。正如法律所规定的，[①]“除为被监护人的利益，不得处分被监护人的财产”，这就意味着父母对未成年人财产的使用、处分必须是为了未成年被监护人的利益，通常情况下可以为未成年人购买个人保险、进行校外教育培训、支出医疗费用而使用。该种使用处分还应以未成年人利益为直接目的，任何以增加未成年被监护人财

① 《民法总则》第 35 条第 1 款规定：“监护人应当按照最有利于被监护人的原则履行监护职责。监护人除为维护被监护人利益外，不得处分被监护人的财产。”

产价值为名，但又变相使用、处分未成年人财产的行为同样是对其合法财产的侵犯。因此，监护人不得使用未成年人的财产购买商业股票，即使购买股票获取收益最终用于未成年人，也是对未成年人财产权的侵犯。

在日常生活中，还有很多家长用未成年人的压岁钱给他们交学费，认为这是对孩子财产的有益处分，作为孩子的教育投资并不侵犯未成年人的财产权。但这样的认识仍是错误的，让未成年人接受义务教育是监护人的责任，为未成年被监护人交学费也是父母等其他监护人的法定义务，[①] 家长不能借以未成年人的个人财产履行自己的法律义务，二者具有天然的鸿沟。

时至当下，处置未成年人压岁钱最理想的方式便是将压岁钱存入未成年人专门的账户，与家庭共有财产以及监护人个人财产相区分，实现专款专用，作为未成年人成长过程中的特别资金，专为未成年人全面发展或作为其成年后继续接受教育等使用。保证适龄未成年人接受教育，照顾未成年人的日常生活，是父母等监护人应当履行的监护义务。监护人在履行法定义务时不能动用未成年人的专门账户资金。在特殊情况下，需要使用未成年被监护人财产时，需要以未成年人的成长利益为上，以未成年人的直接利益为上，“根据未成年人的年龄和智力发展状况，在作出与未成年人权益有关的决定时告知其本人，并听取他们的意见”。[②]

未成年人处于人生发展的关键阶段，智力、经验的不足限制了他

---

①《未成年人保护法》第 13 条规定：“父母或者其他监护人应当尊重未成年人受教育的权利，必须使适龄未成年人依法入学接受并完成义务教育，不得使接受义务教育的未成年人辍学。”

②《未成年人保护法》第 14 条规定：“父母或者其他监护人应当根据未成年人的年龄和智力发展状况，在作出与未成年人权益有关的决定时告知其本人，并听取他们的意见。”

们的行为能力。但是“人”的权利与生俱来，是完全的，更是平等的。未成年人无法有效保护自己权利之时依赖于成年人的帮助保护。父母不应该随意没收未成年人的压岁钱，更不能将未成年人的压岁钱用于填补履行法定义务的支出。需要使用孩子压岁钱时，应当根据未成年人的发展状况有条件地听取其意见、尊重本人的意愿自由。教育未成年人合理使用压岁钱也正是对未成年人培养理财意识的绝好时机，通过持久保管财产以及制定财产清单的方式能够帮助未成年人有效树立财产规划的意识，避免未成年人挥霍浪费。而未成年人在成长过程中也需要尽早树立财产意识，明确自己的财产权益，通过合法途径来维护自己的成长权益。“父母之爱子，则为之计深远”，父母对孩子压岁钱的不当使用也并不意味着彼此之间的对立与抗争。孩子在压岁钱使用问题上与父母出现了分歧，应当有礼貌地与父母进行平等沟通，向父母传达未成年人财产权利的法律规定，有理有据地向父母争取对自己压岁钱的掌控权，而不要大吵大闹跟父母置气。在向父母争取压岁钱权利时，规划恰当的财产计划通常更能够获得父母的支持与肯定。

从根本上说，未成年人收到了压岁钱就是压岁钱的“主人”，不过在管理能力不成熟时确实需要父母的帮助与指导。只有通过独立意识的培养与锻炼，具备了管理自己压岁钱的相应能力，才能真正做自己财产的主人。

二、我能做这件事吗?

成长，总是一个漫长又充满幻想的过程。在未成年人一天一天迈向成年的时光中，总想获得独立自主的能力，总幻想着像大人一样干净利落地完成自己的事情。但在成长过程中，却总也少不了父母对孩子的教育与警示，“孩子，你还小，你还不能自己一个人做这件事情，等你长大了，你就可以自己完成了……”可是父母也并没有给孩子一个明确的标准，“能”与“不能”的界限究竟在哪里？于是，在这条成长的路上充满了尝试，也充满了探索，当然也充满了曲折与失败。身处这包罗万象的现代社会中，未成年人免不了一遍又一遍地问自己：我能做这件事吗？

若是以法律的眼光看待“能”与“不能”，就是一个民事行为能力的问题。我国法律规定，只要年满 18 周岁，即在法律上具有完全民事行为能力，就具有以自己的独立行为取得民事权利、履行民事义务的资格。之所以成年人能够根据自己的自由意愿实施一定的行为，是因为成年人的行为具有独立的性质，不依赖其他任何人的任何行为。于是，其产生相应的法律效果最终归属于该成年人，权利由其享有，义务由其履行，责任由其承担。相反，未成年人心智发育尚不完全，成长经验不足，辨别是非以及控制行为的能力都明显欠缺，不能完全意识到自己的行为性质及法律后果，在复杂的社会交往过程中很容易上当受骗、处于不利地位。这种不健全的行为表示一旦被他人肆意利用，将会给未成年人以及家庭造成难以想象的伤害。

还在读幼儿园的小朋友见到妈妈放在桌上的金项链十分好看，便把项链送给了邻居的小伙伴；初二的学生为了上网玩游戏，在未告知父母的情况下用自己的压岁钱独自在商场买了一台电脑；辍学在家不服管教的未成年人趁父母不在家便将家里的电视、电脑统统卖给废品收购站……如果不对未成年人的行为效果加以限制，那么未成年人将会处于不利地位，其行为带来的法律效果将会背离对未成年人“善”的保护。从保护未成年人的利益出发，同时尊重未成年人的真实意愿，未成年人的行为往往需要家长进行辅助与指导，行为的效果需要家长的确认与肯定。根据未成年人的身心发展程度、一般教育状况以及社会经验积累的程度，法律上将未成年人具体划分为无民事行为能力人和限制民事行为能力人。

在我国，以 8 周岁作为无民事行为能力人与限制民事行为能力人的划分基准。8 周岁以上的未成年人是限制民事行为能力人，不满 8 周岁的未成年人是无民事行为能力人。[①] 限制民事行为能力人仅可以进行与其年龄智力相适应的民事活动，如购买学习所需书本、日常生活用品等，这也是能够与日常生活相互印证的现象。但这种现象的存在并非因为在生活中普遍发生而不予否定，而是法律对此明文规定承认其具有法律效力而受法律保护。除此之外，限制民事行为能力人进行其他民事活动需要由父母代理，或者征得父母的同意。因此，未成年人不能独立购买手机、电脑等贵重物品，也不能任意将个人物品出卖、赠送给他人，要么得到事先同意，要么取得事后认可，否则父母可以主张合同无效。如此一来，未成年人就不必支付价款给对方，已支付的价款应当返还给未成年人，但也无法再要求对方履行义务，或者对方无偿取得的物品应当返还给未成年人。

[②]

① 《民法总则》第 19 条规定："八周岁以上的未成年人为限制民事行为能力人，实施民事法律行为由其法定代理人代理或者经其法定代理人同意、追认，但是可以独立实施纯获利益的民事法律行为或者与其年龄、智力相适应的民事法律行为。"

② 图片来源于百度百科，最后访问时间：2016 年 2 月 16 日。

相对应的，无民事行为能力人更加没有独立进行民事活动的行为能力，均应由法定代理人代理民事活动。因此，不满 8 周岁的未成年人进行民事活动时必须有父母的陪同。这既是维护未成年人利益的需要，也是保护交易稳定的需要，以免破坏正常的生活秩序。

此外，法律特别规定了“劳动成年制”，具体是指，如果未成年人已经年满 16 周岁，同时能够以自己的劳动取得收入，并且能维持当地群众一般生活水平（不包括因继承遗产或遗赠等非劳动性收入维持生活以及劳动取得的收入无法达到维持基本生活的情况），在这种条件下就可以将未成年人视为完全民事行为能力人。符合该项条件的未成年人在其进行民事活动的能力不再受到限制，也不需要由法定代理人代理，在民事法律关系上将其视为成年人，享有和成年人等同的民事能力。

因此，幼儿园的小朋友不能“自己”将妈妈的金项链“送给”邻居小伙伴，既在于该项链是妈妈所有而非小朋友所有，也在于幼儿园的小朋友是无民事行为能力人，做出的行为不能产生其希望发生的赠送的法律效果，而必须得到父母的事先同意或者事后追认，但显然这样的行为违背父母的意愿。父母一旦否认小朋友的“赠与行为”，该行为就不具有法律效力，不受法律保护，邻居小伙伴也就应当将项链物归原主。而初二的学生独立在商场购买电脑的行为也已经突破与其年龄智力相适应的限制条件，因涉及金额巨大，是限制民事行为能力人依法不能独立实施的民事行为，需要由法定代理人代理或者取得同意与认可。而商场老板也应当意识到交易对方为未成年人，尽到谨慎义务，慎重对待双方的买卖行为。否则一旦父母拒绝追认，主张未成年人的买卖合同无效，商场老板就只能将购物款返还给对方，并且不能以商品已开封或者使用而拒绝退货。但是外形高大、发育早熟的未成年人欺骗交易对方，诱使对方相信自己已经成年的情况就另当别论了。因此，在与未成年人交易时，交易对方负有更严格的身份检查义务，以排除对方可能是未成年人的合理怀疑。同理，未成年人将家中的物品卖出的民事行为也不能产生正常买卖的法律效果，父母可以该行为是由限制民事行为能力人所为而拒绝追认，使该买卖行为的法律效果归于无效。

总之，未成年人是不断发展中的特殊群体，是不断通过接受教育、认知社会、积累经验一点一滴迈向成熟的弱势群体。法律对于未成年人民事行为能力的限制其实是对未成年人的保护。不满8周岁的未成年人进行民事活动需由法定代理人代理，8周岁以上的未成年人可实施与年龄智力相适应的民事行为，其他民事行为则由法定代理人代理，订立的合同经代理人追认后有效，纯收益合同可以不经法定代理人追认，都体现的是对未成年人利益的特别保护。未成年人应当正确把握法律对于自身民事行为能力的规定，用年龄的标准衡量自己的民事行为能力，审慎对待自己的行为，依据法律的规定恰当地进行民事行为，并积极利用法律的武器捍卫自己的弱势地位，免受不当侵害。在此基础之上，未成年人更应当明白自己尚不具备的民事行为能力。

因此，未成年人应当与父母及时地进行沟通，重大事项务必与父母商量，征得父母同意，避免自己的行为给本人和家庭造成损失。更重要的是，未成年人一定要树立法律意识，懂得用法律约束自己的行为，切勿跨越“无效”的雷池，在法律与现实的对照中形成自己的判断，指引自己在法律的道路上走向光明，远离荆棘。我“能”，所以我“行”。

三、有代价的青春

未成年人具有无限发展的潜力，是未来社会向上发展的力量与希望，但由于身心发展的不健全，他们也属于社会着重保护的特殊对象。社会中的多数规则都以成年人为主体标准制定。权益的实现、义务的履行都以成年人作为参照对象，责任的承担也以具备相当责任能力的成年人为最基本的主体。但是，人生总是浮沉在现实的社会之中，在社会这条船里，人人都是自己的舵手，义无反顾奔向征程，小心翼翼迎击巨浪，成年与否却并不是游走社会洪浪的唯一标准。在法律的海洋里，法律行为如海风一般吹起一朵法律后果的浪花，法律责任就像是其中令人生畏的巨浪——一旦违反法定或约定的义务，或者不当行使法律权利，行为人就应当承担相应的不利后果。对于成长中的青少年来说，经验与阅历实在宝贵，勇敢无畏地面对困难、战胜挫折，便能从中收获无限的精神财富。然而，躁动不安的青春期更需要平心静气，若是违反法律规定，跨越法律的界限，未成年人也将付出相应的代价，受到相应的惩罚，使得原本青春焕发的时光蒙上悔恨的阴尘。

2013 年 11 月 25 日，重庆市长寿区鹏运左岸小区住户家 10 岁女孩李某在放学后回家乘电梯时，恰遇男童原原与其奶奶外出。李某在原原奶奶走出电梯且电梯门关闭之后，将原原抱起，在电梯里对原原进行了殴打。随后又将原原从电梯抱回 25 楼家中，在客厅沙发上对原原实施殴打，后将原原抱至阳台栏杆上，致原原从阳台栏杆坠落。[①]由于李某年仅 10 岁，未达到刑事责任年龄，不能通过刑法手段予以

① 《重庆通报电梯摔婴案：女孩仅 10 岁不予刑事立案》，载新华网 2013 年 12 月 6 日，最后访问时间：2016 年 2 月 16 日。

处罚。但是，原原无辜生命的消逝应当得到合理的慰藉，虽然不能对李某追究刑事责任，但这不等于没有人为此承担任何责任。

从法律的角度看待责任，承担法律责任要以一定的罪过为前提。具备一定的罪过心理才表明行为人对于其行为造成的不利结果具有了承担责任的必要性。而罪过心理的产生需要一定的生理基础作为土壤。人也只有成长到一定的阶段才能积累足够的常识经验，才能具备辨认自己行为的能力以及控制自己行为的能力，具有了这样的责任能力，才能通过自己的行为承担责任。因此，承担法律责任一般都要求责任主体达到责任能力年龄，而该责任能力年龄划分因法律责任类型的不同而有所差异。

在刑事法律角度下，刑事责任能力是行为主体为自己违法犯罪行为承担刑事责任的生理基础。在我国，一般把年龄以及精神状态作为判断刑事责任能力的标准。达到一定的年龄且具有正常的辨认控制能力，就认为其具有承担法律责任的能力。《刑法》第 17 条第 1 款规定，已满 16 周岁的人犯罪，应当负刑事责任。这表明即使是不满 18 周岁的未成年人，只要年满 16 周岁，也已经属于完全刑事责任能力人，应当对自己的犯罪行为承担刑事责任。从这个角度讲，社会以及法律对于未成年人的保护并不是未成年人胡作非为的挡箭牌，触及法律的底线就应当受到法律的惩罚。正如 2006 年 5 月石羊塘某学校的一名学生阳某华因与同学发生矛盾，在打斗中致使其中一名同学胸部出血而亡。尽管阳某华当时只有 17 周岁，但最终仍以故意杀人罪被判处 19 年有期徒刑。法律是严肃而极具威慑力的，16 周岁以上主体实施了违法犯罪行为的，应依法为自己的行为承担刑事责任。即使身为未成年人，阳某华也不得不在牢狱之中为自己冲动的行为付出惨痛的代价。

[1]

同时，已满 14 周岁、未满 16 周岁的未成年人需要对 8 种犯罪行为负刑事责任。[2] 也就是说，未成年人已满 14 周岁、不满 16 周岁的，属于相对负刑事责任阶段，对于法律明文列举的 8 种类型的犯罪负刑事责任，而对其他犯罪行为不负刑事责任。而法律所指的 8 种相对承担刑事责任类型，指的是上述 8 种犯罪行为，即只要实施上述 8 种犯罪类型的行为，已满 14 周岁的主体就应该承担刑事责任。而未达到刑事责任年龄的，就不能追究刑事责任。

因此，李某虐打男童原原案件中，因女孩未满 14 周岁，无法对其科以刑事责任，但这并非就意味着李某不承担任何责任。除了刑事责任，还有民事责任、行政责任、经济责任等法律责任。

在民事法律领域，侵害民事权益的，应当承担侵权责任。侵权包括对生命权、健康权等人身财产权益的侵害，未达刑事责任年龄的未成年人实施的行为虽然不称其为犯罪，但可以构成侵权，仍然应当按照法律承担侵权责任。《侵权责任法》第 32 条规定，未成年人侵权的，如果本人有一定财产，未成年人就应以自己的财产为自己的侵权行为

---

① 图片来源于百度百科，最后访问时间：2016 年 2 月 16 日。

②《刑法》第 17 条第 2 款规定：“已满十四周岁不满十六周岁的人，犯故意杀人、故意伤害致人重伤或者死亡、强奸、抢劫、贩卖毒品、放火、爆炸、投毒罪的，应当负刑事责任。”

承担侵权责任，否则，将使得父母等监护人承担代替责任，为未成年人的过错埋单。而监护人只有在尽到监护责任的情况下，才可以减轻侵权责任。在李某虐杀原原案例中，如果李某有个人财产，则应当支付赔偿费用，剩下无力承担的部分，则由李某的父母作为法定监护人进行赔偿。

因此，未达到刑事责任年龄的未成年人不承担刑事责任，但是依然不能脱离民事侵权责任的范围。即使自身没有能力进行赔偿，已造成的无法挽回的损害也会牵连父母，不仅让自己戴上犯错的枷锁，也让身边的人受到波及，为自己付出沉重的代价。

未成年人的青春活力既无限美好又无拘无束，但行为必须受到规范。“事不三思终有悔，人能百忍自无忧。”未成年人在成长过程中应当慢慢积累日常生活经验，正确认识自己的行为与后果，逐渐培养自己的辨认能力和控制能力，善于分清善恶利弊，懂得行为与责任的相互联系，避免走上负有沉重代价的道路，避免给自己和家人招致不必要的祸患。正如诗人所言：青春，是与七个自己相遇，一个明媚、一个忧伤、一个华丽、一个冒险、一个倔强、一个柔软，最后那个正在成长。而这正在成长的自己，只有正确树立法律责任意识，时刻谨言慎行，才能经营好自己的青春时光，才能做好自己人生的舵手，让身后的浪花洗净污垢，闪闪发光。

四、别枪毙他的未来

社会经验的不足，使得未成年人易于走上违法犯罪的歧途。未成年人犯罪往往呈现从属型、冲动型、模仿型的特点，容易受到其他不法分子的唆使、欺骗，也容易一时冲动使行为不计后果，还容易受到社会不良风气的感染，最终给自己以及家庭招致无以复加的沉重打击。封闭的牢狱生活既隔断了与外界的交流，也隔断了对未来的呼喊。犯罪的未成年人正处在人生刚刚起步、还未完全张开翅膀迎风飞翔的阶段，就不得不因为自己的错误背负沉重的枷锁，久久陷在违法犯罪的深渊中，既不能轻装上阵，又不能自由迎风。似乎一旦未成年人实施了违法犯罪行为，一段鲜活而又包含潜力与希望的人生就将戛然而止。似乎一旦未成年人冲破了法律的底线，他们面临的刑罚就将使那些正要萌芽的未来遭受“枪毙”的危险。然而，法律理应严肃，但法律也绝非无情。对犯罪未成年人处以刑罚既要考虑罚当其罪的事实因素，也应考虑到未来成长的情理因素。

正如英国戏剧家莎士比亚在《威尼斯商人》中写的那样：“宽容就像天上的细雨滋润着大地。它赐福于宽容的人，也赐福于被宽容的人。”对未成年人的刑事处罚，应当对未成年人施以最大的宽容。给予犯罪未成年人一个回头是岸的宝贵机会，而不是枪毙他们的未来。悬崖勒马，才能拯救涉世不深的迷途者，才能赋予社会一个能够温柔拥抱浪子的宽广胸怀，最终向社会源源注入兴旺不竭的力量。

因此，在处理未成年人犯罪案件时，须以“教育、感化、挽救”为基本方针，并始终贯穿寓教于审、惩教结合的要求。同时，未成年人刑事案件的诉讼各阶段也要始终坚持“教育为主，惩罚为辅”，在侦查、审查起诉以及诉讼阶段均照顾到未成年人少不更事的事实特点，对于未成年人涉罪案件实施宽严相济的政策。

在审查起诉方面，附条件不起诉制度充分体现了对于未成年人犯罪的宽容。该制度规定，对于未成年人涉嫌的有关侵犯公民人身权利和民主权利、侵犯财产、妨害社会秩序的犯罪，可能被判处一年有期徒刑以下、符合起诉条件，但有悔罪表现的，人民检察院在听取公安机关、被害人的意见后，可以做出附条件不起诉的决定。2012 年

5 月 27 日，杨某贵还是一名未满 18 周岁的青少年，他伙同他人盗窃一辆价值 2000 多元的摩托车。破案之后，杨某贵对自己的盗窃事实供认不讳，被盗摩托车也退还给被害人。后来杨某贵与家属主动找到失主，当面赔礼道歉且当场赔付损失 2000 多元，获得了失主的谅解。在犯罪嫌疑人及其法定代理人、被害人、公安机关以及各方对此均表示无异议的情况下，重庆市长寿区检察院决定对杨某贵作出附条件不起诉，但同时设置了为期 6 个月的考察期，杨某贵除了必须遵守《刑事诉讼法》第 272 条第 3 款第 3 项的规定，即“离开所居住的市、县或者迁居，应当报经考察机关批准”外，还应当每两个月向长寿区检察院汇报近况并提交书面材料，参加 3 次社会公益活动。[①] 这是我国首例附条件不起诉案例，此后该制度的实行更是为未成年人的轻微犯罪行为创造了更宽松的刑事诉讼环境。同等情况下，未成年人将免受起诉风险，既免去未成年人犯罪的心理负担，又充分发挥刑法威慑犯罪、预防再犯罪的作用。

在刑罚方面，未成年人犯罪的，不适用死刑，一般也不适用无期徒刑，只有罪行极其严重的，才可以适用无期徒刑。并且，对于已满 14 周岁、不满 16 周岁的人犯罪一般也不判处无期徒刑。除《刑法》规定的应当附加剥夺政治权利的外，对未成年罪犯一般也不判处附加剥夺政治权利。其中，对死刑的绝对禁止，指的是不能直接判处死刑立即执行，不能判处死刑缓期二年执行，也不能等到其年满 18 周岁再判处死刑。这不仅为未成年人架设了一条后退的桥梁，更是未成年人未来发展的绝对基础。

---

①《我市现全国首例附条件不起诉案件，长寿区检察院对一未成年人盗窃摩托车案做出该决定》，载《重庆日报》2013 年 1 月 5 日。

在量刑上，未成年人具有法定的量刑情节，“应当从轻或者减轻处罚”。综合考虑未成年人对犯罪的认识能力、实施犯罪行为的动机和目的、犯罪时的年龄、是否系初犯、悔罪表现、个人成长经历和一贯表现等，予以从宽处罚。虽然累犯主观恶性更大，应当从重处罚，但是《刑法修正案（八）》中特别规定，不满18周岁的人犯罪不构成累犯，意味着未成年人即使符合累犯的其他条件，也不能适用累犯从重处罚的情节，而是仍然应照顾未成年人不成熟的身心特点，尽量通过教育改造，矫正不法行为，避免施以过重的刑罚负担，加重人格重塑的成本。在未成年人被判处拘役、三年以下有期徒刑，但同时犯罪情节较轻、有悔罪表现、没有再犯罪危险、宣告缓刑对所居住的社区没有重大不良影响的，则必须对未成年人宣告缓刑而没有自由裁量的余地。

此外，《刑事诉讼法》第275条规定，犯罪的时候不满18周岁，被判处5年有期徒刑以下刑罚的，应当对相关犯罪记录予以封存。犯罪记录被封存的，除了司法机关办案需要或者有关单位根据国家规定进行查询的外，不得向任何单位和个人提供相关信息。使用犯罪人员信息的单位和个人也应当按照查询目的使用有关的信息并予以保密。《刑法》第100条规定，依法受过刑事处罚的人，在入伍、就业的时候，应当如实向有关单位报告自己曾受过刑事处罚，不得隐瞒。但是，对于“犯罪的时候不满十八周岁”且“被判处五年有期徒刑以下刑罚的人”，就得以免除报告义务。无论是犯罪记录封存，还是报告义务免除，都有利于犯罪未成年人回归社会，重新做人，减少对未成年人的歧视与心理上的伤害，是对未成年人的竭力保护，也是对未成年人的真诚挽救。

透过未成年人的违法犯罪事件，我们会看到很多令人震惊的丑恶暴力，如残杀、虐伤、群殴。但是，我们运用法律的武器最终要做的应该是让那些被蒙蔽了双眼、误入迷途的未成年人重新回到他们的人生轨迹上来，让那些可能要走上迷途的未成年人能够及时悬崖勒马、回头是岸。法律的价值不只在于事后的惩罚和保护，更在于事前的预防和教育。对于未成年人的违法犯罪，法律应该给予特殊的维护。司法保护是最后一道屏障，因此更应该完善司法中的不足，同时结合家庭管教、社会帮教、社区服务等方面，做好未成年人的司法救济以及成长过程中其他方面的救济。当对待别人的宽容时，我们应当知道自惭；当我们宽容地对待别人时，我们应当知道自律。《刑法》对犯罪未成年人的宽容既告诉他们忘记自己的过去，放下思想包袱和负担重新出发，也警示我们应当淡化对未成年犯的负面评价，既然受到了法律的惩罚，我们就不应该再戴着有色眼镜看待他们。既然刑法和刑罚都不再“枪毙”未成年人的未来，社会更应如此。

五、学生何苦为难学生

在我国实行九年义务教育的政策背景下，未成年人主要以学生的身份在学校里进行社会活动。对知识的热切追求，与同学的友好交往，本应是未成年人成长中的主要环节。但实际生活中，校园暴力事件频频发生，并且不断升级，常常以令人惊愕的暴力方式突破社会大众对“学生”的单纯印象。在学校及学校周边，学生之间相互实施的、具有伤害性质的暴力侵害不断以斗殴、抢劫、故意伤害、故意杀人的方式涌现，校园暴力事件已经成为现代社会未成年人犯罪中逐渐凸显的重要问题。

2015 年 1 月 15 日，《南方都市报》刊登一则新闻，广东省江门市新会区一名 9 岁小学生疑因踢倒几名中学生的自行车，竟被逼吞下一枚5厘米长的自行车钥匙。[①]2015年2月9日，有报道称，一名初二女生被扇57记耳光，原因只为初三男友疑其劈腿，着实骇人听闻。[②]2015年4月7日，新浪视频上传了一段视频，一名初中女生被围殴逼迫吃避孕套，其他同学在旁边嘲笑录像。[③]这样的案例不胜枚举，但无论是施害者还是受害者，都应该明确校园暴力所产生的法律问题，树立健全的法律意识，为自己的行为提供正确的引导。

[④]

对于施害者而言，实施校园暴力行为将会承担不同程度的法律责任。首先，校园暴力构成犯罪的，达到刑事责任年龄的可对行为人追究其刑事责任。其次，虽未达到刑事责任年龄或者不构成刑事犯罪的，仍然可以行政责任予以追究。而行政责任也是一般校园暴力事件施害者主要承担的责任类型。当然，依据相关的法律规定，承担行政责任也需要行为人达到一定的责任年龄，在行政处罚范畴就以14周岁、18周岁作为分界点：不满14周岁即使行政违法，也不进行行政处罚，已满14周岁但不满18周岁的虽有行政违法且应承担行政责任，但允

①《小摩擦，江门9岁小学生被逼吞钥匙》，载《南方都市报》2015年1月15日。

②《初二女生被同学轮扇57记耳光，只因初三男友疑其劈腿》，载《观察者网》2015年2月9日。

③《实拍初中女生被围殴逼迫吃避孕套，同学嘲笑录像》，来源于搜狐视频，2015年4月3日，最后访问时间：2016年2月16日。

④ 图片来源于百度百科。

许从轻或者减轻处罚。在治安管理处罚范围内，也具有相应规定，同时还规定“应当责令其监护人严加管教”。此外，校园暴力行为实施者还应为自己的伤害行为承担民事责任，进行民事赔偿。一般来说，未成年人侵害他人的由监护人承担侵权损害的赔偿责任，未成年人具有个人财产的，应由自身财产予以支付，不足部分由监护人承担。因此，施害者本人不仅应当为自己的行为付出代价，一定条件下，法定监护人还应为其承担代替责任。

对于受害者而言，也应懂得运用法律武器维护自己的合法权益。在遭受校园暴力时，首先应当化解矛盾，而不是激化矛盾将问题升级。在独自面对强大的欺侮时，可进行正当防卫。①因此，未成年人面对正在发生的严重校园暴力时，应当勇于制止对方的不法行为，维护自己的人身权利。但是行使正当防卫还须以制止不法行为为限度，一旦施害对方停止不法侵害或者已经没有继续实施不法侵害的可能，就不能继续实施防卫行为，否则受害者超出防卫限度还可能使自身面临刑事责任。

对于校园暴力事件，无论是施害者还是受害者，在一定条件下，都还可以通过追究学校等教育机构的责任以减轻自身的负担。也就是说，在学生之间实施的暴力伤害事件中，如果教育机构没有尽到

---

①《刑法》第 20 条规定：“为了使国家、公共利益、本人或者他人的人身、财产和其他权利免受正在进行的不法侵害，而采取的制止不法侵害的行为，对不法侵害人造成损害的，属于正当防卫，不负刑事责任。正当防卫明显超过必要限度造成重大损害的，应当负刑事责任，但是应当减轻或者免除处罚。对正在进行行凶、杀人、抢劫、强奸、绑架以及其他严重危及人身安全的暴力犯罪，采取防卫行为，造成不法侵害人伤亡的，不属于防卫过当，不负刑事责任。”

教育管理职责的，教育机构就应当根据其过错承担相应的责任。[①] 作为校园暴力事件的受害者，不仅可以直接追究施害者的责任，还能请求教育机构承担其过错相应的责任，落实自身的权利求偿途径。

校园暴力事件一般没有险恶的犯罪动机，没有超出未成年人青涩单纯的心理本质，往往出于哥们儿义气不好推辞而为朋友出气造势，或者本就因为一时口角冲动偶然引发肢体冲突随之引发更严重的打斗，或者由于交友不当沾染不良风气，或者因为曾经发生不悦出于肆意报复心理纯粹为了解气而“教训”他人。因此，这样的校园暴力主观恶性较小，一般也为偶发犯罪，案发后当事人都能真诚悔罪积极主动进行赔偿，配合侦查。因此，对于校园暴力事件中的未成年人进行教育的意义明显大于惩罚的意义。

但是，对于未成年学生而言，无论是施害者还是受害者，一旦因为暴力伤害与法律责任相互牵连，时间、财力、精力的耗费都是彼此不愿看到的结果。法治教育不能只是观念上的教育，更应是行为上的约束管理。同学之间即将发生激烈的矛盾碰撞时，要及时请求老师、家长的帮助，不能凭借私下的暴力行为与之解决，更不能拉上社会关系恃强凌弱。学生之间应当是相互帮助、共同学习的益友，千万不能因为争一口气，相互为难，成为敌人。

---

① 《侵权责任法》第 38 条规定：“无民事行为能力人在幼儿园、学校或者其他教育机构学习、生活期间受到人身损害的，幼儿园、学校或者其他教育机构应当承担责任，但能够证明尽到教育、管理职责的，不承担责任。”第 39 条规定：“限制民事行为能力人在学校或者其他教育机构学习、生活期间受到人身损害，学校或者其他教育机构未尽到教育、管理职责的，应当承担责任。”

六、言如刀剑，害人害己

常言道：“良言一句三冬暖，恶语伤人六月寒。”把握说话的度既是一门学问，也是一门艺术。但在日常生活中，未成年人往往并不在乎语言的客观效果，总是只站在自己的立场上天马行空。一句脱口而出的话语既可能给他人留下不好的印象，降低自己的品行，也可能使他人受到伤害造成不可估量的后果。在信息科技日新月异的现代社会，网络信息交流早已取得突破性进展。网络的即时性、匿名性、广泛性使得网络交流的频繁性难以想象。但是网络带给我们的便捷并不能成为我们违法侵权的捷径，网络自由也并不等于没有边界。只有把握言论的界限，正确规范地进行语言交流，才能合理使用网络促进生活水平的提高。否则，不受控制的言论随时可能摇身变成一把利剑，刺伤他人的同时，也溅上自己一身血印。

主张和发表意见的自由是人的基本人权①，言论自由更是我国宪法明确予以规定的基本权利②。对于言论自由的强调是现代社会对于人的基本尊重，也是个人发展的重要基础。但是，言论的自由也必须受到一定限制，任何一方行使自由均不能阻碍他方权利。

首先，言论自由不得侵犯公民的名誉权等人身权利。名誉，指的是公民或法人享有的依据自身特性所展现出来的一定社会价值，以及获得公正的社会评价。构成名誉权侵权需要具备一定的要件，包括行为人行为违法、行为人主观上有过错、受害人名誉被损害的

---

①《世界人权宣言》第 19 条规定：“人人有权享有主张和发表意见的自由；此项权利包括持有主张而不受干涉的自由，和通过任何媒介和不论国界寻求、接受和传递消息和思想的自由。”

②《宪法》第 35 条规定：“中华人民共和国公民有言论、出版、集会、结社、游行、示威的自由。”

事实、违法行为与损害后果之间有因果关系四个方面。其中，最基本要素是看受害人的社会评价是否降低。① 发表具有伤害性、侮辱性的失实言论，造成当事人名誉损害的，将会依照《侵权责任法》承担侵权责任②。如果给被侵权人造成严重精神损害的，还可以请求精神损害赔偿。

其次，言论自由不得破坏社会公共秩序。《治安管理处罚法》第25条规定，散布谣言，谎报险情、疫情、警情或者以其他方法故意扰乱公共秩序的；投放虚假的爆炸性、毒害性、放射性、腐蚀性物质或者传染病病原体等危险物质扰乱公共秩序的；扬言实施放火、爆炸、投放危险物质扰乱公共秩序的，处5日以上10日以下拘留，可以并处500元以下罚款；情节较轻的，处5日以下拘留或者500元以下罚款。此外，散布谣言，严重扰乱社会秩序，构成犯罪的，还将根据《刑法》第291条，处5年以下有期徒刑、拘役或者管制；造成严重后果的，处5年以上有期徒刑。

2013年9月12日早6时许，甘肃省张家川回族自治县警方接到报警，称在张川镇原明盛楼对面的人行道上发现一人躺在马路上，生死不明。办案过程中，警方多次要求死者高某家属配合尸检，但均遭拒绝。14日中午，该县初三学生杨某在微博发布消息，称张家川"9·12"杀人案发生后警方不作为，并且多次与群众发生争执甚至殴打死者家属。当晚，他再次发表微博，称警方强行拘留死者家属，并

---

①《最高人民法院关于贯彻执行〈中华人民共和国民法通则〉若干问题的意见（试行）》第140条第1款规定："以书面、口头等形式宣扬他人的隐私，或者捏造事实公然丑化他人人格，以及用侮辱、诽谤等方式损害他人名誉，造成一定影响的，应当认定为侵害公民名誉权的行为。"

②《侵权责任法》第21条规定："侵权行为危及他人人身、财产安全的，被侵权人可以请求侵权人承担停止侵害、排除妨碍、消除危险等侵权责任。"

与群众发生冲突。就这样，杨某先后多次通过 QQ 空间、腾讯微博编造虚假信息质疑高某的死因，并且发布“必须得游行了”等煽动性言论。其编造的虚假信息被大量转发，引发一些群众被误导而参与聚集。杨某通过 QQ、微博编造、散布虚假信息，其行为具有社会危害性，涉嫌寻衅滋事。但鉴于杨某系未成年人，且能够积极配合调查，悔罪态度诚恳，情节较轻，经公安机关研究决定，最终依法撤销刑事案件，对其予以从轻处罚。但杨某仍然因为自己言语上的冲动扰乱了正常的社会秩序，也耗费了大量的时间，耽误了自己的学业。[①]

[②]

2016 年 1 月 5 日，中国少先队事业发展中心等单位发布《第八次中国未成年人互联网运用状况调查报告》。数据表明，超过 3/4 的未成年人拥有自己的手机，“能与好友保持联系”和“能方便地发表自己的看法和观点”是他们认为网络社交带来的最大好处。但未成年网民容易冲动，也容易被激怒，倾向于迫不及待地用鼠标和键盘表达

① 《甘肃一名初中生发帖涉嫌造谣被刑拘》，载《京华时报》2013 年 9 月 19 日，最后访问时间：2016 年 2 月 16 日。

② 图片来源于百度百科，最后访问时间：2016 年 2 月 16 日。

自己的观点，同时具有通过网络获得他人广泛关注的心理。因此，在面对一些社会事件时，未成年网民往往在一知半解之际就急于发布信息以求博取关注。但事实上，这种捕风捉影的信息将会给事件当事人、网络秩序以及现实生活造成无法估量的影响。

因此，成长中的青少年必须端正网络心理，谨慎对待自己的观点，不要随意发表言论恶意攻击他人。不编造、不发布、不传播虚假言论，从源头杜绝虚假言论。在面对一些社会敏感信息时，要明辨是非，有自己的主见、独立的想法，在五花八门的信息中注意筛选真实信息，绝不跟风盲从、随波逐流，以免进入虚假信息传播的恶性循环之中。

七、少年劳工

由于我国实行九年义务教育，初中毕业之后，接受教育不再是法定义务，未成年人也可根据自身需要选择未来的发展方向，既可以继续求学升高中，也可以进入职业学校学习一技之长，还有一些不愿意继续念书或者家庭贫困无以支撑学业的未成年人可以选择直接工作走向社会。对于这些直接走上工作岗位的未成年人而言，他们在就业时往往会遇到各种各样的难题：有的单位不愿意招用，他们根本无法获得工作；有的单位拒绝签订劳动合同，使未成年“劳动者”维权面临重重障碍；有的单位不将未成年劳动者加以区分，一味地使其承担繁重的工作任务……未成年“劳动者”由于专业知识的匮乏，加之社会经验不足，在与用人单位的维权斗争中往往处于不利地位。然而，未成年人只有掌握坚实的法律知识，才能义正词严地捍卫自己应有的权利。

[①]

首先，应当将未成年工与童工相区别。我国劳动法的主体是指16周岁以上具有劳动权利能力和劳动行为能力的公民。其中，未成年工指的是已满16周岁、未满18周岁的劳动者。如果已满16周岁的未成年人能够以自己的劳动取得收入，并能维持当地群众一般生活水平的，就可以认定为以自己劳动收入为主要生活来源，并将其视为完全民事行为能力人，即“劳动成年制”。而童工是不满16周岁的未成年人通过非法方式进行劳动，也就是说，童工不能成为劳动法的主体，也无法获得劳动法的保护。但是，文艺、体育和特种工艺单位可以招用未满16周岁的未成年人，但必须依照国家的有关规定，并履行审批手续，保障其接受义务教育的权利。

因此，“未成年工”作为法律上的专业术语，指的是合法的劳动法主体，用人单位不得歧视。并且，依照《劳动合同法》的规定，用人单位应当与未成年工签订劳动合同。如果用人单位未与劳动者签订劳动合同，仍然可以依据工资支付凭证或记录、缴纳各项社会保险费的记录，用人单位向劳动者发放的“工作证”“服务证”等能够证明身份的证件，劳动者填写的用人单位招工招聘“登记表”“报名表”

① 图片来源于百度百科，最后访问时间：2016年2月16日。

等招用记录，考勤记录，以及其他劳动者的证言等综合认定双方存在劳动关系。

2009 年 10 月，年仅 17 岁的小军经老乡介绍到山西某公司打工，但未签订劳动合同。2010 年 4 月 10 日下午，小军在工作时从 3 米高的房顶坠地，至治疗中后期，用人单位不再按时支付费用，双方多次协商但均未达成一致意见。由于未与公司签订劳动合同，小军维权就必须向劳动仲裁委员会申请确认与公司之间存在劳动关系，但是他工作时根本没有证据留存的意识，一时之间无法举出证据，陷入尴尬境地的小军只能忍气吞声。①

此外，由于童工不是法定的劳动者，用人单位与童工之间不能形成合法的劳动关系，童工在受伤时不能按职工工伤进行认定，只能依照一般侵权进行认定。如此一来，童工受到的伤害将难以弥补。

山西省繁峙县某村的李某东由于学习不好，初中没毕业就辍学在家，年仅 15 岁的他在当地一家汽贸公司学汽车修理。李某东在该汽贸公司当学徒的第 40 天发生了事故，其身体 70% 的部位被烧伤，治疗所需费用也非常多，但老板在交过几万元押金后就不再支付医疗费，并且认为李某东未与公司形成劳动关系，李某东负伤并非工伤。李某东维权之路遭遇困境。②

未成年人想要凭借一己之力通过工作立足社会确实存在一定的困难，正因如此，法律对于未成年人的特别保护在劳动领域也有所显现。

---

① 董杰：《未成年人工伤调解获赔偿》，载佟丽华主编：《未成年人维权案例精析（三）》，法律出版社 2012 年版，第 355 页。

②《非法使用童工案如何正确适用法律》，载青少年维权网 2012 年 2 月 6 日，最后访问时间：2015 年 2 月 16 日。

从整体上看，国家对未成年工实行特殊劳动保护。[①] 首先体现在不得安排未成年工从事矿山井下、有毒有害、国家规定的第四级体力劳动强度的劳动和其他禁忌从事的劳动。[②] 此外，任何组织或者个人按照国家有关规定招用已满 16 周岁、未满 18 周岁的未成年人的，应当执行国家在工种、劳动时间、劳动强度和保护措施等方面的规定，不得安排其从事过重、有毒、有害等危害未成年人身心健康的劳动或者危险作业。用人单位还应当对未成年工定期进行健康检查。[③]

从程序上看，对未成年工的使用和特殊保护还需实行特殊登记制度。[④] 用人单位招收使用未成年工时，除符合一般用工要求外，还须向所在地的县级以上劳动行政部门办理登记。劳动行政部门须根据《未成年工健康检查表》《未成年工登记表》，核发《未成年工登记证》。未成年工须持《未成年工登记证》上岗。未成年工上岗前，用人单位应对其进行有关的职业安全卫生教育、培训，各级劳动行政部门还须按有关规定审核体检情况和拟安排的劳动范围，体检和登记的费用由用人单位统一办理和承担。[⑤]

---

①《劳动法》第 58 条规定："国家对女职工和未成年工实行特殊劳动保护。未成年工是指年满十六周岁未满十八周岁的劳动者。"

②《劳动法》第 64 条规定："不得安排未成年工从事矿山井下、有毒有害、国家规定的第四级体力劳动强度的劳动和其他禁忌从事的劳动。"

③《劳动法》第 65 条规定："用人单位应当对未成年工定期进行健康检查。"

④《未成年工特殊保护规定》第 9 条规定："对未成年工的使用和特殊保护实行登记制度。（一）用人单位招收使用未成年工，除符合一般用工要求外，还须向所在地的县级以上劳动行政部门办理登记。劳动行政部门根据《未成年工健康检查表》、《未成年工登记表》，核发《未成年工登记证》。（二）各级劳动行政部门须按本规定第三、四、五、七条的有关规定，审核体检情况和拟安排的劳动范围。（三）未成年工须持《未成年工登记证》上岗。（四）《未成年工登记证》由国务院劳动行政部门统一印制。"

⑤《未成年工特殊保护规定》第 10 条规定："未成年工上岗前用人单位应对其进行有关的职业安全卫生教育、培训；未成年工体检和登记，由用人单位统一办理和承担费用。"

尽管法律对于未成年工给予了尽可能的保护，但是对于未成年人来说最好的安排还是读书学习。无论是童工还是未成年工，都应该遵守法律法规，适时接受教育，在具备完全的劳动能力时才开始劳动，千万不要因为一时错念荒废学业，走上崎岖的未成年劳动道路。在劳动的过程中，更要提高警惕，注意和用人单位签订劳动合同，或者平时多注意留存重要证据以备不时之需。只有明确劳动者享有的基本权利，以及法律对于未成年工的特殊保护，才能避免受用人单位的摆布，而捍卫自己的法定权利。未成年工一旦受到非法侵害，一定要勇于和用人单位据理力争，必要时向有关部门、组织求助。

八、见义智为

古语有言："生，亦我所欲也；义，亦我所欲也；二者不可得兼，舍生而取义者也。"[①] 舍生取义的高尚品德是中华民族千百年来不朽的传承，直至今日，乐于助人、舍己为人等精神仍在奔涌不息的时代洪流中熠熠生辉。未成年人身为国家的未来、民族的希望，理应在学习实践中继承这些优秀传统。但是，在面临生命危险的时候，社会对于未成年人见义勇为以致自我牺牲的态度也渐渐有所变化。

2010 年 6 月 26 日，湖南省岳阳市汨罗市一名 12 岁女孩周某为挽救落水同伴不幸溺水身亡。之后，她的事迹迅速传播，引起极大的舆论支持，并先后被汨罗市、岳阳市追认为"见义勇为先进个人"。然而，2014 年 4 月 22 日下午，四川省达州市大竹县周家镇一名 8 岁女孩李某微也在救起落水小同伴的时候溺水身亡。事件发生后，当地政府打算为李某微申报"见义勇为"称号，却未获批准。四川省见义勇为基金

---

①《孟子 · 告子上》。

会回复称：《四川省保护和奖励见义勇为条例》中，对未成年人实施此种行为没有明确规定；并且李某微尚属于未成年人，不具备完全行为能力，在没有自保能力或不明确危险的情况下实施救人，不具备见义勇为的相关要件。[①]

[②]

相同的事件，却得到相反的结果，未成年人见义勇为到底能否得到法律的认可？未成年人及家长心中不禁泛起层层疑云。所谓见义勇为，指的是公民在法律规定职责、义务之外，为了保护国家利益、社会公共利益和他人的人身、财产安全挺身而出的英勇行为。目前，法律对于什么是见义勇为并没有明文规定，但是一般看来，构成见义勇为需要符合一定条件。首先，见义勇为的主体并非负有法定职责或者义务的自然人。负有法定职责或者义务的主体，在履行法定职责或者义务时，不能成为见义勇为的主体。例如，夜晚值班的消防武警接到群众的报警电话后，身赴火场救下数名民众，不能因此认为消防武警就是见义勇为。因为救险救灾本就是消防战士的职责，而现场群众主

---

① 王学进：《不授予未成年人“见义勇为”称号应成通例》，载《中国青年报》2014 年 7 月 3 日。

② 图片来源于百度百科，最后访问时间：2016 年 2 月 16 日。

动深入火场勇救他人的，才可能构成见义勇为。其次，见义勇为所保护的客体是国家、集体利益或者他人的人身、财产安全。公民为了保护本人生命、财产安全而与违法犯罪作斗争的行为，则不能认定为见义勇为。此外，见义勇为的主观方面在于积极主动、不顾个人安危，客观方面则表现为义无反顾地与危害行为或者自然灾害进行斗争的行为。

《民法总则》第 183 条规定，因保护他人民事权益使自己受到损害的，由侵权人承担民事责任，受益人可以给予适当补偿。没有侵权人、侵权人逃逸或者无力承担民事责任，受害人请求补偿的，受益人应当给予适当补偿。这就是通常所说的见义勇为。由此可见，见义勇为并不以完全民事行为能力人为主体要件。见义勇为是一个行为事实，成立与否不以法律是否规定为标准，而在于客观上是否实施了现实的行为。因此，即使是未成年人，也可以做出这样的行为。只是未成年人由于自身力量过于微弱，在实施见义勇为行为时可能使自身陷入危险境地，往往造成得不偿失的后果。

近年来，《中小学生行为规范》取消了“见义勇为”的号召，开始鼓励见义智为。面对未成年人见义勇为事件，一些省市也只采取认定但不提倡的态度，而有的省市直接不予认定，以此避免未成年人见义勇为可能蕴藏的风险和伤害，而保护未成年人的生命健康权。并且在新闻报道以及事迹宣传时，一般都会提醒未成年人其中存在的风险，怎样采取更好的办法，做到见义巧为、见义智为。以湖北省武汉市为例，2016 年 1 月 1 日起正式实施的《武汉市见义勇为人员奖励和保护条例》中就删去了原版本中“不顾个人安危、挺身而出”的表述。这样的变化体现了现代社会对于生命的尊重，鼓励机智巧妙地救人于水火，见义应智为，同时摒弃了以往不顾安危、贸然行动的思想观念，见义不莽为。

见义勇为是一个事实行为，即使不能得到“见义勇为”称号等荣誉认定，舍己救人的现实情况也应当得到合理慰藉。未成年人见义勇为的行为若不能构成高标准的“见义勇为”荣誉认定，但基本也能构成民法上的无因管理，即行为人没有法定的或者约定的义务，但是为避免他人利益受损失进行管理或者服务。[①] 若是符合法律规定条件成立无因管理，那么无因管理人就有权要求受益人偿付由此支付的必要费用。此外，因防止、制止他人民事权益被侵害而使自己受到损害的，首先由侵权人承担责任。但是，在侵权人逃逸或者无力承担责任的情况下，被侵权人向受益人请求补偿的，受益人应当给予适当补偿。因此，未成年人实施见义勇为行为后，如果致使自己受到一定伤害，除可以向侵权人要求赔偿外，受益人还负有一定的补偿责任。侵权人对见义勇为的未成年人能够足额赔偿的，受益人就无须补偿，否则就应当根据受益人的经济情况、受到减轻或避免的损害程度对不足部分进行弥补。

诚然，见义勇为的精神传统值得我们学习并将它发扬光大。无论是家庭教育还是学校教育，都应该培养未成年人勇于担当的社会责任感。增强社会责任感的同时，未成年人也必须加强自我保护意识。面对紧急危险，切不可硬拼，而是应该智取，量力而行。

九、拿什么拯救“我”的作品

随着新时期社会民众权利意识的增强，人们越来越重视自身权利的维护，也越来越敢于和侵权违法行为作斗争。但是，就我国目前情况而言，知识产权相关法律法规还不甚完善，很多人对知识产权的认

① 《民法通则》第 93 条规定：“没有法定的或者约定的义务，为避免他人利益受损失进行管理或者服务的，有权要求受益人偿付由此而支付的必要费用。”

识还存在一定误区，对于知识产权侵权行为不甚了解。而对于青少年来说，其中的著作权维护越来越成为一个令人头痛的问题。

①

2014 年 9 月，一名心存梦想的少年和伙伴成功放飞了热气球并以此方式拍摄地球，此后又将航拍照片以及他们的经历写成一篇名为“追气球的熊孩子”的文章并发布在网上，获得了广泛的关注。不久之后，某视频网站的工作人员就联系到他，称想合作拍摄一部展现他们行为的纪录短片。双方也通过邮件表示愿意合作，将《追气球的熊孩子》这一故事制作成创意短片。但之后双方的合作并未按照预期开展，该视频网站先以各种借口延期拍摄，后来又以资金问题为由告知少年及其伙伴无法拍摄。合作作罢，少年也并未感到损失，但令人恼怒的是该视频网站竟然自行发布了其另行拍摄的同名商业广告短片《追气球的熊孩子》，还在其中植入了陌陌、雷克萨斯等多家厂商的广告。少年再也待不住了，指责其盗取创意，并使用了他们热气球航拍的部分照片，而该视频网站却矢口否认。该视频网站认为，他们制作的放飞热气球短片借鉴的是少年的经历，而经历在《著作权法》上属于创意，不受法律保护，而照片也是气球上相机自动拍摄的，不属于

① 图片来源于百度百科，最后访问时间：2016 年 2 月 16 日。

有独创性的智力成果；并且从《合同法》角度，双方的合同并没有正式签署，更无法通过常规的追究违约责任的方式进行维权。[①]究其根本，热气球上机器自动拍摄的照片到底能不能算是少年一方的智力成果从而受到专有保护，这个问题才是成为摆在少年眼前最大的障碍。

首先，我们应当明确的是，什么是知识产权以及怎么样才能受到知识产权的保护。所谓知识产权，就是指人们对于智力活动创造成果和经营管理活动的标记、信誉等依法享有的权利，包括工业产权（如商标专利等）以及著作权，是法律赋予创作文学、艺术和科学作品的作者享有的某些专有权利。少年想要达成维权的目标，应先是将《追气球的熊孩子》通过知识产权中的著作权予以保护。

著作权保护的客体须是作品。其中，著作权所称作品是指文学、艺术和科学领域内具有独创性并能以某种形式复制的智力成果。这意味着，作品首先应是作者独立创作完成的成果，在以一定素材为基础的情况下，通过作者匠心独运，使用特别的技巧或者安排，融入作者的思想内容，最终形成能以有形复制方式展现的成果。而《著作权法》中明确的作品形式就包括文字作品，口述作品，音乐、戏剧、曲艺、舞蹈、杂技艺术作品，美术、建筑作品，摄影作品，电影作品和以类似摄制电影的方法创作的作品，工程设计图、产品设计图、地图、示意图等图形作品和模型作品，计算机软件以及法律、行政法规规定的其他作品。[②]

---

①《“少年不可欺”事件背后的知识产权问题》，载《中国青年报》2014 年 12 月 3 日。

②《著作权法》第 3 条规定：“本法所称的作品，包括以下列形式创作的文学、艺术和自然科学、社会科学、工程技术等作品：（一）文字作品；（二）口述作品；（三）音乐、戏剧、曲艺、舞蹈、杂技艺术作品；（四）美术、建筑作品；（五）摄影作品；（六）电影作品和以类似摄制电影的方法创作的作品；（七）工程设计图、产品设计图、地图、示意图等图形作品和模型作品；（八）计算机软件；（九）法律、行政法规规定的其他作品。”

以照片为例，拍摄者对于时间、地点、光线、镜头、构图都有一定的要求，拍出意蕴深厚、震撼人心的照片通常会耗费拍摄者的大量时间与精力，数百次拍摄可能只能得出一两张满意的照片。因此，人工拍摄的照片当然体现着拍摄者的独创性，并且可以通过翻印等方式复制，是符合法定条件的、能够得到法律保护的著作权客体。与此相反，机器自动拍摄的照片并不能体现对于照片拍摄的调整以及智力安排，因此也就很难说是有独创性的智力成果，案例中的少年也难以通过著作权直接维权。与此同时，某视频网站制作的放飞热气球短片借鉴的是少年的经历，但单纯的经历在《著作权法》上属于创意。实际生活中也常常会存在创意相通的可能，但是基本上不可能存在表达相同的情况，而著作权也只重在保护思想的表达，而无法保护思想。

在这一事件中，少年和他的朋友作为这一新闻事件主角的身份是特定的，而网站视频展示的是以他们的事迹为素材的广告，在具体细节的组织上与少年发表的文章内容不尽相同。相似部分只有对少年事迹的真实还原，并不能构成著作权的侵权。因此，少年无法通过著作权的途径维护自己的权益。

①

① 图片来源于百度百科，最后访问时间：2016 年 2 月 16 日。

对于成长中的青少年来讲，除了了解著作权客体，还应当明确著作权主体及其权利，以便更好地维护自己的权利。通常情况下，创作作品的作者就是著作权的主体，包括公民、法人以及非法人单位。如无相反证明，在作品上署名的公民、法人及其他组织即为作者。[①]在这里，创作指的是事实行为，也就是说，作品现实完成，作者就自动取得著作权而没有任何限制。创作作品的公民是作者，意味着作者是自然人的，既不需要注册，也不需要登记，更不以行为人的行为能力为要件。因此，只要满足作品的法定要件，即使是未成年人，也是合法的著作权主体，能够相应地取得法定的著作权，以未成年人不具备民事行为能力而不承认其著作权、不保护其著作权的观点都是不成立的。

著作权的基本权利包括人身权和财产权。著作权中的人身权指的是与作品的作者人身密切相关不可分离、不可转让的权利，包括发表权、署名权、修改权、保护作品完整权。其中，发表权意味着作者可以自己决定是否将作品公之于众以及在何时何地通过何种方式公之于众。案例中，少年将《追气球的熊孩子》一文发布在网上，就是通过网络的方式将作品向不特定的多数人公布，行使的是发表权。其中的署名权是作者表明身份的权利，作者有权署名，也有权匿名；有权署真名，也有权署笔名；有权禁止他人在自己作品上署名，也有权禁止他人假冒自己署名。发表权、署名权与修改权、保护作品完整权性质相同，因与作者人身不可分离，不具有独立的财产价值，因而对于著

① 《著作权法》第 11 条规定："著作权属于作者，本法另有规定的除外。创作作品的公民是作者。由法人或者其他组织主持，代表法人或者其他组织意志创作，并由法人或者其他组织承担责任的作品，法人或者其他组织视为作者。如无相反证明，在作品上署名的公民、法人或者其他组织为作者。"

作权中人身权的法律保护没有时间限制。① 在作品完成后乃至作者已经去世的任何时间里，都不能擅自修改他人作品、破坏他人作品的完整性。除此之外，复制权、发行权、出租权等财产性权利都具有时间限制，其保护期为作者终身及其死亡后 50 年（截止于作者死亡后第 50 年的 12 月 31 日），如果是合作作品，截止于最后死亡的作者死亡后第 50 年的 12 月 31 日。② 因此，在财产权方面，他人使用首先要征得作者同意，还需支付一定报酬，否则就构成侵权；作者去世第 50 年结束之后，作品便自动成为公共财产，使用上述作品不再需要征求同意，也不必再向作者支付报酬。例如，现在文学创作广泛对四大名著进行加工制作，但均因为四大名著的著作财产权已过保护期，现代创作对其进行改编、翻译、摄制等就不需要获得许可并支付费用了。

著作权是与我们生活息息相关的一项权利，成长中的青少年也常常受到著作权的侵权。但是维权不是想当然的，并不是我们认知范围内的所有权利都能获得明确的法律支持，因此我们必须多了解相关知识。法律知识的匮乏可能导致我们走上弯路，走向歧路，只有自己首先明确著作权的保护范围以及保护方式，才能在知己知彼的战役中百战不殆，才能充分运用法律的武器维护自己的权益。

十、“亲”“亲”之盗

自古以来，就有“王者之政，莫急于盗贼”的说法。盗窃历来都被民众所不齿，无论是封建社会还是现代社会，都是国家集中力量严

---

①《著作权法》第 20 条规定：“作者的署名权、修改权、保护作品完整权的保护期不受限制。”

②《著作权法》第 21 条第 1 款规定：“公民的作品，其发表权、本法第十条第一款第（五）项至第（十七）项规定的权利的保护期为作者终生及其死亡后五十年，截止于作者死亡后第五十年的 12 月 31 日；如果是合作作品，截止于最后死亡的作者死亡后第五十年的 12 月 31 日。”

厉打击的犯罪之一。由于盗窃犯罪成本较小，收益转化较快，盗窃犯罪不仅在成年人犯罪中较为普遍，在未成年人犯罪中也十分常见。未成年人染指盗窃无非意图迅速获取钱财，弥补没有经济来源而花费巨大的缺口。但是，未成年人身心发展毕竟尚不健全，不敢大张旗鼓地进行严重的盗窃，于是这只稚嫩的罪恶之手便悄然伸向身边不设防备的好友，甚至亲人。

曹某在年幼之时，父母便离异了，由于母亲是智障残疾人，曹某一直跟随姥爷生活。但老人年事较高，对其管教不甚严格，曹某就养成了偷窃的习惯，早在16周岁之时就因盗窃罪被判刑。但是刑满释放之后，曹某仍不思悔改，刚出狱五天就重蹈覆辙偷偷拿走姥爷的存折并取走8000余元。老人发现自己的存折被盗取之后迅速报警，经过警方侦查，发现盗取之人竟是老人的亲外孙。一时之间，老人又气又恼。[①] 由于曹某一直与姥爷生活在一起，曹某偷盗的是共同生活的家庭成员的财产，姥爷本就负担抚养曹某的义务，而曹某盗窃的是自己家庭的财产——此种情形是否构成盗窃，并能否因此追究曹某的刑事责任，还须从盗窃罪的基本构成要件以及未成年人犯罪的特殊规定综合认定。

[②]

首先，根据《刑法》第264条规定，盗窃罪是指“盗窃公私财物，

①《盗窃亲属财物同样涉嫌犯罪？》，载《京郊日报》2009年6月19日。

② 图片来源于百度百科，最后访问时间：2016年2月16日。

数额较大的，或者多次盗窃、入户盗窃、携带凶器盗窃、扒窃的”。从犯罪构成要件分析，只要是年满 16 周岁，并且精神状态正常的自然人主体，如果以非法占有为目的，故意盗窃公私财产且达到一定数额，或者多次盗窃、入户盗窃、携带凶器盗窃、扒窃的，均构成盗窃罪。这里所指的“公私财产”并未排除家庭成员财产此类具有共用性质的财产类型。因此，偷盗家庭成员财产达到法定标准的，同样构成盗窃罪，并且应当按照《刑法》规定追究刑事责任。但是，我国历来具有“同居共财”“亲属不分财”的宗族伦理思想，家庭内部关系乃是伦理纲常中最基础、最重要、最应维护的社会关系，亲情温暖甚至可以包容犯罪之伤。

因此，就一般主体犯盗窃罪而言，盗窃亲属财物都会从宽处理甚至不追究刑事责任。[①]同时，对于未成年人而言，也已经明确规定：“已满十六周岁不满十八周岁的人盗窃自己家庭或者近亲属财物，或者盗窃其他亲属财物但其他亲属要求不予追究的，可不按犯罪处理。”[②]因此，在“亲”“亲”之盗之间，法律给予了足够的宽容与人性。

需要特别说明的是，这里所指的近亲属是具有特定范围的，指的是配偶、父母、子女以及同胞兄弟姐妹[③]。对于未成年人而言，只有盗窃父母、同胞兄弟姐妹的情况下一般才不按犯罪处理。除此之外，

---

①《最高人民法院、最高人民检察院关于办理盗窃刑事案件适用法律若干问题的解释》第 8 条规定：“偷拿家庭成员或者近亲属的财物，获得谅解的，一般可不认为是犯罪；追究刑事责任的，应当酌情从宽。”

②《最高人民法院关于审理未成年人刑事案件具体应用法律若干问题的解释》第 9 条第 3 款规定：“已满十六周岁不满十八周岁的人盗窃自己家庭或者近亲属财物，或者盗窃其他亲属财物但其他亲属要求不予追究的，可不按犯罪处理。”

③《刑事诉讼法》第 106 条第 6 项规定：“‘近亲属’是指夫、妻、父、母、子、女、同胞兄弟姊妹。”

具有其他一般亲属关系或者共同居住的家庭成员都属于其他亲属，未成年人盗窃祖父母、外祖父母、叔伯姑嫂等其他亲属的，还需要以其他亲属明确要求不予追究为前提才可不按犯罪处理，在实践中表现为取得被害人的谅解书。否则，即使是关系亲密的亲属之间，仍然存在对簿公堂的可能。

法律，既是公平正义的成文表现形式，也是法理情理的深刻凝结。无论是在制定法律，还是适用法律的过程中，对于未成年人进行教育的意义都明显高于惩罚所具有的意义。但是，为了给迷途的未成年人一些深刻的教育与教训，实践中也不乏未成年人的监护人要求被害亲属追究该未成年人责任的案例，以此帮助未成年人深刻反省。而曹某偷盗的正是与其有血缘关系且共同居住的姥爷，虽然在《刑法》上姥爷并不属于曹某的“近亲属”，但是作为其他亲属，曹某的姥爷仍然具有追究曹某刑事责任的权利。也只有姥爷给予曹某谅解，曹某才可能不被认定为犯罪而追究应有的刑事责任。

对于成长中的未成年人来说，无论亲属之间盗窃能否得到从宽处理，这种破坏社会秩序、家庭关系的行为都是不应该染指的。虽然未成年人在成长的过程中逐渐形成很多自己的想法，想要完成很多不被完全认可的目标，在这过程中又没有自己的收入来源，但是仍然不能剑走偏锋以致走上盗窃犯罪的道路，更不能心存侥幸地将魔爪伸向自己的亲人。家庭以及亲人对我们的爱护应是庇佑我们的心灵港湾，而非包庇我们的罪恶黑洞；是我们疗伤栖息的安全后盾，而非我们放纵荒淫的宠溺之所。未成年人应当不断警示自己：苦口婆心的教导与呕心沥血的责难才是家庭对于我们最真挚的呵护，过多的包容与放纵反而会催生更多的邪念。

十一、放学路上有你

——未成年人交通安全问题

未成年人的成长始终围绕着我们日常的衣、食、住、行等方面。近年来，很多媒体曝光了未成年人在上、下学途中遭遇交通事故以及校车安全等问题，使得家庭、学校和社会越来越重视这些安全问题的解决途径。例如，学校应该加强未成年人的交通安全教育，增强他们的安全保护意识，当未成年人及其家长遭遇到这些困境时，应该懂得如何正确地保护自己的合法权益。笔者针对身边发生的这些典型的未成年人交通安全案例，进而分析这些安全问题发生的主要原因，并从法律角度对这些安全问题提出自己的认识和思考。

根据相关数据的整理、分析得出，中国作为世界上最大的发展中国家，拥有接近全世界1.9%的汽车总量，但是每年人为地造成交通死亡事故的比例却占了全球的15%，成为名副其实的交通事故多发国家。[①] 血淋淋的事实不仅告诫我们交通安全事故俨然成了中小学生意外伤亡的主要原因之一，而且迫使社会各界人士认真地反思，为什么仅凭交通事故就能导致如此多的中小学生消失于世，等于是说在每年的非正常死亡的学生中，因交通事故死亡的就占了近一半的比例。这些如花的小生命还没体验到更多的人生绚丽，就这样不幸丧生于车轮之下，实在是令人叹息！

2005年11月14日凌晨5点左右，山西省沁源县第二中学的体育老师带领着900多名学生在公路主干道上进行晨练。当这些学生跑

① 上述关于我国汽车总量和交通事故的数据来源，引自：http://www.pcauto.com.cn/playcar/2005/zt/2005accident/，最后访问时间：2016年2月22日。

操完毕排着纵队返校时，一辆货车迎面朝着他们横冲直撞过来，老师和学生根本来不及闪躲，造成了该校师生 21 人丧生，其中包括 20 名学生、1 名老师。事故发生后，经交警部门调查，该肇事车辆的车况没有异常，系正常行驶。但是肇事司机李某长途奔波了几百公里，连续 8 小时没有休息。也正是由于司机的疲劳驾驶酿成了“11 · 14 山西沁源特大车祸”这一震惊全国的重大交通事故，引起了中央政府的高度重视。未成年人的交通安全问题由此进入人们的思考视野，引发了人们的广泛关注和讨论。①

在这起事件发生后的一周，记者探访了在这起事故当中受到重创的沁源县，经当地群众反映，发生车祸的公路叫作汾屯公路，这是一条从汾阳市通往屯留县和沁源县的省级公路。由于山西煤价的逐年攀升，运煤车的数量明显增多，其中包括很多连夜赶路的长途货运车，司机大都是疲劳驾驶，所以这段公路是事故频发路段，被当地人称为“杀人路段”。同年 9 月，在沁源二中实习的一名教师在上班途中驾驶摩托车途经学校斜对面的路口时，与一辆客车相撞身亡。这样一条交通安全隐患如此严重的事故多发路段，却长期没有引起交通管理部门和学校的足够重视。直至山西沁源特大车祸发生数月之后，国家教育部和山西省教育厅才陆续发出紧急通知，要求学校积极采取保护和防范措施，必须加强学校体育活动的安全防范工作。但是我们不得不提出疑问，难道只有在付出 1 名老师和 20 名学生宝贵生命的惨重代价后，才能警示交通管理部门必须重视安全顽疾，才能给教育系统的全体师生敲

① 上述关于 2005 年发生的“11 · 14 山西沁源特大车祸”的详细资料，引自：http://www.pcauto.com.cn/playcar/saft/info/0512/354920.html，最后访问时间：2016 年 2 月 19 日。

响交通安全的警钟吗？

根据我国《道路交通安全法》的相关规定，[①] 未成年人的交通安全需要全社会的重视，尤其是学校必须将未成年人交通安全的保障和教育放在重要的位置。山西沁源特大车祸的发生在一定程度上也应该归咎于学校对学生交通安全教育的重视不够：当时凌晨五点左右，组织学生到公路的主干道上进行晨练、跑操，能见度太低的路况很难保证学生的人身安全，这说明学校的疏忽大意和学生对自身安全的认识不够。根据我国《侵权责任法》的相关规定，学生在校期间遭遇到人身伤害，学校应该承担法律责任，可见在这起事件中学校作为管理者实在是难辞其咎。尽管当地政府对这起事故进行了善后处理，对每位遇难学生的家属进行了赔偿，但是金钱却难以恢复孩子们的欢声笑语以及亲人对他们的思念。因此，痛定思痛、吸取教训，学校应当定期进行系统、全面的交通安全教育课程训练，不能依靠传统的教育，更何况这些教育大都流于形式，没有起到应有的教育作用。学校在做出一些可能会影响到学生交通安全的决定前，必须充分考虑这些决定所可能产生后果的严重程度。未成年人的交通安全不容小觑，对那些用生命换来世人警醒的交通事故，国家、学校必须切实地加强交通安全教育。

---

①《道路交通安全法》第 6 条第 4 款规定："教育行政部门、学校应当将道路交通安全教育纳入法制教育的内容。"

[1]

近年来，随着校车事故的频繁发生，未成年人的校车安全问题也逐渐被人们所关注。从中央到地方各级人民政府对校车安全问题都非常重视，征求各方的意见出台了《校车安全条例》，各地纷纷对校车安全进行大检查，加强接送学生上、下学车辆的安全管理。不幸的是，校车事故还是一起连着一起发生。2008 年 3 月 23 日，云南省凤庆县一辆沿途搭载 31 名周末返校初中寄宿生的拖拉机坠入道路右侧 12 米的深沟，造成 8 名学生死亡，1 名学生重伤，22 名学生轻伤；[2]2010 年 12 月 27 日，湖南省衡南县松江镇东塘村发生一起校车事故，一辆载满 20 名小学生的三轮车坠入河中，造成 14 名小学生死亡；[3]2011 年 11 月 16 日，甘肃省庆阳市正宁县榆林子镇发生一起校车事故，一辆幼儿园接送校车与一辆卡车相撞，造成 18 名幼儿、一名司机及一名陪护教师死亡，多人受伤。[4]

---

① 图片来源于百度百科，最后访问时间：2016 年 2 月 19 日。

② 上述关于云南省未成年人学生在一起交通事故中的死伤资料，引自：http://www.cpd.com.cn/gb/newspaper/2008-09/27/content_1030629.htm，最后访问时间：2016 年 2 月 19 日。

③ 上述关于湖南省未成年人在一起校车事故中的死伤资料，引自：http://news.ifeng.com/gundong/detail_2011_09/19/9282852_0.shtml，最后访问时间：2016 年 2 月 19 日。

④ 上述关于甘肃省未成年人在一起交通事故中的死伤资料，引自：http://www.7wenta.com/topic/E7782567C6CED9F47F893031E53C6963.html，最后访问时间：2016 年 2 月 19 日。

[1]

我国未成年人校车安全事故多发生在学生的上、下学途中，国家保障学生的校车安全问题，就应该完善我国的校车管理制度。例如，国家应该在全国范围内强制实施校车制度，取缔黑车接送学生上、下学，且要求那些居住在离学校路途比较遥远的地区、车流量较大路段的学生，必须搭乘校车；规定校车在公路交通管理中的优先地位，对校车的外表标识、涂装用料等方面进行易识别化，保障校车的通行安全；提高校车专用人员的业务水平，对他们进行严格的紧急救护培训和考核，同时还要改良校车使用的紧急避难设施、救护装备等，当紧急事故发生时，可以及时地进行救治。校车管理的问题关乎未成年人的生命安全，在校车运营和安全维护上可以借鉴美国、英国等发达国家的先进经验，以期能够有力地保障未成年人的交通安全。[2]

交通安全无小事，防患于未然。未成年人是未来的希望，需要全社会的关心、重视和引导。

---

① 图片来源于搜狐网，最后访问时间：2016 年 2 月 19 日。

② 本文关于我国未成年人校车安全的几点建议，主要参见佟丽华等编：《未成年人法学》（社会保护卷），法律出版社 2007 年版，第 400 页。

十二、初恋这些小事儿
——“两小无猜”条款

当今社会，未成年人早恋的现象已经屡见不鲜，家庭、学校以及社会越来越关注未成年人早恋所引发的一些问题：过早发生性关系、意外怀孕等。深入分析未成年人情侣偶尔发生性关系所引发的法律问题，针对该热议话题将能提出一些关于法律层面的思考观点。

“你是我的小呀小苹果儿，怎么爱你都不嫌多。红红的小脸儿温暖我的心窝，点亮我生命的火，火火火火火。”筷子兄弟的一曲《小苹果》红遍大江南北，曲中的歌词情意绵绵。如同这些歌词所描绘的甜蜜爱情，未成年人早恋的现象早已为人们所熟知，未成年人的家长和老师都非常关注这些孩子情感的动态变化。因为在家长和老师的眼里，心智尚未成熟孩子的一举一动都会不同程度地影响到他们在校期间的学习成绩，尤其是处于青春期的未成年人大都具有比较强烈的叛逆心理，家长和老师的严加看管反倒可能会刺激、强化他们的逆反行为。加之，未成年人内心深处对性心理意识的懵懂，春心萌动的状态令处于热恋中的少男少女偶尔会发生偷吃“禁果”的情况，这种过早的双方自愿性行为势必会引起家庭、学校和社会的极大关注。与此同时，我们又该采取怎样的理性态度和行动去对待这类事件？下面笔者将从我国台湾地区发生的一个真实案例入手，谈谈自己对未成年人早恋时偶尔发生性行为这类事件的一些认识和思考。

2011 年 5 月，根据网络新闻和各类媒体的报道，我国台湾地区新北市两名均未满 14 周岁的小情侣外出游玩时，因为两情相悦发生了性关系，女方家长得知此情况后立即报警，并将男方家长起诉至当地法院。[①]这起未成年人偷吃“禁果”的事件迅速在网络上走红，网友对此发表了他们的看法，众说纷纭并形成了分歧意见。一部分网友认为，未成年人情侣在早恋期间发生自愿性性行为确已打破了社会大众对性的最低预期，政府和社会应该对未成年人及其家长进行法律和道德两方面的谴责，从而做到有效地避免发生小情侣再次偷吃“禁果”的情况。另一部分网友则认为，未成年人行为能力的缺失使他们不能理性地对待因“情”而生的性行为，对性行为的把握缺乏可控性，故而不能对他们的这类行为过高地严格要求，等等。网络上存在的这些分歧也仅仅是网友对这起事件的不同回应。

对此，本案律师解答道，该案系一起未满 14 周岁的未成年少男、少女两情相悦而自愿发生性关系事件。根据我国台湾地区“刑法”[②]的相关规定：与未满 16 周岁男女发生性关系，得处 7 年以下徒刑，但若双方均未满 18 周岁，被告可获减轻或免除其刑，并且属于自诉案件，此即网络上热议的“两小无猜”条款。这条规定是台湾地区在 1999 年 4 月 23 日所制定的，正式的条文见于其“刑法”第 229 条之一及第 227 条。前者是专门针对未满 18 周岁的未成年人妨害他人性自主权，且必须起诉至法院才会处理。后者则规定了与未满 16 周岁的人发生性行为，不论该未成年人是否为自愿或者强迫，一律以有罪论处。但是如果发生性关系的双方都是未成年人，仅仅因为彼此相

① 关于台湾地区“两小无猜”条款的案例，详细资料可见：http: //news.eastday.com/s/20110518/u1a5896305.html，最后访问时间：2016 年 2 月 19 日。

② 文章此处及后文对“两小无猜”条款所涉及的具体法律条款，均采用我国台湾地区“刑法”，以此与我国大陆地区所适用的《中华人民共和国刑法》相区分，不至于使读者混淆两者之间的差别。

爱、两情相悦而误食“禁果”，被告可获减轻或免除其刑。[①] 笔者认为，台湾地区“刑法”之所以规定这样一个例外，主要是因为犯下“罪行”的人是未成年人，早恋中的小情侣两小无猜，双方自愿发生性行为的情况对社会的危害并不算严重，依据台湾地区的审判实务，法院就算判决被告有罪，通常也会宣告缓刑。

未成年人早恋这些事看似琐碎平常，可是从上述台湾地区发生的这起“两小无猜”事件我们可以发现，家庭和学校不仅应该密切关注未成年人的情感变化，而且应当积极有效地引导未成年人正确看待早恋、性心理懵懂，保障未成年人的生理、心理健康。为了防止未成年人因为好奇或者彼此“相爱”发生性关系，从而陷入道德和法律的双重拷问，笔者认为应该从以下几个方面着手来达到帮助未成年人免受此类困扰的目的：

首先，家庭应该重视对未成年子女的两性教育，应该合理摒弃类似于漠视性、惧怕性等“谈性色变”的传统观点，对孩子的教育不能完全避开“性”这个话题。尤其是当今这个网络时代，未成年人有更多的机会可以接触到有关“性”的海量信息，所以就更不能一味地采取“脸红”的态度来避开这个话题。家长们应该采取正确的方式、方法来直面这个问题，在家庭层面为未成年人树立一个正确的恋爱观、两性教育观，并非一味地压抑未成年人的性心理。家长还需要了解如今未成年人性成熟的时间提前，所以对孩子的两性教育时间也应该相应前移，而不能当问题出现时家长才想起来要教育未成年人这些日常必备的知识。因此，家庭必须重视孩子的两性

① 关于我国台湾地区“两小无猜”案件的具体判决和所引用的“法律”规定，详细资料可见：http://www.docin.com/p-571643963.html，最后访问时间：2016 年 2 月 19 日。

教育，并正确引导其青春期内的恋爱行为，及时有效地纠正未成年人不适当的性冲动。同时，未成年人在遇到这类问题困扰时，也应该主动向家长咨询、求助。

其次，学校是除了家庭之外的另一个重要的两性教育的启蒙场所。未成年人能在学校接触到很多异性同学，在与异性同学交往、接触的过程中也许会彼此产生爱慕之情。少男少女的春心萌动很容易让他们坠入爱河，双方性意识的增强成为未成年人早恋期间偷食“禁果”的重要诱因。中国未成年学生的教育还需要增加性心理、生理等相关的课程，学生的基础素质教育固然重要，可是一个完整的人更需要身心的全面健康发展。任课教师需要主动与未成年学生沟通交流，了解他们在青春期这个重要时期内的思想情感波动，防止未成年学生出现性心理扭曲、压抑等非正常情况。此外，学校应该设置专门的心理咨询师，为那些受到性问题困扰的学生排忧解难，尊重未成年人的正常性反应和性需要。①

最后，应该在全社会范围内普及性安全常识。性话题是把“双刃剑”，不能照搬学习国外的一些前卫性文化，盲目地要求性开放，也不能固守传统文化中“谈性色变”的保守色彩。对于未成年人情侣自愿偷食“禁果”的情况，应该从道德舆论和法律强制两方面来正确对待。一方面，倡导全社会合理宽容对待未成年人因两情相悦发生性关系的行为，不能过于严格地指责未成年人，要综合考虑当事人的动机是否单纯，如若动机不纯，那就考虑追究法律责任，但是责任的承担

---

① 关于未成年人性教育的开展以及性常识的宣传，并非一味地学习和追求前卫、开放的社会文化，只是我们必须关注当下未成年人广泛接触那些与性相关的知识。另外，未成年人性成熟时间提前，所以适时适当的教育与宣传是必要的，也是可行的。

同样也应该归咎于家长的监护不力，未成年人确实无力承担道德和法律两方面的责任。另一方面，我国大陆的刑事法律并未像台湾地区"刑法"中特别设置了保护未成年人性行为的"两小无猜"条款，这种被称为人性化的规定能更加全面地保护未成年人的合法权益，国家应该完善相关的法律规定，当司法机关面对、处理这些未成年人问题的时候能够做到有法可依、违法必究。

"两小无猜"，代价知多少？偷食"禁果"，定要自负"恶果"？未成年人偶尔自愿发生性行为，是否应该承担法律责任、如何承担法律责任等问题无疑是社会关注他们健康成长的热点话题。笔者认为，这不仅仅是国家司法机关的责任，其实未成年人更需要家庭、学校以及社会民众给予更多的人性关怀。我们在对待未成年人偶尔犯下这种错误时，不妨多一点宽容，少一点苛责。[①]

十三、尘封的错误

——未成年人附条件不起诉程序、犯罪记录封存制度

根据不完全统计，我国未成年人犯罪在全部刑事案件中所占的比例竟高达35%，且呈现出逐年上升的趋势，同时还表现出低龄化、团伙化等特点。[②]从这些数据和特征出发，我们不难发现未成年人犯罪俨然成了一个备受关注的社会问题。针对这一问题，国家政府部门、家庭、学校以及社会应该如何正确应对，保护未成年人的健康

---

① 关于"两小无猜"条款所涉的案件分析评论，主要参见俞飞：《两小无猜，奈何以法绳之》，载《法制日报》2012年7月23日。

② 上述说明我国未成年人犯罪的相关数据，主要是参见中国预防青少年犯罪研究会所发布的统计数据，引自 http://news.163.com/16/0310/09/BHPNR1T500014AEE.html，最后访问时间：2016年2月19日。

成长，因为未成年人是祖国和民族的未来，需要全社会的高度关注。因此，建立一套挽救未成年犯命运的相关制度迫在眉睫，因一时的冲动或者对犯罪缺乏充分的认识令他们犯下错误，我们不能让这些错误伴随未成年人的一生，这会对他们的未来发展造成不可预估的负面影响。

前些年根据媒体的报道，来自我国苏北的一名少年小飞（化名）刚满 16 周岁，由于父亲早年病逝，多年来跟随母亲唐某生活。后来母子俩离开老家来到南京打工，小飞在一家游戏厅找了一份工作，母亲在一家饭店帮人洗碗，二人生活得十分拮据。但是一直以来，小飞心里就有一个愿望，买一部属于自己的苹果手机。可无奈的是，自己家里的条件太困难，实在买不起那么昂贵的手机。一日，小飞偶然看到与自己同宿舍的室友许某在摆弄新买的 iPhone4，甚是喜爱，便在心里盘算：倘若自己能有一部这么棒的手机，那该有多好！于是他决定找个机会偷走室友许某的手机。终于，小飞等到了那个时机，某天夜里许某已经熟睡，他的苹果手机和诺基亚智能手机放在床头，小飞趁机悄悄拿走了这两部手机。第二天，许某醒来发现自己的手机失窃便立刻报了警，经警方调查取证，很快就将小飞抓获。在公安机关的讯问过程中，小飞承认了自己的犯罪事实。在被送往警局的路上，小飞痛哭流涕，对自己做出这么愚蠢的行为感到后悔不已。他的母亲唐某拿出这些年辛苦攒下的积蓄主动地赔偿了许某，因此许某对小飞的盗窃行为表示谅解。

后来，小飞盗窃手机案被移送当地检察院审查起诉，负责此案的检察官在审查相关资料时发现，该案事实清楚、证据确凿，小飞必须到法院接受正当的审判。但是，小飞犯罪时年仅 16 周岁，因为父亲早逝，母亲忙于打工来维持生计，平日里根本顾不上照看他。贫困的家庭条件使得小飞从小就没有获得同龄孩子应有的教育，当他从偏僻的老家农村进入繁华的都市打工，那种虚荣、攀比的心理和强烈的自卑感让他没能正确地把握人生的方向，从而迷失了自己。案发后，小飞认罪态度较诚恳，母亲唐某主动对受害人进行了赔偿，许某也给予了谅解，且小飞系初犯，社会危害性不大。所以，当地检察院检委会研究决定，按照《刑事诉讼法》特别程序的有关规定，启动未成年人附条件不起诉程序，挽救该少年的命运，给他一次改过自新的机会。当地检察院给未成年人小飞的附带条件是，即日起的6个月时间作为对他的考察期，并把他送到检方在当地某街道社区设立的"外来未成年人教育管护基地"进行教育。在该考察期内，小飞若能完成规定时数的义务劳动，并积极参加管护基地组织的公益活动，后又没有其他的犯罪行为需要追诉，检察机关即可对他作出不起诉决定，不再追究他的刑事责任。[①] 究竟什么是附条件不起诉程序，该制度在我国现行《刑事诉讼法》中的特别设置对未成年人成长的保护又有何种现实意义呢？

[②]

① 上述关于未成年人犯罪附条件不起诉制度的案例分析（案中人名略有改动），引自 http://www.yangtse.com/system/2013/01/24/016053388.shtml，最后访问时间：2016 年 2 月 19 日。

② 图片来源于搜狐网，最后访问时间：2016 年 2 月 19 日。

根据我国《刑事诉讼法》的相关规定，对未成年人涉嫌刑法分则的一些具体犯罪，人民检察院可以作出附条件不起诉的决定，并对不起诉决定作出的条件作了明确规定。[①]该法律条文需要我们明确以下几个特殊点：首先，未满18周岁的未成年人是适用该类特别程序的主体，因为未成年人需要社会的特殊关照；刑法分则特定章节中的限定罪名是适用该程序的范围，包括侵犯公民人身权利罪、民主权利罪、侵犯财产罪、妨害社会管理秩序罪等具体罪名；可能判处一年以下有期徒刑，符合法定起诉条件，并且当事人的认罪态度较好，具有悔罪表现，这些都是适用未成年人附条件不起诉程序的刑罚条件。[②]当未成年犯符合以上条件时，检察机关应该出于保护未成年人成长的目的，挽救未成年人于不利局面。因为一旦将未成年犯关进监狱或者看守所，不免会对他们的生理和心理造成难以磨灭的影响，这些负面的"印迹"将会伴随他们终身，可能会对社会的发展产生一定程度的消极作用。[③]

前面论述了未成年人附条件不起诉程序，这是在检察院审查起诉阶段对未成年人的特别保护措施。现在我们借助我国司法实务中的一个典型案例，进一步来介绍我国现行《刑事诉讼法》中关于未成年人犯罪记录封存制度的相关规定，并简要地谈谈笔者对这项制度立法原

---

①《刑事诉讼法》第271条第1款规定："对于未成年人涉嫌刑法分则第四章、第五章、第六章规定的犯罪，可能判处一年有期徒刑以下刑罚，符合起诉条件，但有悔罪表现的，人民检察院可以作出附条件不起诉的决定。人民检察院在作出附条件不起诉的决定以前，应当听取公安机关、被害人的意见。"

② 关于未成年人附条件不起诉的适用条件，还可参见佟丽华等编：《未成年人法学》（司法保护卷），法律出版社2007年版。

③ 关于未成年人附条件不起诉制度在未成年人司法制度中所发挥的显著作用，参见佟丽华等编：《未成年人法学》（司法保护卷），法律出版社2007年版。廖明等编：《未成年人刑事司法制度》，对外经济贸易大学出版社2013年版。

意的理解。

[1]

刚满 17 周岁的四川女孩小王，独自来到成都市打工，在当地的一家赌博机店铺当服务员，专门为进行公开赌博的顾客提供收取和赔付现金等服务。小王在这个秘密赌场仅仅工作了 6 天，后经人举报，该赌场就被公安机关一举捣毁，她也因涉嫌开设赌场罪被移送当地检察院审查起诉。检察机关在综合考虑未成年犯小王的犯罪情节及社会危害性后作出了不起诉的决定。虽然本案当事人小王最终没有受到刑事处罚，但是小王的犯罪事实已然成立，在全国联网的公安系统已经生成特定的犯罪记录，并且按照惯常程序，这份记载着人生“污点”的犯罪记录将被永远放入小王的人事档案中，伴随其一生。[2] 未成年人人事档案中的这些犯罪记录将会对其以后的入学、就业等日常生活方面产生不容忽视的妨碍影响。[3]

但是，根据 2012 年修改后的我国新《刑事诉讼法》的相关规定，

---

① 图片来源于新浪网，最后访问时间：2016 年 2 月 19 日。

② 关于上述未成年人犯罪记录封存制度的案例，案中人名略有改动，引自 http://www.edu1488.com/article/2013-1/17160511.shtml，最后访问时间：2016 年 2 月 19 日。

③ 关于保留未成年人犯罪记录所产生的不利影响，具体参见佟丽华等编：《未成年人法学》（司法保护卷），法律出版社 2007 年版。

增加了未成年人犯罪记录封存制度，并明确规定了该制度的具体适用条件。[①] 从这些法律规定足以见得，倘若某案一嫌疑人犯罪时未满 18 周岁，且被判处 5 年以下有期徒刑等刑罚的，其犯罪记录将被封存至未成年人的刑事档案专柜，进行严格保密。换言之，将未成年犯的犯罪记录永久封存，意味着未成年人不需要用一生的前途来弥补一时的“错误”，因为对于未成年人犯罪而言，惩罚不是目的，教育当事人和预防此类犯罪才是法律的立法原意。[②] 未成年人犯下这些错误所导致的责任不能仅仅归咎于未成年人，而应该动员全社会的力量齐抓共管，尤其是家庭、学校和社会都要共同参与，加强对未成年人的法治教育，增强他们的守法意识。国家司法机关在审理这类犯罪时，必须综合、全面地考虑未成年人犯罪的情节表现，做到教育为主、惩戒为辅，从而达到法律效果、社会效果相结合的目的。[③]

附条件不起诉程序，从案件的起诉阶段保护未成年人，使他们免受司法追诉，真正地体会和感受国家法律对惩戒犯罪的威严。犯罪记录封存制度，明确规定将未成年人的不良“痕迹”永久封印，除司法机关为办案需要和国家有关单位根据国家规定进行查询外，将不再被打开，也不会被放入人事档案。我国法律的这些规定不是鼓励未成年人去犯罪，而是为了让那些犯下错误的少年能够迷途知返，毕竟“浪

---

① 《刑事诉讼法》第 275 条规定：“犯罪的时候不满十八周岁，被判处五年有期徒刑以下刑罚的，应当对相关犯罪记录予以封存。犯罪记录被封存的，不得向任何单位和个人提供，但司法机关为办案需要或者有关单位根据国家规定进行查询的除外。依法进行查询的单位，应当对被封存的犯罪记录的情况予以保密。”

② 关于未成年人犯罪记录封存制度的特点与具体适用，参见廖明等编：《未成年人刑事司法制度》，对外经济贸易大学出版社 2013 年版。

③ 关于未成年人犯罪记录封存制度的法律后果，参见佟丽华等编：《未成年人法学》（司法保护卷），法律出版社 2007 年版。廖明等编：《未成年人刑事司法制度》，对外经济贸易大学出版社 2013 年版。

子回头金不换”。

十四、诉讼路上你不孤独

——谈谈我国未成年人法律援助制度

法律援助制度既是我国社会保障制度的重要组成部分，也是现代诉讼制度的一个重要方面。它是国家援助经济困难者、残疾者、弱者所应尽的责任，并由政府设立专门的法律援助机构组织实施，充分体现了国家政府对社会公众应尽的义务。[①] 通过几个具体的现实案例着手，向读者重点介绍我国法律规定的未成年人法律援助制度的相关内容，并结合英国的少年援助制度谈谈笔者对我国未成年人法律援助制度的几点借鉴与思考。

案例一：因父亲常年在国外务工，未成年人梅某便一直与母亲李某相依为命。一日，梅某的祖父从老家湖南赶到母女二人的居住地，并未经李某的同意便向梅某就读的小学提出了转学申请，同时校方在未与李某取得联系的情况下，向梅某的祖父开具了转学证明，并允许梅某祖父在上课期间将未成年人梅某带离了学校。直至当天下午放学李某到学校接女儿才得知此事，向学校提出异议，并向当地司法行政部门的法律援助中心提出了援助申请。该法律援助中心遂指派某律师事务所律师刘某承办该案，经过律师的充分调查取证，顺利帮助李某从校方获取了1000元经济补偿。其后，李某与其胞弟前往湖南老家将梅某接回，并使其重新进入原就读小学继续学习。未成年人梅某能够顺利地回到学校继续学习，并从有过错的校方获得足额的经济补

① 参见廖明等编：《未成年人刑事司法制度》，对外经济贸易大学出版社2013年版，第338页。

偿，维护了自己的权利和正当利益，律师的法律援助功不可没。[①]

案例二：未成年人小明是其母杨某在广东东莞某地打工时，与当地的服装店老板唐某的非婚生子，出生后便跟随母亲杨某返回老家，仅仅依靠母亲微薄的打工收入来维持生计。但是随着儿子渐渐长大，杨某感觉自己实在无力独自承担孩子的抚养、学习等费用开支，便向当地的法律援助中心提出了援助申请，希望能够帮助儿子从唐某处获得应有的抚养费。法律援助工作者陈某接手该案件后，陪同杨某前往广东东莞某地，并经过多方的协商、努力，最终促成杨某与唐某签订了抚养协议：唐某按第一年每月 500 元、次年起每月 1000 元标准支付非婚生子小明的抚养费，并承担孩子的全部医疗费用以及大学阶段的主要生活费、学杂费等。未成年人小明之所以能够从生父唐某处获得其应当支付的抚养费，得益于陈律师的全力相助，可见该案中法律工作者所提供的专业法律服务对于未成年人的权益保护是非常重要的。[②]

案例三：某日，中学生欧某（16 周岁）伙同 8 名社会青年在酒吧饮酒宵夜后，游荡至当地乡镇后山巷某网吧，故意起哄以网吧管理员丁某言语污秽为由，对其进行殴打，并劫走网吧柜台内的 1400 元现金和丁某的一部 iPhone 手机。事后丁某报警，公安机关抓获了欧某及其同伙。当地检察机关以欧某等 9 名被告人的行为已构成抢劫罪，

---

① 关于上述通过法律援助帮助未成年人维护合法权益的案例，案中人名略有改动，引自 http://www.zgsfj.gov.cn/News/26f74df1-ebc0-40f4-8729-87af5490fb8d.htm，最后访问时间：2016 年 2 月 19 日。

② 关于上述通过法律援助帮助未成年人维护合法权益的案例，案中人名略有改动，引自 http://www.zgsfj.gov.cn/News/26f74df1-ebc0-40f4-8729-87af5490fb8d.htm，最后访问时间：2016 年 2 月 19 日。

向人民法院提起公诉。某律师事务所律师韩某作为欧某的法律援助辩护人认真分析了案情，并以欧某犯罪时不满 18 周岁、认罪悔罪态度好、系初犯、家庭有管教条件等作为辩护理由，请求法院对其适用缓刑。最终人民法院采纳了韩律师的辩护意见，判处欧某有期徒刑 2 年，缓刑 3 年。本案系一起未成年人共同犯罪的刑事案件，被告欧某得到了法院的指定辩护，韩律师针对未成年犯欧某具有这些法定、酌定的从宽处罚情节，向法院作了详细的辩护意见，为被告人欧某争取到判处缓刑的宽大处理，使未成年人能够在社区矫正的帮助下认识自己的错误，顺利地回归社会。[①]

[②]

在上述这些未成年人法律援助的案例中，我们不难发现，未成年人作为一类特殊的社会群体，基于自身生理、心理尚不健全的原因，在社会生活的诸多方面都处于相对弱势的地位，实难充分行使自己的诉讼权利和保护自己的合法权益，需要政府和社会加以特别的照顾与帮助。政府建立未成年人法律援助制度，设立专业性

---

① 关于通过法律援助帮助未成年犯获得刑事辩护的案例，案中人名略有改动，引自 http://www.zgsfj.gov.cn/News/26f74df1-ebc0-40f4-8729-87af5490fb8d.htm，最后访问时间：2016 年 2 月 19 日。

② 图片来源于百度百科，最后访问时间：2016 年 2 月 19 日。

的法律服务机构来帮助未成年人伸张正义和维护权益。拥有专业的法律职业技能的律师对维护未成年人合法权益能起到积极的作用，能够帮助由于家庭经济困难而无力支付相关法律服务费用的弱势群体——未成年人顺利地维护自己的合法权益。建立与实施我国未成年人法律援助制度，能够从法律角度充分保障未成年人的权利，也是我国社会法治和文明程度提高、人们法治意识增强的最好例证。

法律援助制度起源于西方国家，世界上已经有 140 多个国家通过制定相关的程序法或者专门的法律援助法案，建立起一套系统化的法律援助制度，甚至一些成文宪法国家已经将未成年人可以取得律师法律援助的权利写入宪法原则之中。[①] 例如，英国《法律援助法案》对青少年犯罪案件中法律援助的范围及程序作了十分详细的规定："若申请人是未满 16 周岁、16 周岁至 17 周岁的无个人收入并且与父母共同生活、不满 18 周岁的正在接受全日制教育或者领取失业救济金的，不用接受刑事法律援助经济状况审查。"[②] 由此可见，英国法律对本国未成年人刑事犯罪案件中应需的法律援助所设置的限制很少，门槛也很低，提高了原本参差不齐的法律服务质量，保证一国有限的法律援助资源能够用到未成年人这类最需要帮助的受援人身上，并取得更好的法律效果。英国政府对未成年人法律援助方面投入相当充足的公共服务经费，这些资金的全面使用进而帮助英国建立了世界上最完备的法律援助体系，得到了不少专家、学者的赞誉，也为其他国家和地区提供了非常重要的借鉴意义。

---

① 参见廖明等编:《未成年人刑事司法制度》，对外经济贸易大学出版社 2013 年版，第 339 页。

② 关于英国法律援助制度的具体介绍，主要参见陈晨:《刑事法律援助制度新论》，中国检察出版社 2014 年版。

但是，我国未成年人法律援助制度的相关法律条款仅零散可见于我国现行《刑事诉讼法》《法律援助条例》以及《律师法》等，其中规定了为未成年人指定辩护律师的内容，但是却不够完善，显得模糊和过于原则化，在现实中的具体案件操作过程中不是那么简单易行。例如，刑事案件中律师的法律援助是比较迟缓的，法院基本上都是在开庭之前几天才安排法律援助，导致律师们缺乏充分的时间来了解案件以及准备相关的材料进行辩护。这也造成了法律援助中律师辩护质量的下降，长此以往便不能达到我国未成年人法律援助的立法宗旨：保护未成年人的正当合法权利。与此同时，国家对未成年人法律援助投入的资金关注度不够。换言之，我国地方法律援助机构的援助经费不足，难以保证日常援助活动的正常开展，而且律师进行法律援助是一项几乎没有经济报酬的公益活动，极大地降低了法律援助机构和律师办案的积极性。①

综上所述，我国法律援助制度中的这些问题大抵可以总结为以下四个方面：国家立法方面的不完善；司法机构工作人员的态度冷淡；法律援助的资金不足；缺乏专职的法律援助律师。基于这些迫切的现实问题，笔者有如下思考：

首先，完善我国未成年人法律援助制度的相关立法，可以考虑像英国法律援助立法那样制定专门的法律来明确规定未成年人法律援助的范围、对象、负责机构以及专业资金管理方式等，毕竟仅仅依靠我国目前所规定的这些法律、法规条款无法全面地涵括未成年人法律援

---

① 关于我国未成年人法律援助制度存在的一些现实问题，如律师介入事件较晚、援助力度不够等。参见佟丽华等编:《未成年人法学》(司法保护卷)，法律出版社 2007 年版。

助的基本内容。①

其次，国家应该增加对未成年人法律援助的公共服务资金投入，国家保障未成年人的健康成长，维护他们的合法权利是国家必须承担的责任，政府提供的公共服务资金是未成年人法律援助费用的主要来源。同时，要扩大和促进这些资金来源的多元化，如从各地律师协会抽取一定比例的资金、面向社会人士发起募捐等，未成年人的成长是社会关注的焦点，他们是民族的希望，需要国家和社会力量的通力相助。②

最后，国家司法机关和其他机构应该更加重视未成年人法律援助制度，法院在审理相关的未成年人案件时，应该及时地为他们指定辩护律师，以免耽误律师的辩护准备工作；法律援助机构的相关工作人员必须积极地帮助处于困境中的未成年人，密切配合国家司法机关的指派；律师队伍应该担负起更多的社会责任，主动承办未成年人案件，提供专业的法律服务，律师事务所和律师协会都可以制定相关细则，规定每位执业律师每年承接未成年人法律援助的数量，并根据案件处理的数量、质量进行绩效考核等。③

诉讼路上你不孤独，未成年人法律援助制度的实施与完善需要国家和社会的共同关注。

① 关于未成年人法律援助完善专门立法的建议，参见佟丽华等编：《未成年人法学》（司法保护卷），法律出版社 2007 年版。

② 关于未成年人法律援助资金投入方面的建议，参见陈晨：《刑事法律援助制度》，中国检察出版社 2014 年版。

③ 关于未成年人法律援助队伍建设方面的建议，参见张耕等编：《法律援助制度比较研究》，法律出版社 1997 年版。

十五、身陷毒网

——少年毒品犯罪

吸食第一口毒品，就像打开了“潘多拉盒子”，释放出人世间所有的邪恶——贪婪与虚无、痛苦与绝望、恶魔与不幸、堕落与犯罪、疾病与死亡。在我国，根据公安部禁毒局在2016年2月18日公布的《2015年中国毒品形势报告》显示，截止到2015年年底，我国实际吸毒人数达到1400多万人，其中青少年吸毒人数占到了80%。吸毒人员低龄化特征突出、吸毒群体多元化特点明显，毒品的多样性、欺骗性、隐蔽性，毒品犯罪的网络化趋势明显，青少年吸毒人数逐年增长，青少年毒品犯罪每年以两个百分点的速度增长。

青少年时期是每个人人生最绚烂的时光，充满活力、力量、希望，生机勃发，朝气蓬勃，但也蕴含着各种未知的负面因素。青少年的成长也是如此，必定要经过痛苦、迷惘和错误的洗礼，才能明辨是非、心智成熟。青少年时期犯过的错误都是成长的体验，而每一次错误也必须付出相应的代价。

2011年，13岁的一丁就读于重庆市某重点中学，父母常年在外打工，一丁在父母离异后跟随奶奶生活。初中的时候开始不思进取，整天想着当“古惑仔”，想象着身边跟随着一群俯首称臣的“小弟”，每天就是找人吵架、打架、泡吧、跳舞，混日子。一丁说，虽然身边一直有不熟悉的人在吸毒，不过觉得跟自己没有一丁点关系。偶然的一次机会，在网吧里，一丁认识了两个“好哥们儿”，这些兄弟掏出一袋白色粉末，围在那里吸，其中一个“哥们儿”小武对一丁说，“小兄弟，想要混江湖就必须听兄弟我的，来，吸一口，保证你忘记各种烦恼忧愁。”另一个“哥们儿”小华说，“我给你一点点，你吸吸看。”

出于好奇心以及面子，一丁开始试着吸，他天真地认为吸一次肯定不存在上瘾的问题，只要以后不吸就可以。吸第一口的时候，一丁只是觉得有点呛口，并没有“哥们儿”口中所谓飘飘欲仙的感觉。之后一“哥们儿”吸的时候一丁主动要求再吸，认为只有通过追求新潮事物，寻求“个性”生活方式才会使得自己的生活变得五彩斑斓。而且别的人不敢尝试的东西，他就必须尝试，这样才会显得与众不同。出于这种心理，一来二去之后，一丁“终于”染上了毒瘾。后来，一丁就再也没心思读书了。毒瘾发作的时候，他开始四处借钱、偷东西，甚至骗低年级同学的钱来买毒品。2012 年 2 月，一丁在购买毒品的时候，被警方抓获，被送去强制戒毒所戒毒两年。出来之后，一丁想着必须踏踏实实做人，不能再走以前的老路，父母通过四处找关系，最终让其就读于市里的职业中学，就在生活即将步入正轨的时候，原来的那两个“哥们儿”时不时就过来叫他出去玩一下，一次两次一丁还能找各种理由推托和拒绝，时间一长，就发展为只出去跟他们玩，但控制住自己绝对不能去再次吸毒。随着两个“哥们儿”找他的次数越来越多，一丁终于没能把控好自己，复吸了。毒瘾发作的时候，一丁难受得要死，但更多的是心痛，他想起了一直抚养自己的年迈的奶奶，他有很多次想过死了算了。但是毒瘾的一次次发作，一丁总要想办法来弄点毒品吸。在走投无路的情况下，一丁在小华的介绍下开始贩卖毒品。在一次生日聚会上，为了能够让这个生日过得够刺激、炫酷，两个“哥们儿”提议一丁通过一起吸毒来庆祝。当天，一丁和两个“哥们儿”邀约几个女孩，一起来到宾馆庆祝生日。一丁用自己的身份证进行了登记，其间大家一起吸食了海洛因。第二天凌晨，接到宾馆方面的举报，很快一丁和这些“哥们儿”、女孩被公安机关抓获。2015 年 9 月，涪陵区法院以贩卖毒品罪和容留他人吸食毒品罪对一丁数罪并罚，判处 5 年有期徒刑，并处 5000 元罚金；两个“哥们儿”也分别被判处了相应的刑罚，几个女孩被送至戒毒所。

吸毒的危害是不言而喻的，我国刑法对毒品犯罪和刑罚也作出了明确的规定。《刑法》第 357 条规定，毒品是指鸦片、海洛因、冰毒、吗啡、大麻、可卡因以及国家管制的其他能够使人形成瘾癖的麻醉药品和精神药品。本案中，一丁构成了贩卖毒品罪和容留他人吸食毒品罪，前者根据《刑法》第 347 条第 1 款规定，走私、贩卖、运输、制造毒品，无论数量多少，都应当追究刑事责任，予以刑事处罚。量刑幅度会根据不同情形而定，其中利用、教唆未成年人走私、贩卖、运输、制造毒品，或者向未成年人出售毒品的，从重处罚。本案中，小华教唆一丁贩卖毒品并且向一丁出售毒品，应当从重处罚。后者根据《刑法》第 354 条的规定，容留他人吸食、注射毒品的，处 3 年以下有期徒刑、拘役或者管制，并处罚金。《刑法》第 17 条第 1 款规定，已满 16 周岁的人犯罪，应当负刑事责任。一丁犯罪时已满 16 周岁，因此不仅应当对 8 种犯罪中的“贩卖毒品罪”承担刑事责任，也应对已构成的容留他人吸食毒品罪承担刑事责任，数罪并罚。但鉴于一丁犯罪时未满 18 周岁，应当从轻或者减轻处罚。

此外，《刑法》所规定的毒品犯罪集中在第 347 条至第 357 条。除了以上两种犯罪，《刑法》中规定的毒品犯罪还包括非法持有毒品罪（第 348 条），包庇毒品犯罪分子罪；窝藏、转移、隐瞒毒品、毒赃罪（第 349 条），非法生产、买卖、运输制毒物品、走私制毒物品罪（第 350 条），非法种植毒品原植物罪（第 351 条），非法买卖、运输、携带、持有毒品原植物种子、幼苗罪（第 352 条），引诱、教唆、欺骗他人吸毒罪；强迫他人吸毒罪（第 353 条），非法提供麻醉药品、精神药品罪（第 355 条）。其次，《刑法》第 356 条和第 357 条分别规定了毒品犯罪的再犯处罚和毒品数量的计算规则。

青少年阶段是成长的关键阶段，由于缺乏社会阅历和生活经历，加上这个阶段青少年的人生观、价值观还处于懵懂时期，意志力薄弱、好奇心较强，对毒品的危害知之甚少，一旦接触到本不该接触的事物，就很难摆脱，不仅会影响身体健康，还有可能因为吸毒而走上犯罪的道路，追悔莫及。法律的惩处是最后的手段，等到面临法律惩处的时候，也许你的人生将从此改变。因此，珍爱生命，远离毒品，法律的作用不只在于惩处和教育，更在于预防。而预防需要青少年自身、家庭、学校、社会等方方面面的努力，正确认识毒品的危害性，了解青少年吸毒的原因，牢固树立吸毒违法的法治观念，加强素质教育，做好青少年毒品的预防教育，让青少年在内心建立起一条坚不可摧的远离毒品的红线，这才是禁毒、打击毒品犯罪工作的重中之重。

当然，如何预防青少年毒品犯罪还有待理论研究和实践探索，青少年禁毒教育也有待加强。但有一点必须肯定的是，对于祖国未来的花朵，“防患于未然”总比“亡羊补牢”要好。

第三节 青春留影

一、不婚只爱

同居是指双方为了生活的需要，暂时性地居住在一起。结婚是获得了法律承认的夫妻关系，这种关系的缔结必须通过一定的法律程序。而同居是不被法律承认的一种行为和生活状态，可以因为当事人的意愿随时终止。同居期间总会涉及一些法律问题，如财产分割、债务分担、子女身份确认以及抚养等问题。

眼下同居问题俨然成了一个受到人们关注的社会问题，尤其是大学生同居所引发的一系列法律问题和现实纠纷，着实引人深思。

小刚和小红是两个分别来自不同省份的在校大学生，两人就读于同一所大学，并分到了同一专业、班级，对恋爱有着憧憬。小刚长得英俊潇洒，小红长得活泼可爱，两人在短暂的接触之后迅速确立了恋爱关系。在确立恋爱关系之后，两人决定搬出学校，在附近一间出租房住下，开始了同居生活。

在几年的同居生活中，两人共同添置了很多东西，比如烤箱、音响、小冰箱等。与此同时，两人发生了性关系。虽然说两人的感情一直很好，但是终归到了毕业季，他们也像很多同龄的大学生一样走到了毕业的分岔路上。由于两人皆是家中的独生子女，长辈都希望自己的孩子回到当地发展，于是两人因为就业去向的问题产生了意见分歧，多次吵闹都不欢而散。最后两人决定分道扬镳，回到各自家乡发展。一毕业小红就坐上了回家的火车，但在路途之中多次出现呕吐，起先她以为只是单纯的晕车便没有过多地在意。回家之后，这种状况接连出现了好几次，到医院检查后小红发现竟然意外怀孕。这下可给小红带来了不小的麻烦，她情急之下与小刚取得联系，坦白自己已经怀孕，小刚却很冷漠地抛出一句话："那就直接把孩子'拿'掉。"再三思考之后，小红决定就算咬紧牙关也要把孩子生下来，坚信自己做个单亲妈妈也可以生活得很好，所以对父母隐瞒了自己怀孕的事。待到肚子一天天大起来，事情终于瞒不住了，小红父母随同她到医院进行了 B 超检查。医生也说孩子太大了，流产可能会有生命危险，所以建议小红将孩子生下来。小红的父母知道事情的原委后，觉得小刚竟是如此的不负责任，认为小刚的行为构成了强奸罪，便一纸诉状将小刚告到了法院。法院认为两人的同居事实清楚，最终法院认定小刚不构成强奸罪，但同时针对孩子的抚养权进行了裁决。其中引用了《婚姻法》第 36 条第 3 款的规定，离婚后，哺乳期内的子女，以随哺乳的母亲抚养为原则。但由于小刚的家人对于小生命有接纳的意向，所以法院将孩子的抚养权判给了小刚。虽然故事中两人的情感纠缠已经尘埃落定，但是“只婚不爱”的情况依然屡见不鲜。这个故事也让我们明白，在同居之前一定要对同居可能产生的法律后果有比较清晰的认识，而不是盲目地同居，那可能会给彼此带来极大的伤害，甚至是两个家庭的悲剧。

我国关于同居关系的现行法律、法规规定如下：

（一）同居关系案件受理条件

根据《最高人民法院关于适用〈中华人民共和国婚姻法〉若干问题的解释（二）》（以下简称《婚姻法解释（二）》）第 1 条第 2 款的规定，当事人因同居期间财产分割或者子女抚养纠纷提起诉讼的，人民法院应当受理。该法律规定可理解为对于无配偶者在同居期间有财产分割或者子女抚养请求的，人民法院应当受理且一并做出裁决处理。

（二）同居关系的认定

依据《婚姻法解释（一）》第 5 条的规定，1994 年 2 月 1 日民政部《婚姻登记管理条例》公布实施以后，同居男女双方符合结婚实质要件的，人民法院应当告知其在案件受理前补办结婚登记；未补办结婚登记的，按解除同居关系处理。法院只解决同居期间子女抚养与财产纠纷问题。

（三）同居期间财产问题

同居期间的共同财产是指由双方共同管理、使用、收益、处分，以及用于债务清偿的财产。具体分割财产时，应照顾妇女、儿童的利益，考虑财产的实际情况和双方的过错程度，妥善分割。同居生活期间双方所得的收入和购置的财产视为共同财产，应该按照《婚姻法》的规定，适用平等分割原则处理。如果一方能证明其财产是个人的，则不能分割。同居期间一方自愿赠送给对方的财物，可比照赠与关系处理。一方向另一方索要的财物，按《最高人民法院关于贯彻执行民事政策法律若干问题的意见》处理。

在分割财产时，要把同居双方共同财产与下列的其他财产严格区分开来：

一是将共同财产与个人财产与同居双方个人所有的财产区别开来，约定同居期间归各自所有的财产以及法定属于同居一方所有的财产，不能参与分割。

二是共同财产与子女的财产区别开来，子女通过继承、受赠所得的财产或者其他归子女个人所有的财产，不参与分割。

三是与其他家庭成员的财产，即双方父母、兄弟姐妹等家庭成员个人所有的财产区别开来。

四是与全体家庭成员共有的财产，即属于全体家庭成员共同所有财产区别开来。而对于一方在共同生活期间患有严重疾病未治愈的，分割财产时，应适当予以照顾，或者由另一方给予一次性的经济帮助。

总之，关于同居期间双方财产的分割，国家法律、法规有专门规定的，可直接适用该专门规定；若没有专门规定的，实践中一般是参照《婚姻法》的相关规定处理。

（四）共同债权债务问题

当双方解除同居关系时，同居期间为共同生产、生活而形成产生的债权、债务，可按共同债权、债务处理。同居期间，双方关于财产、债务有约定的，从其约定；无约定的，解除同居关系时，应由双方协商。协商不成时，由人民法院根据财产的具体情况，按照顾子女和女方权益的原则判决。

（五）同居关系期间子女的抚养问题

根据《婚姻法》的司法解释，解除同居关系时，双方所生的非婚生子女，由哪一方抚养，双方协商；协商不成时，应根据子女的利益和双方的具体情况判决。哺乳期内的子女，原则上应由母方抚养，如父方条件好，母方同意，也可由父方抚养。子女为限制民事行为能力人的，应征求子女本人的意见。一方将未成年的子女送他人收养，须征得另一方的同意。

以上是有关同居问题所能涉及的所有法律规定。目前，我国的婚姻制度只承认同时具备实质要件和形式要件的婚姻关系，非婚同居因欠缺婚姻的形式要件，而当事人之间的同居关系不能被认定是夫妻关系，双方也不产生任何基于配偶关系的人身关系权利义务。若因同居关系产生财产分割、子女抚养、债务承担等民事纠纷，人民法院应当受理。

二、拿了我的给我还回来
——彩礼详解

民间彩礼的问题由来已久。《婚姻法》以及《婚姻法解释（二）》

对彩礼问题作出相关规定，很大程度上统一了彩礼纠纷案件的裁判尺度，给人民法院的审判工作提供了便利和具体标准。但是，因上述规定过于模糊和不易操作，也带来了很多社会异议，不能满足现实生活和司法实践的需要，影响社会的和谐。因此，对彩礼问题还需要进一步地研究并寻求法律文本的规范化。本文从民间彩礼的历史由来和现状、性质以及司法实务等方面予以分析，重点论述彩礼的返还制度存在的缺陷并提出相应的建议，期待为后来的立法修改作些有益的探讨与论证。

（一）彩礼的历史由来及现状

彩礼又称财礼、聘礼、聘财等。众所周知，在中国百姓眼里，彩礼象征着吉祥、祝福。很多地方常把订婚视为结婚的必要前置程序，而订婚最重要的内容之一就是送彩礼。虽然社会的发展提倡简化各种传统婚嫁的繁文缛节，但订婚时女方父母收受彩礼被大多数人认为是天经地义的。于是，彩礼作为一种独特的历久不衰的社会现象存活于乡土社会中，有其根深蒂固的社会文化渊源。

自古以来，我国社会中婚姻关系的缔结就保留着男方在婚姻约定初步达成时向女方赠送聘金、聘礼的传统习俗。西周时期确立并为后世历朝所沿袭的“六礼”婚配制度，是“彩礼”习俗的正式来源。“六礼”即纳采、问名、纳吉、纳征、请期、亲迎，六礼中的“纳征”是送聘财，相当于现在的“彩礼”。到了唐代，“六礼”的核心就是财礼，女方以接受男方聘财的方式表示许婚，这种婚姻形式延续到中华民国。直至 1934 年 4 月 8 日中央苏区颁行的《中华苏维埃共和国婚姻法》规定，正式废除聘金、聘礼及嫁妆。新中国成立后，1950 年制定并经 1980 年、2001 年修改的《婚姻法》中，均未对婚约、彩礼作出具体规定，但规定了禁止买卖婚姻和借婚姻索取财物等内容。

“彩礼”并非规范意义上的法律用语，人民法院通常按照婚姻财产纠纷来审理、解决农村的彩礼纠纷案件。2004年4月1日生效的《婚姻法解释（二）》标志着我国在彩礼问题上立法的进步，统一了彩礼纠纷案件的裁判尺度，给人民法院的审判工作带来方便。

（二）彩礼的性质

长期以来，对于彩礼的性质，在学界和司法界，普遍认为彩礼的给付是基于缔结婚姻目的，并非完全出于自愿，而往往是迫于当地民俗和习惯的压力。有关彩礼的性质，有“赠与说”“契约说”以及“不当得利说”等，代表性观点主要有两种：

第一种观点认为，给付彩礼是以结婚为目的的附条件赠与行为。因为赠送彩礼的一方，目的是想将来能够与对方结婚。如果双方缔结婚姻，这种赠与行为所附条件成就，赠与行为有效成立，彩礼就归受赠人所有。一旦双方没有缔结婚姻，赠与行为因所附条件没有成就而认定无效，接受彩礼一方就应将彩礼返还。

该观点显然与我国《婚姻法》所确立的婚姻自由原则以及《民法总则》规定的公序良俗原则相悖。一方面，《婚姻法》强调婚姻关系应以感情为基础，以双方自愿为原则，反对将经济因素置于其中。因为一旦承认婚姻关系的缔结过程中可以附加一定条件，将使金钱关系变成缔结婚姻的重要砝码，可能完全改变婚姻关系的本质属性。同时，我国法律并没有承认婚约的法律效力，赠与彩礼附加结婚条件，违背了法律规定。另一方面，《民法总则》第8条规定，民事主体从事民事活动，不得违反法律，不得违背公序良俗。给付彩礼属于封建陋习，与社会主义道德要求相违背，不属于善良风俗。

第二种观点认为，解除婚约后，接受彩礼的一方占有彩礼不予退还，构成不当得利。因为婚约在我国不受法律的认可和保护，双方解除婚约后，接受彩礼的一方占有彩礼就没有合法依据，而给付彩礼的一方却因此遭受财产利益的损害，给付方有权以对方构成不当得利为由请求返还。

该观点显然曲解了我国现行法律对不当得利的规定。《民法总则》第 122 条规定，因他人没有法律根据，取得不当利益，受损失的人有权请求其返还不当利益。取得不当得利一般是在违背对方真实意思表示的情况下，而给付彩礼一般都是当事人真实意思表示的行为。基于不当得利所取得的财物，其所有权不因为占有转移而发生变化，而彩礼会因为双方实际结婚，随着共同生活而使所有权发生变化。如果将彩礼作为不当得利，其所有权始终都属于给付方，那么双方结婚后取得方可能仍需返还。这显然与法律规定相违背。

当然，对于不属于彩礼纠纷案件的应根据不同情况区别对待。比如，对于借订婚进行买卖婚姻的财物，属于非法所得应追缴；对于以订婚为名，以赠送对方财物为手段玩弄异性者，因赠与方具有非法目的，解除婚约时，其要求返还财产的请求不应得到支持。对于以订婚为名诈骗钱财的，应将诈骗所得退还受害人，情节严重构成犯罪的还应追究刑事责任。

尽管《婚姻法解释（二）》第 10 条明确规定了三种情形下的返还彩礼的规则，一定程度上方便了人民法院对农村彩礼案件的审判，但在司法实务中，仍有许多问题困扰着司法审判部门，主要表现在以下几个方面：

1. 诉讼主体的确定

民事诉讼当事人是指以自己的名义就特定的民事争议要求法院

行使民事裁判权的人及相对人，分为实体和程序意义上的两类当事人。实际生活中，彩礼的给付和接受通常是由一方的父母或亲属通过婚姻介绍人给付另一方父母或亲属。这就涉及诉讼主体如何确定的问题。《婚姻法解释（二）》中规定的“当事人请求返还按照习俗给付的彩礼的”当事人，到底是实体意义上的还是程序意义上的当事人？法律对此并没有做出明确规定。如果仅是实体意义上的当事人，即婚约关系的男女双方，而婚前的彩礼却是婚约关系一方的父母或亲属给付的，父母或亲属却不是当事人，不是适格诉讼主体，这既不利于维护其合法权益，更不利于纠纷的解决。当前起诉到人民法院的彩礼纠纷案件，诉讼主体有的列婚约关系的男女本人，有的列婚约关系男女双方父母，还有的列男女双方及其父母等，很不统一，争议较大。

笔者认为，确定彩礼纠纷案件的诉讼主体，主要是要考虑彩礼的财产权属问题。因为订婚的男女双方一般在经济上不独立，经济基础较差。赠与方所给付的财产主要来自家庭的共有财产，而收受方除个人使用的物品外也并非完全由订婚个人支配。实践中，诉讼主体的确定可以遵循以下原则：如果彩礼的赠与只发生在婚约关系的男女本人之间，给付人给付的是自己的个人财产，接受人接受的彩礼未用于家庭生活消费，彩礼成为接受人的个人财产，诉讼主体列男女本人；反之，如果彩礼的赠与发生在婚约关系的男女之间，或发生在双方父母、其他家庭成员之间，但给付的是家庭共有财产，接受彩礼是以家庭方式出现的，诉讼主体可列包括男女本人和双方的家庭成员。因为此种情形下只列男女本人为诉讼主体，给付方的权利很有可能得不到充分的保障，甚至法院作出了返还彩礼的判决也很难得到执行，往往不利于这类纠纷的解决。

2. 彩礼的界定及返还范围

我国幅员辽阔、人口众多，各地的风俗习惯不尽相同，现实生活中彩礼的名目更是五花八门。只有在司法实践中准确地界定法律上的彩礼范围，明确彩礼的返还范围，才能切实地维护双方的利益。但是我国现行法律、法规以及司法解释并没有对此作出明确规定。在司法实践中经常遇到的彩礼问题主要有：首先是关于日常情谊之间赠与财物的问题。表现为男女互赠财物，即恋爱中的情侣双方为表达自己对对方的爱意，通常会赠与对方诸如定情物、聘物等；双方亲属赠与财物，一般来说双方亲属都会出于情谊，互相赠送年轻情侣们一定的见面礼或现金；除此之外，关于彩礼的共同花费问题，一方在收到彩礼后，往往会拿出部分甚至全部用于共同花销，如举办婚宴、置办家具等。

值得注意的是，男女双方在相恋的过程中所给付的财物，不能一概地视为彩礼。对于赠与财物，应区别对待：对于双方在交往过程中非基于订婚而由单方赠与或由双方互赠的价值不大的财物，即日常交往的馈赠物，可排除在法律规定的彩礼范围之外，赠与方不得要求返还；而对于婚约男女双方依据本地风俗，基于订婚并以结婚为目的，甚至有时并非出于自愿而给付对方大量现金或其他贵重物品等，属于法律规定的彩礼范围。在彩礼纠纷案件中，赠与方有权要求受赠方返还。对于亲人赠与的财物，可按照上述原则，确定赠与对象。如果确定是给特定人的，应按个人财产来处理，但如果是赠与两个人的，应按共有财产进行分割。假如一概不予认定或只认定为一方所有，有违公平原则。对于共同花费，在返还彩礼数额时应当从中剔除，否则很可能会造成显失公正的后果。

3. 举证责任的分配及案件的证明标准

《民事诉讼法》第 64 条规定“谁主张，谁举证”的一般举证规则。

与一般的民事行为所不同的是，彩礼赠与方不可能要求对方出具收条等书面手续证明，用来表明己方已经收到彩礼。当引发彩礼纠纷时，当事人的举证会比较困难，一般只能出具证人证言，且多为亲友证言，证明力通常相对较弱。实践中，许多彩礼案件的证人都是婚姻介绍人，而婚姻介绍人又常常与一方有亲属关系，发生纠纷后，有的不愿出庭作证，有的即使出庭作证，也难保做到客观中立，这些都会直接导致当事人对案件判决处理的不满，给法官的调解、裁判工作带来了不小的困难。

在彩礼纠纷的解决过程中，若将举证责任倒置，比如将应由彩礼给付方证明双方无共同生活的责任，改为由收受彩礼的一方证明双方有共同生活，这样举证证明的难度就会大大降低。收受彩礼的一方只要能证明双方存在法律所规定的任何一种共同生活的事实，就完成了举证责任，不承担败诉的风险。同时，对于彩礼纠纷案件的证明标准，法律应明确规定遵循高度概然性的证明原则，只要当事人所举证据足以让法官对案件的法律真实性产生高度信任，并能排除其他合理怀疑，那么就可认定该法律事实达到客观真实。这样更有利于彩礼给付方实现法律赋予其的返还彩礼请求权，也有利于降低诉讼成本，提高诉讼效率。

在司法实务中，有《婚姻法解释（二）》中规定的“同居生活”和“婚前给付导致给付人生活困难”的界定，有关如何保护妇女的权益以及是否需要立法承认婚约的合法性等方面。所以，我们有必要清楚地认识彩礼的性质和相关法律法规。

三、谈钱不伤感情

婚前财产公证是指公证机构依法对夫妻（包括未婚夫妻）双方各自婚前财产、债务的范围和权利归属问题所达成的协议的真实性、合法性予以证明的活动。虽然我国现行的《婚姻法》已明确规定婚前财产属于夫或妻个人所有，但是由于在婚姻关系存续期间长期共同使用、消耗、变更上述财产，使得如何认定婚前财产的范围和产权归属成为一个棘手的问题。婚前财产公证可以很好地解决这个问题，它的实施和应用与当前市场经济的发展是相适应的，与当前社会的发展及人们的思想变化相吻合。然而，由于婚前财产公证的发展时期较短，尚不算十分成熟。与此同时，伴随着人们对其需求与要求的越来越高，因此，婚前财产公证制度在发展与应用过程中各式各样的问题也逐渐地暴露出来，需要更多的有识之士及法律工作者为之努力思考，进而解决这一类问题，完善相关的法律规定，使之更好地为广大人民群众服务。

（一）婚前财产公证存在的问题

社会文明与市场经济的快速发展，为人们的日常生活带来了更加丰富的内容，人们也面临越来越多的选择。在这些选择面前，人们总是容易迷失与难以取舍。正如婚前财产公证，是要爱情还是财产？虽然，婚前财产公证，并不是非要让人们在此二者之间做出选择，但对人们的婚姻互信度发出了挑战。婚前财产公证的确能够明确夫妻双方的财产关系，对夫妻双方都具有约束力，减少了离婚后的财产纠纷问题，有效地提高了司法机关的工作效率，但对夫妻双方的冲击力也不小，其主要问题主要表现在：

1. 婚姻更为现实，与和谐社会所倡导的理念不相符

在婚前财产公证面前，婚姻更为现实，这种现实很容易使夫妻双方，或正准备结婚的未婚夫妻之间产生怀疑，使彼此不再像相恋相爱时那般相互信任，对婚姻的信心也会随之降低，不仅不利于夫妻之间感情的维

系与发展，更有可能会伤害到彼此之间的感情，最终导致分手或离婚。在现实生活中，此种现象屡见不鲜。显然，婚前财产公证所追求的公平公开与和谐社会所倡导的和谐理念是不相符的，有碍于和谐社会的构建和发展，不利于社会的稳定。社会是由单个的家庭组成，家庭“分子”的不稳定现象越凸显，那么社会的稳定也将丧失坚定的基础。

2. 缺乏年限的限制将可能造成婚姻双方的不公平

在实际工作中，曾经遇到这样一个问题：夫妻双方在结婚前已经做了婚前财产公证。然而，多年以后，甲方要抛弃乙方及其子女，可是却因为之前所做的婚前财产公证，致使无过错的乙方及其子女在离婚后一无所有。这显然有悖于法律的公平、有失于公证制度的建立初衷。笔者认为，相关的民政部门及法律工作者应对此问题引起重视，一起呼吁为我国的立法规定婚前财产公证设立一个年限，从而确保夫妻双方的合法权益得到切实保护。

3. 婚前财产公证的范围过于狭隘，无形财产未能得到有效监督

随着社会的发展，无形财产即知识产权的发展速度令人惊讶，数量越来越庞大，所起的作用也越来越重要。而就目前而言我国婚前财产的公证仅限于有形财产，而如何保护无形财产，是婚前财产公证尚待解决的问题，因此它有可能在平衡双方利益时出现一定程度的不公平，即婚前财产公证在一定程度上是对夫妻双方财产权利的保护，但目前而言这个保护对象和范围是比较有限的。这需要新的立法和司法解释的出台来弥补法律漏洞，促进社会的和谐发展。

（二）完善婚前财产公证的措施和设想

建立我国婚前财产公证制度的主要意义在于：一是明确夫妻双方的财产关系，可以有效避免不必要的家庭财产纷争；二是在家庭债权

债务诉讼发生时，可以避免将其作为夫妻共同财产或家庭共同财产抵债。因此，为了更好地将婚前财产公证制度落到实处，必须充分地发挥婚前财产公证制度的意义及其作用，有效避免上述问题的产生。笔者认为公证员在办理婚前财产公证时除了要认真审查当事人是否具有主体资格、其意思表示是否真实、协议内容是否违背法律和社会公共利益外，还应进一步针对前面提到的婚前财产协议中亟待完善的内容，引导当事人制定更加全面、公平、公正的协议。只有这样才能更加充分发挥婚前财产公证的意义及其作用。在此笔者结合多年的公证工作实践，提出以下几点建议以及完善措施：

1. 注意审查当事人申请婚前财产公证的真实目的

在申请办理婚前财产公证大多数是由财产较多的一方提出申请，另一方迫于各种压力，虽然一同前来但表现的态度较为勉强，神情也比较落寞。公证员针对这种情况应认真询问双方申办的真实原因是什么，必要时可以对当事人进行心理疏导，使他们能够了解婚前财产公证有助于明确双方婚前财产的数量、范围、价值和产权归属，是解决婚姻、财产纠纷的可靠法律依据，对于稳定家庭关系和财产关系、预防婚姻纠纷、保护夫妻双方的合法权益、促进社会的安全稳定具有积极的作用。引导双方当事人在自愿的基础上签订协议。一旦发现有任何一方是迫于压力而非出于自愿前来办理或者基于某种目的希望利用婚前财产协议达到逃避债务等非法目的的，则应坚决拒绝办理。

2. 严格审查婚前财产协议内容，为双方当事人把好第一道关

当前在办理婚前财产公证时，公证员往往是根据当事人双方已经事先拟好的协议，稍作审查，只要内容不违背法律，双方当事人没有异议就为其办理相关的公证手续。许多协议内容含糊不清，甚至没有

明确的标的，仅仅笼统地表述为某人名下的财产如何处分、债务如何分担。然而在很多情况下，双方当事人对彼此的财产关系、债务关系等并不像自己想象中的那么了解，这其实对于当事人而言是一种潜在的风险，尤其是财产少的一方，弱势的一方，其权益更容易受到伤害。因此，为了确保双方当事人对协议内容无争议，则需要公证员除了当面征询双方当事人的意见时，更应该认真、详细地对整个协议内容进行严格审查，确保协议内容中的文字表述清楚、准确并符合公平、公正的基本法律原则。结合前面所说的婚前财产公证存在的问题，本文认为在婚前财产协议内容的审查上应该从以下几个具体的方面加以完善：

（1）明确约定婚前财产公证的标的

为保证婚前财产公证的合法、真实、有效性，公证员应当引导当事人在婚前财产协议中明确将财产的种类一一列举，尽可能地写得具体、明确，从而最大程度上确保婚姻中弱势一方的利益，不会因为不了解对方的财产状况而盲目签订协议，将来后悔莫及。若对方有意隐瞒的财产，因协议中没有提及，将来还有获取的机会。公证员在审查时也应注意审查约定财产的客体必须是夫妻的个人财产，而不是属于家庭成员的财产或者是他人所有的财产。

（2）注意提醒申办婚前财产公证的当事人

夫妻双方可以在协议中约定婚前财产归各自所有，也可以在协议中约定婚前财产归双方共同所有甚至归对方个人所有。这是法律赋予当事人的权利，却常常为当事人所不知。公证员在办理此类公证时应及时告知当事人以便做出选择。在实践中，不少夫妻（未婚夫妻）为了体现二人患难与共的决心，也常常自愿将夫或妻一方的财产约定为双方共有。

（3）约定婚前财产协议的有效年限

在法律实践中未曾出现过有人在婚前财产协议中约定协议的有效期，往往是一张协议终身有效。然而在现实生活中却常常发生事过境迁的情形。若干年后，双方的感情和经济状况都可能发生很大的变化，此时协议内容可能已无法体现双方或一方的真实意愿。应当在婚前财产协议中设立一个年限，给双方一个反悔的机会。年限到了，若一方或双方对协议条款产生争议，可重新订立新的协议。否则，“一纸保终身”对夫妻双方都是不公平的，特别对弱势一方的权益更是得不到有效的保护。

（4）注意审查再婚当事人提供的财产权利凭证

在办理婚前财产公证时，曾出现过当事人财产无产权的纠纷，且这种情况也是时有发生。为此，本文认为，公证员在办理婚前财产公证时，特别是再婚当事人，更应对其提供的财产权利凭证进行认真且严格的审查。这样才能有效地避免财产无产权纠纷的发生，将这种纠纷消灭在源头，才能真正起到防患于未然的作用。

3. 进一步完善相应的法律法规

有效的法律政策，能够使公民们更加具体地了解婚姻财产纠纷的处理程序，能够完善婚前财产公证。如今的婚前财产公证，法律程序公正严谨，要求签订协议的必须是当事人，不允许其他委托或代理人进行签订；限制不具备民事行为能力的公民进行签订。在不违背婚前财产公证原则和宗旨的前提下，制定或是增加有效的法律政策，有利于在监督夫妻双方执行法律义务方面发挥重要作用。

（1）将无形财产纳入其财产保护范围

随着社会的发展，人们的财产更多偏向于无形财产。因此，将无形财产纳入婚前财产公证保护范围内更适合当前社会的发展及人们的需要。这既是完善婚前财产公证制度的重要内容，更是时代发展的趋势所需。当前，结婚男女双方的婚前资产一般包括有形财产和无形财产，这些都属于法律保护的范围。可是，随着人们法律维权意识的不断增强，不仅仅关注金钱、房产、车子等固定有形资产，也开始关注到著作权、专利权等无形的资产，这类无形资产同样具有极大的经济利益，所以，在婚前财产协议中应尽量引导当事人将无形资产写入协议中。

（2）进一步完善财产补偿制度

财产补偿制度的完善是为了更好地促进夫妻婚后的和谐生活，增进夫妻双方的感情。特别是由于婚前财产公证在我国实行至今只有短短的二三十年，仍有许多地方需要我们进一步去完善，而财产补偿制度的建立与完善就是婚前财产公证制度亟待完善的重要内容之一。根据我国《婚姻法》中的规定，夫妻双方的财产是共有的，如果双方决定离婚，损害利益的一方有义务补偿被损害的另一方。在办理婚前财产公证时，也可以将以上规定引入协议中，明确约定一旦双方离婚，有过错的一方应当如何补偿无过错方的损失。

婚前财产公证的实行是社会发展的需要，是时代发展的产物。因此，唯有严肃、认真地对待婚前财产公证所存在的问题，找出问题所在，对症下药，才能更好地发挥婚前财产公证的意义及其作用，从而促进社会的和谐与稳定。

四、我们结婚吧

德国著名哲学家黑格尔曾说：“婚姻实质上是伦理关系。婚姻是具有法定意义的伦理性的爱。”几乎我们每个人都可能经历一次婚姻。而婚姻意味着两个家庭的相互包容和一个新家庭的建立，古代的婚姻要求门当户对，而现代的婚姻崇尚恋爱自由。但无论古今，婚姻的缔结都伴随着相应的责任。让我们先一起来看看我国《婚姻法》中关于婚姻缔结、存续相关的法条：

第1条 本法是婚姻家庭关系的基本准则。

第2条 实行婚姻自由、一夫一妻、男女平等的婚姻制度。保护妇女、儿童和老人的合法权益。实行计划生育。

第3条 禁止包办、买卖婚姻和其他干涉婚姻自由的行为。禁止借婚姻索取财物。禁止重婚。禁止有配偶者与他人同居。禁止家庭暴力。禁止家庭成员间的虐待和遗弃。

第4条 夫妻应当互相忠实，互相尊重；家庭成员间应当敬老爱幼，互相帮助，维护平等、和睦、文明的婚姻家庭关系。

第5条 结婚必须男女双方完全自愿，不许任何一方对他方加以强迫或任何第三者加以干涉。

第6条 结婚年龄，男不得早于二十二周岁，女不得早于二十周岁。晚婚晚育应予鼓励。

第7条 有下列情形之一的，禁止结婚：

（一）直系血亲和三代以内的旁系血亲；

（二）患有医学上认为不应当结婚的疾病。

第8条 要求结婚的男女双方必须亲自到婚姻登记机关进行结婚登记。符合本法规定的，予以登记，发给结婚证。取得结婚证，即确立夫妻关系。未办理结婚登记的，应当补办登记。

第9条 登记结婚后，根据男女双方约定，女方可以成为男方家庭的成员，男方可以成为女方家庭的成员。

第10条 有下列情形之一的，婚姻无效：

（一）重婚的；

（二）有禁止结婚的亲属关系的；

（三）婚前患有医学上认为不应当结婚的疾病，婚后尚未治愈的；

（四）未到法定婚龄的。

第11条 因胁迫结婚的，受胁迫的一方可以向婚姻登记机关或人民法院请求撤销该婚姻。受胁迫的一方撤销婚姻的请求，应当自结婚登记之日起一年内提出。被非法限制人身自由的当事人请求撤销婚姻的，应当自恢复人身自由之日起一年内提出。

第12条 无效或被撤销的婚姻，自始无效。当事人不具有夫妻的权利和义务。同居期间所得的财产，由当事人协议处理；协议不成时，由人民法院根据照顾无过错方的原则判决。对重婚导致的婚姻无效的财产处理，不得侵害合法婚姻当事人的财产权益。当事人所生的子女，适用本法有关父母子女的规定。

第13条 夫妻在家庭中地位平等。

第14条 夫妻双方都有各用自己姓名的权利。

第15条 夫妻双方都有参加生产、工作、学习和社会活动的自由，一方不得对他方加以限制或干涉。

第16条 夫妻双方都有实行计划生育的义务。

第17条 夫妻在婚姻关系存续期间所得的下列财产，归夫妻共同所有：

（一）工资、奖金；

（二）生产、经营的收益；

（三）知识产权的收益；

（四）继承或赠与所得的财产，但本法第十八条第三项规定的除外；

（五）其他应当归共同所有的财产。夫妻对共同所有的财产，有平等的处理权。

第18条 有下列情形之一的，为夫妻一方的财产：

（一）一方的婚前财产；

（二）一方因身体受到伤害获得的医疗费、残疾人生活补助费等费用；

（三）遗嘱或赠与合同中确定只归夫或妻一方的财产；

（四）一方专用的生活用品；

（五）其他应当归一方的财产。

第19条 夫妻可以约定婚姻关系存续期间所得的财产以及婚前财产归各自所有、共同所有或部分各自所有、部分共同所有。约定应当采用书面形式。没有约定或约定不明确的，适用本法第十七条、第十八条的规定。夫妻对婚姻关系存续期间所得的财产以及婚前财产的约定，对双方具有约束力。夫妻对婚姻关系存续期间所得的财产约定归各自所有的，夫或妻一方对外所负的债务，第三人知道该约定的，以夫或妻一方所有的财产清偿。

第20条 夫妻有互相扶养的义务。一方不履行扶养义务时，需要扶养的一方，有要求对方付给扶养费的权利。

第21条 父母对子女有抚养教育的义务；子女对父母有赡养扶助的义务。父母不履行抚养义务时，未成年的或不能独立生活的子女，有要求父母付给抚养费的权利。子女不履行赡养义务时，无劳动能力的或生活困难的父母，有要求子女付给赡养费的权利。禁止溺婴、弃婴和其他残害婴儿的行为。

第22条 子女可以随父姓，可以随母姓。

第23条 父母有保护和教育未成年子女的权利和义务。在未成年子女对国家、集体或他人造成损害时，父母有承担民事责任的义务。

第24条 夫妻有相互继承遗产的权利。父母和子女有相互继承遗产的权利。

第25条 非婚生子女享有与婚生子女同等的权利，任何人不得加以危害和歧视。不直接抚养非婚生子女的生父或生母，应当负担子女的生活费和教育费，直至子女能独立生活为止。

第26条 国家保护合法的收养关系。养父母和养子女间的权利和义务，适用本法对父母子女关系的有关规定。养子女和生父母间的权利和义务，因收养关系的成立而消除。

第27条 继父母与继子女间，不得虐待或歧视。继父或继母和受其抚养教育的继子女间的权利和义务，适用本法对父母子女关系的有关规定。

第28条 有负担能力的祖父母、外祖父母，对于父母已经死亡或父母无力抚养的未成年的孙子女、外孙子女，有抚养的义务。有负担能力的孙子女、外孙子女，对于子女已经死亡或子女无力赡养的祖父母、外祖父母，有赡养的义务。

第29条 有负担能力的兄、姐，对于父母已经死亡或父母无力抚养的未成年的弟、妹，有扶养的义务。由兄、姐扶养长大的有负担能力的弟、妹，对于缺乏劳动能力又缺乏生活来源的兄、姐，有扶养的义务。

第30条 子女应当尊重父母的婚姻权利，不得干涉父母再婚以及婚后的生活。子女对父母的赡养义务，不因父母的婚姻关系变化而终止。

从现代的法律来看，无论从婚姻本身或者从婚姻出发延续到下一代的问题，都有了非常详尽的规定，与古代的“父母之命，媒妁之言”相比已经发生了巨大的变化，而随着法律法规的不断完善，婚姻的自由与法律保障将是这个时代非常鲜明的一面旗帜。

五、婚姻保卫战

——可能引发的法律问题

小三，是通过互联网流行起来的一个词，是对“第三者”的贬称。“第三者”在中国法律上的含义是置传统婚姻家庭观念于不顾，凭自己个人喜好，肆意侵犯他人家庭，直到拆散他人家庭的人。“第三者”在法律上没有明文的定义，但一般指和具有法定婚姻对象，发生法定婚姻之外的第三方情侣、配偶。在法律上“第三者”并不侵犯任何人的权利，也不作为犯罪定义。除了不受婚姻法保护之外，单就“第三者”本身来说，并不违法，但具体到实施行为上则要具体问题具体分析，如婚外同居就属于违法行为。

婚外情并不是一个法律上的概念。在人们的观念中，婚外情是一种不道德的行为，会造成一个家庭的破裂。此外，婚外情一般处于隐蔽状态，处理不好就会成为婚姻生活中的定时炸弹，引发复杂的社会问题。那么一方有婚外情，能追究小三的法律责任吗？婚外情的责任如何来追究？婚外情的财产问题如何解决？因婚外情出生的孩子的抚养权和抚养义务应该如何界定？在司法实践中，人民法院对于因第三者介入而造成的离婚纠纷一贯较为重视。有这样一个故事：

小刚与小红本来是生活和睦、相敬如宾的小两口，由于近年来小刚做生意一路顺风顺水，所以积累了不少财富。成天在外面花天酒地，从而认识了刚毕业的女大学生小芒，由于小芒刚毕业，被花花世界和充实的物质生活冲昏了头脑，当上了小刚的“二奶”。小刚给小芒购置了一套住房（房产证写的是小芒的名字），并且每个月还按时给小芒打去1万块钱的零花钱。就这样，他与小芒的婚外情安安稳稳地持续了一年多。

直到有一天小芒告诉小刚说她怀孕了，要求小刚和老婆小红离婚。但是小红与小刚有一个 10 岁的儿子，并且小红从小刚一无所有时就一直陪伴他。此时此景让小刚无法说服自己狠心地放弃现有的家庭，同时也无法给小芒一个完整的家庭，所以无法接受她将孩子生下来，于是小刚让小芒去医院将孩子打掉。然而小芒初次怀孕，对当一个母亲满怀憧憬，并且小芒一直以为只要自己有了小刚的孩子，那么就能让他安安心心地与小红离婚，从而永远和自己在一起，所以小芒拒绝将孩子打掉。这让小刚感到十分的苦恼，于是他决定给小芒一笔钱，然后与她断绝来往。可是小芒不甘心就这样被小刚所抛弃，于是独自将孩子生下。小刚在给了小芒一笔钱之后，以为这件事就此了结。几个月后的一天小芒抱着孩子来到小刚家里，顿时让小刚慌了神。见到这一幕小红感到十分震惊，且一直以来小红的脾气十分暴躁，见此情况就和小芒破口大骂，小芒也开口还击，然后小红动手打她，两人势均力敌厮打在一起，小刚见状赶忙进行制止，并将伤者小红、小芒送往医院。最后小红诉至法院请求与小刚离婚，法院经调解无效，准予离婚。关于夫妻两人的财产处理问题，由于是男方发生了婚外情，且证据确凿，法院本着照顾无过错方的原则进行了分配；小刚赠与小红的房产，法院判决其归还房产。小芒诉至法院请求小红赔偿其人身损害赔偿，并且请求法院判决小刚支付其孩子的抚养费，法院准予。在这场婚姻的闹剧中，不仅仅是对三人产生了巨大的伤害，对两个孩子也造成了一辈子无法弥补的创伤。这个故事让我们明白了忠诚与责任的重要性，也让我们体会了不负责任会付出惨痛代价的事实。

司法实践中对于如何认定婚外情的证据问题，一般遵循“三性”原则，即真实性、关联性和合法性。首先，证据本身必须是客观真实的。比如，反映双方不正当关系的照片，应当是真实的摄影，不能是通过技术合成的，否则，就不能作为认定事实的依据。

其次，证据所反映的内容应当与要证明的事实有关联。例如，一方欲证明另一方有婚外情，就应当提供双方发生婚外情的证据，如相关的照片等，而诸如通话记录、暧昧的短信记录等一般只能证明双方有过联系，而不能证明婚外情的存在。

最后，证据的取得方式必须合法。通过非法方式取得的证据不会被法院采纳。例如，一方拍摄的另一方发生不正当行为的照片，如果是在自己家中抓住并拍摄的，是合法的，一般会被采纳；如果是闯入第三者住处或闯入宾馆房间拍摄的，不但不会被采纳，反而有可能自己要承担相关侵权责任。

在小刚与小芒的婚外情中，小红作为小刚的配偶为无过错方。根据《婚姻法》及相关司法解释的规定，“夫妻应当互相忠实、互相尊重”，“人民法院在审理离婚案件处理财产分割时，以照顾无过错方为原则”。而小刚赠与小芒的房产，根据《婚姻法》的规定，夫妻对共同财产有“平等的处理权”。有关司法解释对“平等的处理权”进一步明确规定，夫妻双方基于日常生活需要，任何一方均有权决定处分共同财产。非基于日常生活需要而处分共同财产，夫妻双方应当平等协商，一致同意；或者受让财产的第三人有理由相信，是夫妻双方的共同意思表示。关于婚外情中第三者子女的抚养问题，根据《婚姻法》的规定，对于婚外情产生的子女，男方同样负有抚养义务，应按时支付抚养费。

六、一别两宽，各生欢喜

随着社会经济的迅速发展，人们对婚姻的社会观念渐渐发生了巨大的改变。日益现代的生活观念和开放的婚姻观使得离婚这一社会现象在中国成为“常事”。中国婚姻法规定结婚、离婚都是自由的，受到法律的保护。如果夫妻双方感情确已破裂，经调解无效，可以判决其离婚。然而，近年来我国离婚率的直线上升，让我们不得不关注“离婚”这个社会现象。

（一）离婚的主要特点

1. 女方起诉离婚案件多

女方起诉离婚案件多的原因是妇女的社会地位的提高和经济地位的上升以及法律意识的增强。从这点来看，女方起诉离婚案件增多是一种社会进步的表现。

2. 农村离婚案件增多

有些地方经济落后，生活困难，夫妻之间的矛盾加深，常为家中的经济问题发生争吵。另外，农村有很多进城务工人员，夫妻一方进城务工，长期两地分房，容易导致离婚。

3. 从年龄上来看，25 岁到 40 岁的年龄之间提出离婚的较多

在调查中，这个年龄阶段提出离婚的占起诉离婚人数的 68%。这个年龄阶段的人正处在上有父母要赡养，下有小孩要供养，生活压力大的阶段。夫妻双方遇到困难，不能同甘共苦，不能互相理解，相互鼓励。还有另一种情况，就是经过几年的创业，他们有了一定的经济基础，嫖娼、找情人、包二奶等现象更加突出。

（二）离婚的主要原因

离婚是一种复杂的社会现象，它受政治、经济、文化、习俗以及当事人的健康状况等因素的影响和制约。但从离婚的现象看，形成的原因有很多，但深入探究它们本质却是共通的，那就是感情确已破裂。而导致感情破裂的原因，归纳起来，有以下几种情况：

1. 为家庭中经济问题发生矛盾

从经济学的角度讲，婚姻是一种体现成本与收益之间关系的社会现象。一旦收益与成本不相符合，必然会导致婚姻的破裂。由此原因引起的情况分两类：一类是由于生活困难，生活开支入不敷出，沉重的生活压力使夫妻双方心情焦虑，常有怨气，稍不顺心，便发生口角，长此以往，便造成感情破裂。另一类是经济困难，为了生计，夫妻一方不得不外出打工，一年半载难相聚。并且夫妻一方因环境的变化，生活方式和价值观念的变化，双方即使见了面，也因观点、兴趣不一致而无共同语言，夫妻感情因此而疏远，引起离婚。

2. 对婚姻质量要求的提高

人们物质生活水平提高后，人们对婚姻质量的要求随之提高；社会环境的宽容和社会交往的扩大使婚姻当事人的自我选择更自由；家庭的小型化使当事人在婚姻冲突时缺少其他家庭成员的缓冲。现代社会的发展是高节奏的，任何工作都在以极快的节奏和频率在运转。在这样高节奏的社会里，竞争随处可见。长期在这样的环境下，人的交流减少，心理压力增大，所以人心灵上由于缺乏交流变的近乎空白。在这种情况下，人的群属性迫切需要个体的交流，需要感情上的富足。而家庭也就当然成为首选的避风港。他们希望从家庭中得到慰藉。一旦这种心理需求达不到满足，就会导致他们对婚姻的失望。离婚是一种不理性的发泄手段。

3. 家庭暴力导致离婚

离婚案件中家庭暴力仍然突出，并且农村比城市突出。存在这种现象最根本的原因是妇女在家庭中的经济地位比较低，也可能是夫权至上的传统思想造成的，认为妻子是自己的附属品，自己想怎样就怎样，打妻子是天经地义的事，而没有把妻子当成平等主体来对待。由于一方的猜忌、不理解、不信任和不宽容，使另一方在婚姻面前焦头烂额、苦不堪言，也最终使他们走向婚姻的尽头——离婚。

4. 草率结婚导致离婚

在此类离婚案件中青年夫妻居多。夫妻双方因婚前恋爱时间短，了解不够，把婚姻视同儿戏，草率结婚，婚后发现对方有许多缺点，自己不能忍受，于是双方经常吵架，造成矛盾加深，最终导致感情破裂。一些媒体将这种现象称作“昙花婚姻”。另一类是双方发生一点小矛盾，缺乏沟通，不能互相谅解，草率提出离婚。

5. 其他原因造成离婚

第三者插足导致离婚的仍然占很高比例。“有钱就变坏”“有权就藏娇”的“陈世美”仍然不少。再婚离婚的也有一定比例，因再婚后，在处理对方子女问题时，夫妻双方往往发生争执。近年又出现了一种新型案件，与网友发生恋情，移情别恋而导致离婚。离婚的原因多种多样，更多的女性因不堪忍受丈夫的暴力、遗弃、虐待、不尽义务、酗酒、赌博、吸毒、犯罪、嫖娼等恶习或与丈夫性格不合而急于逃离不幸的婚姻。

除了上述原因之外，手续简化、收费低，也是离婚的催化剂。2003 年《婚姻登记条例》正式实施以来，该条例取消了原来离婚登记需要单位出具证明等繁杂手续，本着以人为本，简化手续，离婚双方只要写好离婚协议书，带上必需的证件，就可以当场发放离婚证。导致相当部分人群尤其是年轻人，对婚姻缺乏责任感，甚至认为离婚是一种时尚，发生矛盾后，意气用事，草率离婚。

《婚姻法》第 32 条规定，男女一方要求离婚的，可由有关部门进行调解或直接向人民法院提出离婚诉讼。人民法院审理离婚案件，应当进行调解；如感情确已破裂，调解无效，应准予离婚。

婚姻法有关协议离婚的条件：协议离婚是双方当事人的法律行为，据《婚姻法》第31条和《婚姻登记管理条例》有关规定，协议离婚须符合以下条件：

（1）协议离婚的男女双方须有合法的夫妻身份。离婚是夫妻关系的解除，因此，协议离婚的当事人双方必须具有合法夫妻关系。不具备合法夫妻身份关系的当事人解除非法同居关系不适用协议离婚的有关规定。婚姻登记管理机关在办理离婚时应先验明双方的夫妻身份，凡是没有《结婚证》或《夫妻关系证明书》的，表明他们没有合法的婚姻关系，则不能确认其夫妻身份，就不能办理离婚手续。对于未办理结婚登记的事实婚姻、非法同居，原则上不应按登记离婚的程序解除。

（2）协议离婚的双方当事人须为有完全民事行为能力的人。离婚是重要的民事法律行为，只有在双方当事人具有完全的民事行为能力时，才能进行登记离婚。一方或者双方当事人为限制民事行为能力或者无民事行为能力的，婚姻登记管理机关不予受理。对于夫妻一方为无民事行为能力人或限制民事行为能力人的离婚，必须依诉讼程序解决，并由其法定代理人代理诉讼。

（3）协议离婚的双方当事人须有离婚的合意。双方当事人离婚合意，是协议离婚的最重要条件。如果有一方不愿意离婚，就不能依此程序办理。双方当事人自愿离婚，必须是发自夫妻双方内心、真心实意地愿与对方解除婚姻关系，而不是双方一时气愤或感情冲动的离婚；不是一方欺诈、哄骗另一方同意的离婚；也不是家长或第三者胁迫一方或双方同意的离婚；更不是当事人双方为了各自的目的或共同的目的而恶意串通的假离婚。

（4）协议离婚时必须对子女的抚养教育作出恰当、合理的安排，并达成一致的协议。子女的抚养问题，是指未成年的和不能独立生活的子女（是指尚在校接受高中及其以下学历教育，或者丧失或未完全丧失劳动能力等非因主观原因而无法维持正常生活的成年子女）由夫或妻哪一方具体抚养，而另一方如何承担子女必需的生活费和教育费，以及不直接抚养子女的一方如何行使探视权等内容。在处理这些问题时应在有利于保护子女合法权益的原则下作出合理的、有切实保障的安排。

（5）协议离婚时必须对夫妻共同财产的分割作出适当的处理。财产问题主要是指夫妻共同财产的分割、共同债务的清偿以及离婚时对生活困难一方的经济帮助，尤其是离婚后住房问题等内容。在处理这些问题时，应体现男女平等、保护妇女和子女合法权益的原则，并适当照顾与未成年子女共同生活的一方，妥善加以解决。

（6）协议离婚必须合法。首先，双方当事人离婚动机和目的应该合法，不能用离婚来规避法律，达到其个人目的。其次，离婚协议的内容必须符合法律和政策，即关于子女抚养问题的协议要合法，不能因父母离婚而影响子女的健康成长；关于财产问题的协议也要合法，不能以此侵犯或剥夺当事人任何一方的财产权利，也不能以此损害国家、集体和第三人的财产利益。

只有符合上述条件的夫妻亲自到婚姻登记机关办理离婚登记手续，婚姻登记机关才能准予登记，收回结婚证，发给离婚证。婚姻法的离婚就是分两种情况：协议离婚和诉讼离婚。

七、共同财产之分割

当两人的婚姻关系无法存续的时候，就会牵涉夫妻共同财产的分割问题，我国法律认为夫妻对共同财产享有平等的处理权。那么就会涉及以下问题：

（一）离婚时如何分割夫妻财产？

离婚时，夫妻的共同财产由双方协议处理；协议不成时，由人民法院根据财产的具体情况，照顾女方和子女权益的原则判决。夫妻的共同财产是指夫妻在婚姻关系存续期间，各自或共同劳动所得的收入和购置的财产，以及各自或共同继承或受赠的财产。夫妻离婚分割财产时，婚前的个人财产和双方各自所用的财物，原则归个人所有，不应列入共同财产进行分割。婚前与婚后财产无法查清的，或虽属婚前财产，但已经结婚多年，由双方长期共同使用、经营和管理的，可视为夫妻共同财产。

在现实生活中，除夫妻生活财产外，还有家庭成员的财产、全家共有的财产。属于其他家庭成员的财产，不能作为夫妻共同财产加以分割。属于其他家庭成员共有的财产，因离婚而脱离该家庭的一方可以共有人的资格，分得其应享有的份额。未成年子女通过继承、受赠及其他合法途径获得的财产，属于本人所有，由离婚后负责抚养子女的母或父代为管理。

（二）夫妻共同财产分割的原则是什么？

我国现行《婚姻法》第 39 条确立了婚姻法分割财产的基本原则，即离婚时夫妻的共同财产由双方协议处理；协议不成时，由人民法院根据财产的具体情况，照顾子女和女方权益的原则判决。夫或妻在家庭土地承包经营中享有的权益等，应当依法予以保护。除此之外，为了维护夫妻双方当事人的利益，维护整个社会关系的稳定，根据《婚姻法》的立法精神以及各国的立法例，在分割共同财产过程中还要坚持以下一些原则：

1. 有利于生产和生活的原则。随着近年来人民生活水平的不断提高，分割共同财产时，应注意从有利于生产和生活的需要出发，尽量不损害财产的效用和价值。生产资料应尽可能地分给从事生产和经营的一方，对另一方可分给其他财产和作价补偿。对各种生活资料应考虑双方和子女的生活需要，实事求是地合理分割。

2. 夫妻均等分割原则。根据生产、生活的实际需要和财产的来源等情况，具体处理时也可以有所差别，属于个人专用的物品，一般归个人所有。如果个人专用物品价值较大，归专用人所有显失公平的，可以适用抵偿原则。这是男女平等原则在夫妻共同财产分割上的重要体现。我国法律规定，男女平等。既然夫妻共同财产的权利主体是夫妻双方，那么，原则上，夫妻共同财产应由夫妻双方均等分割。

3. 夫妻对夫妻共同财产协议不成时，由法院根据财产的具体情况判决。法律授权法院根据财产的具体情况分割夫妻共同财产是正确的，也是符合实际的。

法院在“夫妻均等分割、适当照顾女方”的原则下，合情合理地分割夫妻共同财产，还需要把夫妻共同财产的分割与债务清偿、子女抚养经济帮助等联系起来通盘考虑。同时，法院还应考虑到判决后离婚夫妻对判决的实际履行能力和条件。

4. 照顾无过错方的原则。对一方有过错引起的离婚诉讼，不仅要分清是非责任，而且在分割财产时，要照顾无过错一方的利益。

5. 适当照顾女方和子女利益的原则。这是由我国当前妇女经济地位所决定的。夫妻均等分割，并不是夫妻绝对平均，也不是简单地对夫妻共同财产对半分割。《婚姻法》施行以来，我国妇女在政治、经济、文化等各方面的地位得到了明显提高，基本上实现了男女平等。所以，在立法上继续保留“照顾女方”是没有必要的。但是，由于历史原因、生理原因等多种因素，妇女的经济地位、生活能力总体上相对较弱，男女经济地位短期内还不能实现完全平等。离婚时，对夫妻共同财产的分割，适当照顾女方是必要的，在司法实践上也是可行的。而保障子女的利益，则是保障未成年人健康成长的需要。

6. 不损害国家、集体和他人利益的原则。离婚中在处理财产时，不能把属于国家、集体和他人的财产作为夫妻的共同财产加以分割。

7. 未成年子女的财产，应由抚养子女的一方代为管理。未成年子女的财产，包括：其父母所尽抚养义务供给的物品；因继承或赠与所得的财产；本人创作、表演、竞技等所得的财产；因身体受到伤害获得的医疗费、残疾人生活补助费等费用。

8. 未成年子女的其他合法财产。未成年子女的财产，属未成年子女所有，它不是夫妻共同财产的一部分。未成年子女是无民事行为能力人或限制民事行为能力人，其财产只由负责抚养他的父或母代为管理。

（三）离婚官司中，是婚前个人财产还是婚后共同财产查不清怎么办？

对个人财产还是夫妻共同财产难以确定的，主张权利的一方有责任举证。当事人举不出有力证据，人民法院又无法查实的，按夫妻共同财产处理。

对个人财产主张权利，主张权利的一方应提出与当事人无利害关系的证人证言及书证等证据，对证据的要求必须是充分有力，否则推定为夫妻共同财产。所谓的有力证据可以理解为不容置疑的证据，对那些存有疑点的证据不应视为有力证据。如果举不出证据，法院又收集不到证据，对无法查清该争议财产属于个人财产还是共同财产时，对此项财产推定为夫妻共同财产，归夫妻双方共有。例如，秦某某（男）与徐某某（女）于1998年登记结婚，2002年徐某某以双方性格不合，无法共同生活为由，起诉至法院，要求与秦某某离婚。秦某某同意解除这一名存实亡的婚姻，但在分割财产时，双方对于家庭现有一台雪花牌电冰箱的归属发生了争执，秦某某说："电冰箱是我没结婚时购买的，应属于婚前个人财产。"徐某某则说："电冰箱是结婚后买的，应归双方所有。"双方各持己见，争执不下。审理中，法院让他们出示证据，秦某某讲："发票丢了。"徐某某讲："发票在秦某某手里。"双方提供不出其他证据或证明人。在这种情况下，法院推定该电冰箱为夫妻共同财产。

（四）离婚时财产分割应采取什么方法？

夫妻共同财产，原则上应均等分割。其分割方法包括：

1. 实物分割。即在不影响其财产的使用价值和特定用途下，对财产进行实际分配。双方各自根据其分割的份额取得应得财产。

2. 价金分割。即将共有物变卖，双方对变卖所得价金进行分割后各自取得价金。价金分割是在共有物不能分割或分割后有损其财产的使用价值和特定用途时使用的分割方法。

3. 价格补偿。即夫妻一方取得共有物，另一方获得相当于一半价格的补偿，取得价金。

（五）谁先提出离婚，谁就要在财产分割上吃亏吗？

夫妻在婚姻关系存续期间所得的财产，归夫妻共同所有；夫妻对共同所有的财产，有平等的处理权。离婚时，夫妻的共同财产由双方协议处理；协议不成时，由人民法院根据财产的具体情况，照顾女方和子女的权益原则判决。离婚时在财产的处理上，婚前的个人财产和双方各自所有的财物，原则上归个人所有。这些规定都明确了夫妻离婚时财产处理的具体办法。因此，根本不存在“谁先提出离婚，谁就要在财产分割上吃亏”的问题。

在离婚诉讼上，向法院提起告诉的一方为原告人，简称“原告”，被告诉的一方为被告人，简称“被告”。“原告”和“被告”是诉讼当事人诉讼地位的代名词，并不说明谁是谁非，也不影响法院准予离婚或不准离婚的判决，当然也就不影响离婚时的财产处理。

（六）父母离婚时和离婚后，如何保护未成年子女合法的财产权利？

父母双方离婚时随着其夫妻身份的消除，原来存在于其间的法定财产关系——婚后所得财产的共有关系也会随之解除。但是，由于他们与未成年子女之间的自然血缘关系和身份关系仍然继续存在，因此，他们还将分别与未成年子女之间产生财产关系。对未成年子女财产权利的保护比婚姻关系存续期间就更为重要。

1. 离婚时，明确家庭财产的种类、性质和范围，父母分割财产的行为，不能侵犯未成年子女的财产权利，即父母不能协议处分依法归未成年子女所有的财产，否则需承担返还或者赔偿的民事责任。

2. 离婚时，对夫妻共有财产的分割应保护未成年子女的合法权益，为了更有利于离婚后未成年子女的生活和教育，应对抚养子女一方予以倾斜和照顾，并且对于有些共有财产以赠与的方式确定其权利归未成年子女享有或者所有。抚养未成年子女一方只是在共同生活期间有权使用。

3. 抚养子女的父方或者母方必须严格履行对未成年子女的监护责任，保护管理归未成年人所有的财产，维护未成年子女的利益。抚养子女一方非因未成年子女的利益，不得对未成年子女所有的财产实施处分行为。

4. 父母离婚时，不直接对未成年子女行使亲权的一方，应给付抚养教育费用；获得抚养教育费用是未成年子女基于其身份而产生的一项财产权利。依法应承担给付抚养费义务而不履行给付义务的，子女可依法行使诉讼权，请求法律保护，不履行给付义务情节恶劣者，造成未成年子女身心损害的，将依法被追究刑事责任。

5. 离婚时确定的抚养费数额，在离婚后发生了变化，不能满足未成年子女抚养和教育的需要，或者有其他特殊需要以及父母双方的经济条件发生重大情事变更时，可以依法予以变更，包括增加、减少或者免除。

6. 离婚时，父母亲一方确无经济收入或者下落不明的，应当用其财物折抵未成年子女的抚养费，以利于未成年子女的成长。

（七）解决离婚后的住房问题应遵守什么原则？

1. 保障妇女、儿童的合法权益。根据我国《妇女权益保障法》第48条规定，夫妻共有的房屋，离婚时，分割住房由双方协议解决；协议不成的，由人民法院根据双方的具体情况，按照照顾子女和女方权益的原则判决。夫妻双方另有约定的除外。夫妻共同租用的房屋，离婚时，女方的住房应当按照照顾子女和女方权益的原则解决。

2. 保护房屋产权。要在查清当事人结婚时间长短、有无过错、是否抚养子女、住房的结构以及有无其他解决住房条件和途径等情况的基础上，在合理、公平地考虑产权人的利益，保护产权人对房屋的所有权的前提下，妥善解决住房问题。

3. 优先照顾抚养子女、残疾或生活困难的一方。在解决住房问题时，如果双方当事人对住房主张的条件均等，应照顾抚养子女、残疾或住房确有困难的一方。

4. 坚持调解和协商一致的原则。由于住房问题涉及诸多方面。为减少矛盾、促进住房问题的圆满解决，人民法院应立足于调解，使双方当事人对离婚后的住房问题尽可能达成协议。

5. 过错是承担民事责任的基本前提。在处理住房问题时，如果双方当事人条件均等，应照顾无过错的一方。

（八）在离婚官司中，住房问题应如何处理？

离婚时的住房问题是一项非常复杂的问题，应严格按现行民事法律政策执行。对离婚时双方居住的为夫妻共同所有的房屋按夫妻共同财产分割。对不宜分割使用的夫妻共有的房屋，应根据双方住房情况和照顾抚养子女方或无过错方等原则分给一方所有。分得房屋方对另一方应给予相当于该房屋一半价值的补偿。在双方条件均等的情况下，应照顾女方。对双方居住房为一方婚前个人财产或婚后约定一方所有的房屋，离婚时仍判归该方所有。离婚时另一方确无房居住的、可判其暂住二年以内或由享有房屋产权的一方给予其租房的一次性经济帮助。

对夫妻共同出资而取得“部分产权”的房屋，分得房屋“部分产权”的一方，一般应按所得房屋产权的比例，依照离婚时当地政府有关部门公布的同类住房标准价，给予对方一半价值的补偿。对夫妻双方均争房屋“部分产权”的，如双方同意或者双方经济住房条件基本相同，可采取竞价方式解决。

关于夫妻共同居住公房承租的处理。具有下列情形之一的，离婚后，夫妻均可承租：

1. 婚前由一方承租的公房，婚姻关系存续 5 年以上的；

2. 婚前由一方承租的本单位的房屋，离婚时，双方均为本单位职工的；

3. 一方婚前借款投资建房取得的公房承租权，婚后夫妻共同偿还借款的；

4. 婚后一方或双方申请取得公房承租权的；

5. 婚前一方承租的公房，婚后因该承租房屋拆迁而取得房屋承租权的；

6. 夫妻双方单位投资联建或联合购置的共有房屋的；

7. 一方将其承租的本单位的房屋，交回本单位或交给另一方单位，另一方单位另给调换房屋的；

8. 婚前双方均租有公房，婚后合并调换房屋的；

9. 其他应当认定为夫妻双方可承租的情形。

夫妻双方均可承租的公房，如其面积较大能够隔开分室居住使用的，可由双方分别租住。

（九）离婚时对私房应如何处理？

我国《妇女权益保障法》第 48 条第 1 款规定：“夫妻共有的房屋，离婚时，分割住房由双方协议解决；协议不成的，由人民法院根据双方的具体情况，按照照顾子女和女方权益的原则判决。夫妻双方另有约定的除外。”依据这一原则，结合有关司法解释和审判实践经验，在处理私房时，应注意以下几点：

1. 一方婚前个人所有的房屋，由夫或妻个人所有。

2. 对不宜于分割使用的夫妻共有的房屋，应根据双方住房情况和照顾抚养子女方或无过错方等原则分给一方所有。分得房屋的一方对另一方应给予相当于该房屋一半价值的补偿。在双方条件等同的情况下，应照顾女方。

3. 对双方居住房为一方婚前个人财产或婚后约定为一方所有的房屋，离婚时仍判归该方所有。离婚时另一方确无居住，可判其暂住二年以内或由享有房屋产权的一方给予其用于租房的一次性经济补助。

（十）男方分得的房屋，离婚时女方能否承租？

根据《最高人民法院关于审理离婚案件中公房使用、承租若干问题的解答》第 2 条的规定，夫妻共同居住的公房，具有下列情形之一的，离婚后，双方均可承租：

1. 婚前由一方承租的公房，婚姻关系存续 5 年以上的；

2. 婚前一方承租的本单位的房屋，离婚时，双方均为本单位职工的；

3. 一方婚前借款投资建房取得的公房承租权，婚后夫妻共同偿还借款的；

4. 婚后一方或双方申请取得公房承租权的；

5. 婚前一方承租的公房，婚后因该承租房屋拆迁而取得房屋承租权的；

6. 夫妻双方单位投资联建或联合购置的共有房屋的；

7. 一方将其承租的本单位的房屋，交回本单位或交给另一方单位后，另一方单位另给调换房屋的；

8. 婚前双方均租有公房，婚后合并调换房屋的；

9. 其他应当认定为夫妻双方均可承租的情形。

（十一）离婚时对方转移财产怎么办？

我国法律对此有明确的规定。《民事诉讼法》第 100 条规定，人民法院对于可能因当事人一方的行为或者其他原因，使判决难以执行或者造成当事人其他损害的案件，根据对方当事人的申请，可以裁定对其财产进行保全、责令其作出一定行为或者禁止其作出一定行为；当事人没有提出申请的，人民法院在必要时也可以裁定采取保全措施。人民法院采取保全措施，可以责令申请人提供担保，申请人不提供担保的，裁定驳回申请。人民法院接受申请后，对情况紧急的，必须在 48 小时内作出裁定；裁定采取保全措施的，应当立即开始执行。

（十二）离婚后一方对离婚时没有分割的共同财产，是否仍有权要求分割？

离婚时，一般会查清双方共同财产予以分割，但也有因特别情况没有分割的。有的是对方离婚时隐瞒部分财产，另一方在离婚后才发现；有的是由于财产被错误没收或被代管，离婚时没有作为夫妻财产分割，离婚后有关部门将该财产发还给一方。

对于离婚时由于种种原因没有分割的双方共同财产，即使双方离婚后，当事人也有权主张这部分财产的权利，但应具备下列条件：（1）双方在结婚后离婚前这段时间对该财产具有共同所有权；（2）由于离婚时尚未查清或无法分割等原因，对这部分财产没有分割；如果一方在离婚时对部分财产放弃了权利，或者对已知的财产已经分割，事后觉得不合适，则不能再主张权利。另外，在一方当事人请求对没有处理的财产予以分割时，应另行起诉，并交纳诉讼费，法院将另案对尚未分割的财产进行审理，而不是对原离婚案件重新审理。

八、血脉相连

探望权，又称见面交往权，是指离婚后不直接抚养子女的父亲或母亲一方享有的与未成年子女联系、会面、交往、短期共同生活的权利。《婚姻法》第 38 条规定，离婚后，不直接抚养子女的父或母，有探望子女的权利，另一方有协助的义务。行使探望权利的方式、时间由当事人协议，协议不成时，由人民法院判决。父或母探望子女，不利于子女身心健康的，由人民法院依法中止探望的权利；中止的事由消失后，应当恢复探望的权利。

吴刚与杨红是长期生活在一起的一对夫妻，育有一子，后因感情不和，吴刚与杨红离婚。杨红带着儿子回娘家居住，且以影响孩子生活、学习为由，拒绝吴刚探视孩子。无奈之下，吴刚将杨红告上法庭，捍卫探望权。法院经审理，判决认定吴刚对其儿子享有探望权，责令被告予以协助。

学林与长梅是一对夫妻，学林常年在甲市工作，长梅在乙市工作，并负责照顾孩子，由于二人长期分居，感情逐渐疏远，从而协议离婚，长梅获得孩子的抚养权，依照双方达成的协议，长梅允许学林每月探望孩子 5 天。但是在履行过程中，长梅经常在学林行使探望权的时候找理由拒绝，说影响孩子的健康成长，以及让孩子的生活习惯变差等原因。后学林警告长梅如果她再拒绝让其探望孩子就诉至法院，长梅因为害怕麻烦所以答应学林每月探望孩子 3 天，学林也表示同意。该协议履行了一年半后，长梅因一些琐事又拒绝其探望。为此，学林诉至法院，请求判令长梅准予其每月探视 7 天，具体方式为每月第三个星期的星期一 9 时至星期日 18 时。诉讼中，被告表示不同意原告的诉请，学林的探视会影响孩子的正常生活和学习，而且探视时间过长。

后经法院审理认为，学林作为孩子的亲生父亲，且孩子年龄尚小，不宜长期缺乏父爱，并且学林并无其他不良嗜好，经济状况也良好，其诉求符合中国的传统道德观念，也符合公序良俗的原则。对于原告要求探视的主张，法院予以支持。关于探视的时间，虽然原、被告之间签订了协议，但考虑到孩子上学、生活等问题，无法继续履行协议，法院确认原告可每月探视两次，时间为每月第二周、第四周的周六，被告应当对原告探视孩子予以协助。对于原告的其他诉讼请求，法院不予支持。综上，法院判决原告可于每月第二周、第四周的周六 9 时至 17 时探视乐乐，被告协助原告行使该探望权；驳回原告其他诉讼请求。

面对生活中离婚夫妻常发生的未成年子女探望权纠纷，我们需要给读者普及一些必需的法律常识：

1. 子女探望权中关于地点和时间的规定

行使探望权的时间和地点可以由父母双方协商，协商不成的，由法院判决，一般探望到子女成年。而子女成年后可以自己决定探望的时间和地点。

2. 子女探望权中关于探望方式的规定

目前子女探望权实现的方式中，一种是时间短、比较灵活的探望性探视；另一种是逗留式的，一般时间较长，时间和地点都可以由父母约定或法院判决来规定。

3. 子女探望权中关于探望中止的规定

非直接抚养子女一方在实施子女探望权过程当中，有不利于子女身心健康的，比如探望权人（不带孩子的一方）有吸毒、赌博、酗酒、家庭暴力等恶习，患有严重的传染性疾病、精神疾病，或者是利用探望机会将自己的孩子藏匿起来，另一方可以向法院申请中止非直接抚养子女一方的子女探望权。

4. 探望权纠纷如何处理

父母与子女的关系不因离婚而解除。但由于离婚事实的存在，父母不能一起共同抚养子女，未成年子女或不能独立生活的子女只能由父母其中的一方直接抚养。离婚后对子女的抚养，父母的权利是平等的。父母离婚后，子女随父方或母方共同生活，只是父母对子女抚养形式的变化，并不影响父母对子女的权利和义务。不与子女共同生活的一方享有探望子女的权利，直接抚养子女的一方有让非直接抚养子女的一方探望子女的义务，对不履行义务的，相对人有权向人民法院提起诉讼。我国《婚姻法解释（一)》第 32 条规定，对探望权的判决或裁定需要强制执行时，不能对子女的人身采取强制措施，也不能强制采取不利于子女健康的探望行为。探望权的行使可中止、恢复，在执行案件中应区分不同情形处理。在行使探望权方面，对子女不满 10 周岁属于无民事行为能力人的，应按照人民法院生效的法律文书规定的探望时间和方式执行，如子女已满 10 周岁但不满 18 周岁且智力发育正常的，执行人员应当征求该子女的意见。在执行探望权案件的过程中，应深入了解当事人的思想状况，耐心细致做好当事人的法律宣传工作，释明法律规定，告知其依法应享有的权利及应承担的义务。

5. 探望权纠纷怎么执行

探望权强制执行怎么办？如果父母双方矛盾激烈，难以互相配合，可以考虑在探望权受阻情况下由未成年子女就读的幼儿园或学校协助执行探望。负有协助义务的有关单位和个人拒不履行协助义务的，可依法采取罚款、拘留等强制措施。如果负责抚养子女的一方故意藏匿子女，在法院下达裁定书后仍拒不履行的，可按拒不执行判决、裁定的法律规定处理。我国《婚姻法》第 48 条规定，对拒不执行有关扶养费、抚养费、赡养费、财产分割、遗产继承、探望子女等判决或裁定的，由人民法院依法强制执行。有关个人和单位应负协助执行的责任。同时，《婚姻法解释（一）》第 32 条规定："婚姻法第四十八条关于对拒不执行有关探望子女等判决和裁定的，由人民法院依法强制执行的规定，是指对拒不履行协助另一方行使探望权的有关个人和单位采取拘留、罚款等强制措施，不能对子女的人身、探望行为进行强制执行。"

九、百孝"赡"为先

古代朝鲜有一种流传广泛的习俗，凡是丧失劳动能力的老人，都会被遗弃在山上，任其死亡。某年某月某日，父子两人一起将已经衰朽残年的爷爷抬到山上，回来的时候，父亲把那抬老人的筐子扔掉了，可是儿子又把那筐子捡了回来。父亲说，已经没有用处了，捡它干吗？儿子说，怎么没有用处呢，等你老了，再用这筐子抬你呀。父亲感到惊愕不已，推己及人，立刻良心发现，赶紧将老人抬回家来，好好赡养。从此，朝鲜就结束了这种残酷的习俗，变遗弃老人为敬养老人。

在 3000 多年前的中国也有遗弃老人的传统，而且有考古遗址为证。在湖北武当山地区，人一到 60 岁，就被年轻人送到野外的一个土坑里，这种土坑通常 80 公分高，50 公分宽，200 公分长，正好可容一人躺着或者坐着。老人住进土坑，家里人会送饭三天，然后就冻饿而死。此后，子孙后代再将老人遗体弄出来安葬（二次葬即安葬遗骨的习俗，也许就是这样发展起来的)。前不久，湖北省丹江口市官山镇西河村党支部胡书记向考察者介绍说：古代遗留下来的这种土坑，被当地人叫作“寄死窑”。这样的窑坑在该村及邻近著名的“民歌村”吕家河村共有二十多处。整个官山镇发现了大约四十多处古时遗留下来的“寄死窑”。中国人的习俗早已大有变化，公开地将老人遗弃在山洞里的做法不复存在。相反，中国的典籍记述着许许多多尊老敬老的箴言和故事，这些典籍构成了一种强大的文化传统，似乎有意跟这种遗弃老人的残酷传统进行一场持续几千年的、艰苦卓绝的搏斗。两种传统的搏斗谁胜谁负？当然是那种残酷而又古老的传统失败了。可是，敬老尊老的传统究竟是如何取胜的呢？

武当山地区流传着一个斗鼠故事，体现了这种习俗转变的观念依据。故事说某年某月某日，某外国使者带来一只硕大如黄牛的“犀鼠”，欲同麋国斗鼠，约定斗败者必须向对方称臣纳贡。麋国朝廷上下尝试了所有的办法，都斗不过那只犀鼠，即使派凶猛的老虎上场，也败给了那位挑战者，举国上下因此一片惊慌。一位不忍心将年迈的父亲送去寄死窑里受罪，偷偷将老人养在家里的农民，向父亲说及斗鼠的事。老人告诉儿子：“老鼠的天敌是猫，如果养一只猫养到十三斤半，就可以打败那只犀鼠。”农民将这个主意报告给朝廷，朝廷别无他计，只好按照此说法试试看，果然用一只猫打败了那只所向无敌的犀鼠。皇帝奖赏农民时，农民说这是自己年过六旬的父亲想出的计策，皇帝听后认识到“老人是个宝”，于是下令废除了弃老于寄死窑的规矩。

养猫斗鼠的故事说明，中国人从遗弃老人到赡养老人，习俗转变的契机是认识到老人具有经验和智慧，还可以为家庭和社会所用，这是受到功利主义观念的驱动。这种观念依据与遗弃老人的观念依据一模一样，毫无变化或进步。如果发现老人没有我们所期望的智慧和经验，我们依然会以同样的理由遗弃他们。如今，我们仍旧能够根据国家现行法律法规感受到百孝赡为先的意义：我国《婚姻法》第 21 条规定，子女对父母有赡养扶助的义务。在现实生活中，有六种情形：

第一，父母无力抚养幼年时的子女的，子女独立后应当履行赡养义务。虽然《婚姻法》为父母子女间规定了互相扶养的对等的权利义务，但这并不是说这两个权利是必须“等价交换”的，子女不能将父母是否对其履行了抚养教育义务作为自己履行赡养父母义务的前提。因此，子女对老年父母的赡养义务不得以此为由而解除。

第二，因父母的错误行为给子女造成心灵、身体伤害的，子女是否有赡养老年父母的义务？父母在抚养子女的过程中，他们的一些一般性错误行为曾给子女造成心灵伤害的，难免会犯一些平常的错误，也许会给子女留下心灵上的伤害。但是子女成年之后，也应当自觉履行赡养老年父母的义务。但是，父母犯有严重伤害子女感情和身心健康的罪行的，原则上丧失了要求被害子女赡养的权利。这些情形包括：父母犯有杀害子女的罪行的，父亲奸污女儿的，父母犯有虐待、遗弃子女罪行的，等等。

第三，没有经济收入的已嫁女儿有无赡养义务。出嫁女儿本人没有收入的，不能作为拒绝履行赡养老年父母义务的理由。因为她们从事的家务劳动与丈夫谋取生活资料的劳动具有同等价值，其丈夫劳动所得的收入属夫妻共同财产，夫妻双方对夫妻共同财产有平等的处分权，可从夫妻共同财产中支付赡养费。

第四，赡养父母不能以“分家析产”为条件。子女赡养父母是法定义务，不受父母有无财产、是否分过家以及分家是否公平的影响。

第五，子女怎样分担赡养扶助义务。父母有多个子女的，应当共同承担赡养扶助父母的义务；每位子女承担义务的多少，应当根据各个子女的生活、经济条件进行协商。子女不能以父母对其年幼时的关心、疼爱程度或者结婚时资助的多少作为标准来衡量赡养扶助义务的多少。至于赡养扶助父母的方式，可视具体情况而定，对于不在父母身边的子女，可定期支付一定数额的赡养费；与父母共同生活的子女还应当经常关心、照料父母的生活；当父母由于生病，生活不能自理时，子女除应分担为其治病所需的医药费、手术费、住院费等外，还应承担照顾、护理父母的义务。

第六，儿子（女儿）去世后儿媳（女婿）是否有赡养公婆（岳父母）的义务？儿媳（女婿）与公婆（岳父母）的关系是因婚姻而成立的姻亲关系。儿子（女儿）去世后，因儿子（女儿）与媳妇（女婿）的婚姻关系消灭而使得儿媳（女婿）与公婆（岳父母）的姻亲关系亦不复存在。儿媳（女婿）是否承担赡养公婆（岳父母）的义务，我国法律未作明确规定。因此，不能强令儿媳（女婿）承担此项义务。

第七，继父母的赡养问题。继子女是因子女的生父或生母再婚而形成的。《婚姻法》第 27 条第 2 款规定，继父或继母和受其抚养教育的继子女间的权利和义务，适用本法对父母子女关系的有关规定。

根据该法关于父母子女关系的规定，继父母与受其抚养教育的继子女之间产生以下权利义务关系：(1) 继父母有抚养教育继子女的义务；(2) 继父母有管教保护未成年继子女的权利义务；(3) 继子女有赡养扶助继父母的义务；(4) 继父母继子女有相互继承遗产的权利。

实践中，以下两个问题需要明确：

1. 生父母与继父母离婚后，受继父母抚养教育的继子女应当履行赡养义务。《婚姻法》规定，继父母与继子女间的权利义务关系，与父母子女间的权利义务关系相同。当生父母与继父母离婚后，虽然继父母子女关系不再存在，但是，继子女受继父母抚养的事实不能消失，继父母与继子女之间已形成的权利义务关系不能自然终止。因此，当生父母与继父母离婚后，受继父母抚养教育长大成人且有负担能力的继子女，对年老体弱、生活困难的继父母应尽赡养扶助的义务。

2. 继子女对未尽抚养义务的继父母是否有赡养义务？继父母子女关系是由于生父或生母再行结婚，子女与继母或继父之间形成的关系。根据法律规定，继父母和未受其抚养教育的继子女之间，形成的是姻亲关系，相互间并无权利义务关系。因此，未受继父母抚养教育的继子女，没有赡养继父母的法定义务。但是，对于继子女主动承担赡养扶助义务的行为应当予以鼓励和支持。

第八，孙子女和外孙子女的赡养问题。《婚姻法》第 28 条规定，有负担能力的孙子女、外孙子女，对于子女已经死亡或者子女无力赡养的祖父母、外祖父母有赡养义务。由此可见，孙子女、外孙子女对祖父母、外祖父母产生赡养义务应满足两个条件：（1）孙子女、外孙子女须有负担能力。无负担能力的孙子女、外孙子女，如未成年人或精神病人，就无法承担赡养祖父母、外祖父母的责任。（2）祖父母、外祖父母的子女已经死亡或者子女无力赡养，而且本人需要赡养。对有固定收入或其他经济来源，生活上完全可以自理的祖父母、外祖父母，其孙子女、外孙子女可以免除赡养义务。祖父母、外祖父母的子女尚在，但已丧失赡养扶助能力的，其孙子女、外孙子女也应承担此项义务。

根据子女赡养父母的方式可以决定赡养人应该需要哪些具体的手续：

1. 一般情况下我国都采取传统的赡养方式，即居家养老，由子女共同承担赡养老人的费用，这种情况下，通常是赡养人之间达成口头协议，自觉执行。

2. 赡养人之间无法达成口头协议或达成口头协议后一方不能自觉执行的，一般由居委会（城市居民）、村委会、本村或家族中有威望的人主持，让赡养人之间达成书面赡养协议。

3. 赡养人一方或双方不按书面协议执行或认为协议不公正的，可以向调解委员会申请调解或直接向法院提起赡养诉讼，被告是另一方有赡养义务的人，以法院判决书为赡养的依据。

4. 如果赡养是以有条件的赠送、赠与财产或指定财产继承人的方式，要求赡养人中的一个或非法定的赡养人尽赡养义务的，应该签订"赡养协议"，协议注明赡养人的权利和义务，此协议应经过法院的公证处公证，以保障赡养人和被赡养人的权利和义务。

5. 在继承被赡养人财产方面的法律效力，法院首先采信经过公证的书面协议；其次是没有经过法院公证但有二人以上有非亲属、无利益关系、有民事行为能力的人签名证明并且是在被赡养人身体健康稳定、思维正常情况下书写或口述的书面协议（效力是自写大于口述，代写人不作为证明人）；最后采用法定继承（书面协议无效时）。

6. 无法定义务的人，出于同情、道义或慈善的心理赡养被赡养人的，也应该签订书面协议（方法同 5），以防止未经法定义务的法定赡养人将赡养过程中的意外因素归罪于无法定义务的赡养人。因为在法律上，如果你承担了不该由你承担的义务，同样也要对尽义务中的意外承担责任。比如，你答应带邻居老人逛街，老人失足落水身亡或受伤，你就负有法律责任，除非事先申明（有协议排除你无须对老人的意外负责）。

十、白天不懂夜的黑
——一场悲剧的酿成

近年来，随着社会经济的发展，人们物质生活水平的提高，精神领域却出现了些许的空缺，甚至走向极端化。这些问题不但影响人们正常的生活秩序，而且在社会上造成了巨大影响。接下来我们将以人们为之扼腕叹息的“复旦投毒案”作为引子，探讨一些暴露在社会中的人性问题。

复旦大学医学院研究生林森浩在毒死室友黄洋 7 个月后，终于站在了被告席上。法庭上，林森浩一身灰色囚服，神情冷静，首次公开讲述这桩离奇案件的具体动机和细节。而在距上海约两千公里的四川自贡，28 岁的黄洋仍躺在冰冷的殡仪馆里。黄父称，只有在凶手受到应有惩罚后，才会让孩子入土为安。这个在下岗家庭中长大的孩子，曾是黄家最大的骄傲：20 岁考取复旦大学公共卫生学院，25 岁转临床医学并获直研机会，去世前，他还在读博、就业、创业中纠结，并最终选择了前者。

家贫不掩志，业精不倨傲。他曾在获得直研资格后吐露心声：“我来自四川一个小县城，父母双双下岗，母亲还体弱多病，家里欠下了大笔钱。我动过放弃直研出去工作的念头，是老师、家人和朋友的鼓励，让我决定继续在医学道路上走下去。”但他无法再走下去了。2013 年 4 月 16 日 15 时 23 分，被室友投毒的黄洋，在经过 15 天的抢救后，终因多脏器衰竭而遗憾离世。

2013 年 4 月 1 日早上，黄洋喝了一口寝室饮水机内的水，感觉味道有些古怪，自然以为是过期了。心性善良的他，担心同学和他一样误喝了过期的水，便把水倒掉并清洗干净了饮水机。谁也不会想到，这一口水里，隐藏着致命毒药。在 11 月 27 日的庭审中，林森浩回忆，当时听到黄洋用勺子清洗水杯的声音，知道黄洋要倒水喝了。此前，他已经把毒物放进了这台饮水机的水槽里。

林森浩担心被发现。毒物为黄色液体，气味也比较浓。他甚至听到了黄洋呕吐咳嗽的声音。因害怕黄洋发现异常，他选择继续躺在床上，一个同学的电话“拯救”了他，他随即离开宿舍，避免和黄洋对话。当日晚 10 点多，黄洋开始出现恶心、呕吐及发烧症状。复旦大学附属中山医院初步诊断，以为他吃坏了东西，便按照胃肠炎的处理方式进行输液治疗。

4 月 2 日，黄洋症状却并未好转，手和脸都肿了起来。医学专业的同学见此情景都感觉到，这肯定不是吃坏了肠胃那么简单。当晚 9 点，黄洋在同学的陪同下再去急诊，此时，化验结果显示其肝功能已出现损伤。情况变得危急起来，一小时后，黄洋的导师携带了 1 万多元现金赶到医院，协调安排黄洋住院治疗。3 日，黄洋病情继续恶化，血小板开始减少，并住进了外科重症监护室。医生会诊初步认为是中毒造成了肝功能的损伤，但究竟是什么毒素，一时难以判断、无法确定，因此更无法及时对症下药。得知儿子患病并住进了重症监护室，黄洋的父亲马上飞到上海：“他的身体一天不如一天，到 4 月 5 日左右，还流着鼻血，再往后就处于昏迷状态了。”7 日，黄洋开始鼻孔出血，而他对医院进行的治疗没有任何反应。8 日，陷入了昏迷的黄洋，让其父亲、导师和同学们格外揪心，因为昏迷以后，其病因仍然未明。据复旦大学新闻发言人称，从黄洋发现不适到诊断中毒，学校一方面组织全市医生进行多方会诊，想寻找病因。“但是迟迟没有找到病因，所以才提请警方介入调查。”中毒事件开始变得复杂而诡异。9 日，黄洋的师兄收到一条陌生短信，提醒注意一种化学药物，至此，黄洋的中毒终于被确定毒源。随即，针对毒源，医院尽一切努力进行抢救，但一切都为时已晚。12 日，医院发出了黄洋的病危通知书。13 日下午，黄洋瞳孔放大。14 日下午，脑电图停止，肺部纤维化，黄洋再无法自主呼吸。16 日下午 15 时 23 分，医院宣布：黄洋去世；15 时 30 分，复旦大学附属中山医院重症监护室的门打开；16 时 18 分左右，黄洋的遗体被包裹得严严实实，由医院工作人员抬进了太平间。

守候在外的黄洋的同学们，终难抑悲痛，抱在一起痛哭起来。

复旦大学通报："我们为挽救自己的学生尽了最大的努力。家长失去爱子，学校失去宝贵学生，我们表示沉痛的哀悼！"17 日，黄洋父母同意警方进行尸检，"希望配合警方调查，还儿子一个公道"。如今，黄洋身前所住的宿舍——西 20 号楼 303 室，室门紧锁、空空荡荡。而在宿舍楼正对的基础医学 13 号楼的 7 层实验室公告栏里，多了一张 A4 纸，其上打印的，是一位医学院老师的悲愤：本是同根生，相煎何太急。

正如这位老师的悲愤，太多的追问集中于一点：投毒者对黄洋究竟怀有多大的恨？援引北京大学教授钱理群的话："我们的一些大学，正在培养一些'精致的利己主义者'，他们高智商、世俗、善于表演、懂得配合，更善于利用体制达到自己的目的。"

11 月 27 日，关于投毒动机的答案终于在庭审中揭晓，却简单到不免让人愕然：林森浩称，这只是愚人节的整人想法。林森浩在法庭上回忆，愚人节前夕，黄洋称自己有一个整人计划，林森浩觉得，自己可能会成为被整对象，"好，那我就来整你一下"。医院实验室里的二甲基亚硝胺原液便成了他的"整人"工具。这是一种会对肝脏造成损伤的有毒化学物质。

在林森浩的讲述中，他与黄洋关系一般，互相有些看不惯，可能黄洋觉得林森浩没有情调，而他觉得黄洋有点自以为是，但两人并无较大的个人恩怨，“投毒只是想要黄洋难受，并不是想要他的命”。

复旦大学认识林、黄二人的学生此前也有表示，担任过学生会副主席，与黄洋同样成绩优异，且与黄洋在不同医院、不同科室从事着不同方向研究的林森浩，与黄洋并无公开矛盾。然而，眼看室友一步步走向死亡，林森浩却没有及时说出真相，“我以为所放的剂量是很少的”，此外，“实验中的大多数老鼠并没有死亡”。4 月 5 日、6 日、8 日，他甚至去重症监护室看望黄洋，“从玻璃窗外看见，黄洋表情还是比较自然的”。但这位投毒者仍然不敢跟自己的室友说实话。

据当时的消息，林森浩被警方快速锁定为投毒嫌疑人，是因为一条神秘短信。

在黄洋于中山医院抢救但难以确定病因的 9 日，黄洋的师兄收到了一个陌生人发来的短信，提醒其注意一种化学药物，这种药物“周围有人常在用”。收到短信后，黄洋师兄马上将这一情况告诉了黄洋的导师，并查询了校内的医学论文资料，发现使用该药物后的实验室小白鼠症状与黄洋中毒症状十分相似，而相关实验论文的作者，正是黄洋的室友林森浩。此短信从何发出，至今未知。

但林森浩很快被警方锁定。4 月 11 日，林森浩被警方刑事传唤，次日，被依法刑事拘留。16 日，黄洋去世后尸检，尸检结果最终成为重要的案件证据。

2013 年 4 月 25 日，林森浩被上海市黄浦区检察院以涉嫌故意杀人罪批准逮捕。查看林森浩的微博，最后的更新时间为 4 月 8 日，文字间满是对医学行业的困惑与不安：“有时候挺痛恨这个行业的，名义上叫作医生，但是面对病人，尤其面对那些急切想从这里解决困惑的病人，帮忙总不能帮到底，好比带一个问路者走了一段路，然后跟他说，你找别人帮忙吧。”

他也在微博中提到过黄洋。2012 年 11 月 27 日，他这样写道：“上海的冬夜，开着电脑，在小台灯的光照下，看着各种图文，听着电脑的沙沙声，还有黄屌丝的呼噜声，头脑里偶尔闪过各种念头，随即如云烟随风飘散。”其中提及的“黄屌丝”被多猜测为黄洋。

而一个真实的黄洋，在公众的关注与哀悼中，被清晰还原。据好友讲述，黄洋一直纠结于读博、工作、创业等不同道路的选择困境。生前刚以第一名的成绩考上博士的黄洋，本获得了直博机会，但为了早日改善家里的环境，他放弃了直升，但就业并不太顺利，后黄洋选择再回校读博，其实他的纠结，归根结底还是为了照顾父母，为了经济上的考虑。1985 年出生于四川自贡荣县的黄洋，是家中的独子。现年 57 岁的父亲黄国强是荣县盐厂的下岗职工，55 岁的母亲杨国华是供销社的下岗职工，且常年患病。黄洋离开后，其家所在的荣县古城街北街农贸市场，亦弥漫着悲伤。当地人告知，黄洋的母亲杨国华因为肝病曾在重庆做过大型手术，医疗费、药费等共用去 30 多万元，“这 30 多万元的费用基本上全部是黄洋用奖学金和打工挣的钱来偿还的”；而黄洋的姑妈黄资蓉对媒体说道：对逝去的孩子，母亲的回忆则格外温柔但刺痛。在《东方早报》的报道中，杨国华回忆起儿子幼时的种种故事，泣不成声。她说儿子 2 岁就会洗袜子，自己身体不好，可儿子很孝顺，懂得关心照顾父母。自小起，黄洋放学回家后就主动做家务，打扫卫生、做饭炒菜样样都干，还炒得一手好菜，很小的时候就开始自己洗袜子、洗鞋子。而在友人眼中，黄洋则不仅成绩优异，也乐于奉献。通过致力于西藏墨脱支教的复旦慈善社团“圆梦墨脱”，黄洋于 2010 年前往西藏墨脱为当地小学支教，其支教经历还包括安徽颍上。

如今，这位28岁的年轻人却只能孤独躺在殡仪馆里，黄父称，只有在凶手受到应有的惩罚之后，才会让黄洋入土为安。对于赔偿，他们目前还没有过多考虑。“我现在想的就是逞凶追责，还黄洋一个公道。”

“我不把毒药给任何人，也决不授意别人使用它。我要清清白白地行医和生活。”这句以希腊医生希波克拉底命名的行医誓言，更彰显了复旦投毒事件的悲哀。

白天不懂夜的黑。有时候法律能够匡扶社会，但是更值得注意的却是人心。

十一、“卖身契”别把自己卖了

——劳动合同签订注意事项

劳动合同，在法律上是指劳动者与用人单位之间确立劳动关系，明确双方权利义务的协议[①]。现实生活中人们一般通俗而不失调侃地将之称为“卖身契”。然此“卖身契”非彼卖身契，与旧社会买卖人口的卖身契有本质上的不同。在现代社会的劳动合同关系中，劳动者并不成为买主的私人财产，其人身仍享有自由，只需向用人单位提供一定内容和期限的劳动服务即可。但这也不是闹着玩儿的，一纸“卖身契”签订，即意味着劳动者将要按照契约向用人单位提供劳动，用人单位也要按照约定的数额向劳动者支付报酬，按着劳动法的规定保障劳动者的基本权益。

---

①《劳动法》第16条第1款规定：“劳动合同是劳动者与用工单位之间确立劳动关系、明确双方权利和义务的协议。”

[1]

那么，如此关切劳动者基本权益的劳动合同，如何签订才能最大限度地维护自身的合法权益，不至于把自己给卖了？通常，劳动合同的签订需要注意以下事项：首先，有关试用期的约定是否违法，是很多劳动者十分关心的问题。学软件工程专业的小马应聘到一家软件开发公司工作，该公司与其签订了两年期的劳动合同。并表示，由于该项工作是技术工种，所以有 3 个月试用期，试用期月薪为同岗位正式人员的一半。小马很关心：试用期的规定应该是多长？试用期的月薪合法吗？[2]

签订劳动合同必须要约定试用期吗？答案显然是否定的。依照我国《劳动合同法》及相关规定，劳动合同是否约定试用期分三种情形：一是对非全日制劳动合同，不得约定试用期；二是以完成一定工作任务为期限的劳动合同或者合同期限不满 3 个月的，不得约定适用期限；三是全日制劳动合同，可以约定也可以不约定试用期。案例中小马属于第三种情况，即其与公司之间既可以约定试用期，也可以不约定，最终还取决于双方协商的结果。

案例中双方签订两年期的劳动合同，与此同时约定三个月的试用

---

① 图片来源于网络 http: //jingyan.baidu.com/article/11c17a2c4dd258f447e39d5c.html，最后访问时间：2016 年 2 月 16 日。

② 李文:《毕业生入职应小心“试用期”滥用》，载《劳动保障世界》2014 年第 9 期，第 19 页。

期是否符合规定呢？《劳动合同法》第19条第1款规定："劳动合同期限三个月以上不满一年的，试用期不得超过一个月；劳动合同期限一年以上不满三年的，试用期不得超过二个月；三年以上固定期限和无固定期限的劳动合同，试用期不得超过六个月。"因此，两年期劳动合同约定的试用期限不得超过2个月，案例中公司与小马约定3个月的试用期显然是违法的。一方面，小马可以向劳动行政部门投诉，由劳动行政部门责令用人单位改正。另一方面，如果该试用期已经实际履行了3个月，则公司应按照正式工资标准支付小马赔偿金。

那么，试用期期间的薪资约定又应当满足怎样的条件呢？根据《劳动合同法》第20条规定，劳动者在试用期的工资不得低于本单位相同岗位最低档工资或者劳动合同约定工资的百分之八十，并不得低于用人单位所在地的最低工资标准。《劳动合同法》规定了两个"不低于"原则，首先不得低于用人单位所在地的最低工资标准，这是试用期工资的最底线；其次不得低于本单位相同岗位最低档工资或者劳动合同约定工资的百分之八十。二者取其高。小马的公司约定试用期月薪为同岗位正式人员的一半，明显是违反法律规定的，小马被"坑"了，可以依据法律规定要求公司补发少发的薪资。

另外，劳动合同中的违约金约定也是劳动者十分关注的问题。2009年，大学应届毕业生小张被上海某公司录用。8月15日，小张与公司签订了为期3年的劳动合同。合同约定：(1)公司同意聘用其并为其申请办理上海户口；(2)双方经协商，小张同意为公司服务3年，自2009年8月15日至2012年8月14日；(3)如果小张在服务期内提出辞职，应支付5万元违约金给公司。此外，公司在对小张进行面试时，曾口头承诺，如果小张业绩好，可以在年底得到一个超级大红包。劳动合同及服务期协议签订后，公司为小张办理了留沪手续。小张工作亦非常努力，做出较好的业绩。但到了次年年底，公司却始终未提年底红包的事情。于是，小张于2010年3月5日提出辞职，并要求公司支付年底红包；公司书面答复不同意，并以小张违约为由将其告至劳动争议仲裁委员会，要求小张支付违约金。①

小张是否应该向公司支付违约金？我国《劳动合同法》对于用人单位和劳动者约定违约金的理由以列举方式明确作出了限制性规定，仅限于两类，分别为“因合法出资培训而签订服务期协议”和“合法约定竞业限制协议（或条款）”的情形。除此之外，用人单位与劳动者之间任何关于违约金的约定都会因为“与法律的强制性规定相抵触”而无效。因此，本案中，公司为小张申请办理上海户口的行为并未达到可以与之约定违约金的法律要求，即使约定，也属无效，小张不用支付违约金。

此外，女职工在孕期、产期、哺乳期如何执行劳动合同更是每一位女性劳动者终将面对的现实问题。小尤是宜昌新世界广场某鞋类品牌专柜的柜长。即将生产的她，遭遇单位片区督导及经理“自动离职”的暗示。见她无视离职要求，经理又明确要求她写下保证书，注明“怀孕期间工作中发生的任何意外与公司无关”。实际上小尤怀孕后，就一直担心自己的生育保险和带薪休假。她的担心并非无来由：入职两年来，公司一直没有为职工办理社会保险，尤其是女职工孕产期的生育保险。这意味着她怀孕期间可能无法享受国家对工作期间孕产妇的带薪产假及相应的补助。她曾就孕产期相关休假政策咨询公司行政人员，得到的回复是“我们一直没有休产假的制

---

①《新人入职必看：签合同这事儿须掂量》，来源于新浪网，2010年7月1日，最后访问时间：2016年2月16日。

度，要么辞职走人，要么按照平时正常上班”。无奈之下，小尤只有向工会组织申请维权。[①] 媒体调查显示，38.2% 的未孕女性担心怀孕后被单位辞退；23.8% 的女性担心被调职；担心被减薪的则有 16.3%。现实工作中，的确有不少女性在怀孕后，遭遇到被调岗、降薪、增加工作量、以开除相要挟迫使其在“辞职书”上签字，甚至直接被辞退等情况。

但是，用人单位的这些做法显然是站不住脚的。《劳动合同法》第 42 条规定，女职工在孕期、产期、哺乳期间，没有严重过错，用人单位不能解除劳动合同。《妇女权益保障法》第 27 条规定，任何单位不得因结婚、怀孕、产假、哺乳等情形，降低女职工的工资，辞退女职工。案例中的小尤属于“三期”保护对象，因此，她受到法律的特殊保护，可以安心带薪生产，不能被随意调职、减薪、增加工作量、辞退，劳动合同按原样继续履行。从上述案例我们可以看出，劳动合同对于劳动者来说的确十分重要，因此，再一次提醒初入职场的劳动者们，在签订“卖身契”——劳动合同时，一定要慎之又慎，别把自己卖了。

十二、老板的“有色眼镜”
——就业歧视及救济

十年寒窗苦读的大学生们大多数都因为近视不可避免地戴上了近视眼镜，当有一天，他们终于学有所成踏出校门，发现老板也带了“眼镜”。不过呢，老板的眼镜，可是“有色”的—— 一副充满“就业歧视”色彩的有色眼镜。

① 廖巧玲：《孕期被辞，职场女性“三期”保护堪忧》，载《工友》2013 年第 3 期，第 4 页。

歧视就是不公平的对待。[①]而公平从本质上讲就是社会各种资源、利益以及负担的分配上的正义，表现为“给每一个人他所应得的”这种基本的形式[②]，具体到就业机会和工作待遇，就是劳动者受到的差别对待在什么程度上是可接受的和合理的问题。因此，就业歧视是指：“基于种族、肤色、性别、宗教、政治见解、民族血统或社会出身的任何区别、排斥或特惠，其效果为取消或损害就业或职业方面的机会平等或待遇平等；有关成员在同雇主代表组织和工人代表组织——如果这种组织存在——以及其他有关机构磋商后可能确定其效果为取消或损害就业或职业方面的机会平等或待遇平等的其他区别、排斥或特惠。”而我国就业歧视的范围限定在“用人单位招用人员、职业中介机构从事职业中介活动”[③]，侧重于劳动者获得工作机会这一行为阶段。

我国现阶段的就业歧视主要表现为：性别歧视、户籍歧视等。其中，性别歧视是各种歧视中历史最长、最突出的问题，主要表现为对女性的歧视。在就业市场上，明确限制性别的广告比比皆是。“限男性”“男性优先”等字眼，深深刺痛着每一个女性同胞的心。有些单位怕太明确而招惹麻烦，表面上不对性别作出限制，但是一进入面试环节就对女性“亮红灯”，在条件相当甚至更优秀的情况下，女性经

---

① 歧视有广义和狭义之分：广义的歧视就是区别对待，包括公平的区别对待，也包括不公平的区别对待；狭义的歧视只是不公平的区别对待。就业歧视、反歧视等用语中的歧视都是狭义的歧视。

② [英] 米尔恩：《人的权利与人的多样性：人权哲学》，夏勇、张志铭译，中国大百科全书出版社 1995 年版，第 189 页。

③《就业促进法》第 26 条规定：“用人单位招用人员、职业中介机构从事职业中介活动，应当向劳动者提供平等的就业机会和公平的就业条件，不得实施就业歧视。”

常并且仅仅因为性别问题被用人单位拒之门外。这一点，高校女毕业生们深有体会。在毕业季累死累活地跑招聘现场，眼看着平时表现一般、成绩也不突出的男同学们一个个都已经签约，而相对更优秀的自己还完全没有着落，这种明显而无法对抗的现状让女毕业生们实在不知何去何从。

东方某某学校在58同城网上发布了关于文案职位的招聘要求，未写明招聘人数以及性别。2014年6月郭某在网上向该学校投递了个人简历，简历中载明性别“男”、年龄“20岁”，网页记录也明确显示该学校已经查看了郭某的简历。后来，郭某就招聘事宜打电话给该学校的联系人，同时说明在所投简历中不小心将其性别错写成男性。但是，东方某某学校联系人此时却以文案职位需经常与校长出差、校长为男性、出差时间较长等为由回复“该职位只招男性”，建议郭某可考虑应聘该学校的人事、文员等其他岗位。

此外，东方某某学校也在赶集网上发布招聘文案策划（全职）职位的信息，招聘人数1人，最低学历大专，工作经验不限（应届生亦可），性别要求为男性。2014年6月，郭某也在此网站向东方某某学校投递了个人简历，东方某某学校未反馈。郭某就招聘事宜打电话给东方某某学校的联系人，东方某某学校联系人以文案职位需早晚加班等为由回复不考虑女生，只招男生。

两次被拒后，小郭直接来到东方某某学校人力资源部面试处应聘文案职位，工作人员依然以文案职位需与男性校长出差、女性有很多不方便为由拒绝了小郭的应聘，但同时也再次建议她可考虑应聘学校的人事、文员等岗位。2014年7月，小郭以东方某某学校行为构成就业歧视，侵害了其平等就业权、人格尊严权，请求法院判决学校书面赔礼道歉并赔偿精神损害抚慰金5万元。

类似小郭的案例不胜枚举，当我们也如小郭一样，遭遇到性别歧视时，应该怎么做呢？首先，我们要熟悉法律规定，以便在关键时刻，拿起法律的武器保护自己。《宪法》第 33 条第 2 款规定：“中华人民共和国公民在法律面前一律平等。”《劳动法》第 12 条规定：“劳动者就业，不因民族、种族、性别、宗教信仰不同而受歧视。”第 13 条还特别强调：妇女享有与男子平等的就业权利，在录用职工时，除国家规定不适合妇女的工种或岗位外，不得以性别为由拒绝录用妇女或提高对妇女的录用标准。其次，我们可以向女性维权的专门组织——妇联求助。最后，我们还可以向小郭一样，一纸诉状将性别歧视的用人单位告上法庭，让法院主持公道。

除了性别歧视，户籍歧视也成为现代就业困难的巨大阻碍。一般而言，户籍歧视现实生活中主要表现为有的用人单位要求应聘者必须具有本地户口。甚至有些地方政府也推波助澜，干预本辖区内用人单位的用工自主权，要求用人单位优先录用本地人。如此一来，劳动力市场就出现了二元甚至多元分割的局面，使得农村与城市，城市与城市之间的劳动力无法得到市场机制的资源配置。

来自安徽宣城的小江于 2013 年 6 月毕业于安徽师范大学。2013 年 4 月 8 日，她在网站上看到南京市人力资源社会保障局下属的南京市人力资源和社会保障电话咨询中心在对外招录 10 名“12333”电话咨询员，打算报名。结果在报名过程中，小江发现，因为自己不是南京户籍，连报名的资格都没有。小江以其遭遇户籍歧视向江苏省人社厅投诉，但是却并未得到满意答复，于是又向媒体投诉，未果后，最终向法院提起诉讼，经过小江 15 个月的艰苦努力与不懈争取，该案终于在南京市鼓楼区法院主持下达成调解，被告南京市鼓楼人力资源服务中心于七日内一次性支付小江 11000 元。

户籍歧视现象的出现离不开地方主义思想，是人们在长期的日常生活、治理中产生的并潜移默化地影响当地对于劳动者的户籍选择。仅仅是通过社会舆论或是国家政策无法从根本上消除户籍歧视现象[①]，应从以下方面着手：首先，进行户籍制度改革。我国劳动者在就业过程中遇到的户籍歧视与我国现有的户籍制度有很大关系。“户籍歧视是一种具有明显中国特点的歧视，自中国社会，户籍制度一直备受关注。”[②]如果取消户籍制度，人们即可以自由选择在全国各地实现就业，无须具备当地的户口。其次，完善相关的法律法规，尽快出台《反就业歧视法》。目前，我国已经开始启动《反就业歧视法》的起草工作，但是仍然需要进一步推动其出台，明文规定禁止户籍歧视，即用人单位招录劳动者时，不得在招聘、工作和待遇上给予农村户籍和非本地户籍的劳动者歧视待遇。

我国现有的两大保障劳动者平等就业权的法律，即《劳动法》和《就业促进法》均将歧视范围限于法定的四种，导致劳动者在遭遇就业歧视后，因无法律明文规定遭遇维权受阻，最终只能放弃维权。因此，在制定反就业歧视专门法律的同时应当对现有劳动法律进行修改和完善。除了要将户籍、年龄等歧视现象纳入法律规制外，还应当对就业歧视规定相应的法律责任，从而让劳动者的平等就业权得到充分保障。除了以上两种常见的就业歧视外，还有年龄歧视、身高歧视、学历歧视、对“乙肝病毒携带者”的歧视等，不一而足。作为劳动者，在面对这些歧视时要坚决地说“不”，当遭遇损害时要勇敢地拿起法律武器来维护自己的合法权益，真正地体会到劳动的快乐。

---

① 葛正英：《户籍歧视下的平等就业权》，载《安徽警官职业学院学报》2015 年第 1 期，第 19 页。

② 杨伟国、王瀛、代懋：《中国劳动与雇佣法经济学》，东北财经大学出版社 2013 年版，第 287 页。

十三、你“囧”了吗？

——劳动者在工作中的诸多尴尬境遇

“囧”，其义本为“光明”，现成为网络社群间一种流行的表情符号，代表人受了惊吓而使表情变形。又因普通话的“囧”与“窘”同音，读起来的感觉很容易跟窘境、窘况联想在一起，可以很形象地表示“尴尬”“真受不了”等意思，被赋予“郁闷、悲伤、无奈”等含义。所谓“劳囧”，是指劳动者在工作中所遭遇的那些使人郁闷，又似乎无可奈何的事情。“劳囧”的事例实在很多，常见多发的主要存在于加班、生育等事件之中。

我们首先来看看加班费如何成为“劳动之囧”。刚刚踏出校门的学生们，往往在应聘的时候羞于提加班费的事情，仿佛义务加班是一件天经地义的事情；或者虽然觉得义务加班让自己吃了亏，然而在日益严峻的就业形势的压迫下，迫于生活压力，劳动者们也不敢主动争取自己应得的加班费。用人单位正是看清了这些，开始有恃无恐地安排无休止的加班，并且将加班费严重缩水，甚至不支付加班费。为此，用人单位想出了五花八门的手段，真可谓是无所不用其极。

首先，加班变值班。比如，每逢节假日，公司都安排部分人员进行所谓的“值班”，借此保障一些业务的正常开展。这样的“值班”几乎每个假日都能轮到1—2天，并且没有任何报酬。实际上，这是借值班之名，行加班之实。我们知道，值班通常是指公司职员根据单位假日工作要求，在正常工作日之外担负一定的非生产性的责任，主要是负责单位的行政等方面的指挥领导；加班则是劳动者被单位安排继续从事生产经营等劳动工作。值班是义务的，加班则须支付加班费。当值班内容名不副实时，应以实际为准，要求用人单位支付加班费。

其次，补休等于加班费。每逢中秋、国庆、春节等重要的节假日，一些公司都会提前发出通知：假日期间，要求部分员工加班，并承诺在节前、节后闲时，另行安排同等时间或二倍时间的补休以作为补偿，但不再另行发放加班费。在用人单位眼里，补休就等于加班费。实际上，法律对于休息日和节假日期间关于加班费的计算是有明确区分的。根据《劳动法》第44条的规定，用人单位休息日安排劳动者工作又不能安排补休的，支付不低于工资的百分之二百的工资报酬；法定休假日安排劳动者工作的，支付不低于工资的百分之三百的工资报酬。据此，双休日加班可以安排补休作补偿，而法定节假日则不能用补休来代替，不管有没有补休，都必须老老实实地支付不低于工资百分之三百的报酬。

再次，加班时间没有限制。“加班复加班，加班何其多。”有些单位为了赶工，以为只要支付了加班费就可以无限制地安排员工加班。然而，金钱并不是万能的，再多的加班费也买不来无休止的加班。《劳动法》对此进行了限制性规定，用人单位由于生产经营需要，经与工会和员工协商后可以延长工作时间，但一般每日不得超过一小时；因特殊原因需要延长工作时间的，在保障员工身体健康的条件下延长工作时间每日不得超过3小时，每月不得超过36小时。如果超过法律规定的限度，无论支付多少加班费，都属于违法行为，[①]劳动者可以不执行，而用人单位不仅要足额支付加班费，还要接受行政处罚。

最后，变相要求加班。用人单位的部门主管或负责人常常在工作日快要下班时或是周五快要下班时下达任务，要求第二天或周一交出

① 陈兴华：《加班费，你“较真”了吗》，载《人力资源》2008年第5期，第33页。

一份材料、总结、报告之类。当劳动者加班加点完成任务，在结算工资时却发现，并没有得到加班费。用人单位还理直气壮地说："我们并没有安排你加班啊，是你未经公司安排自愿加班的，不应得到加班费。"我国《劳动合同法》第 31 条规定，用人单位安排加班的，应当按照国家有关规定向劳动者支付加班费。用人单位支付加班费的前提是"用人单位根据实际需要安排员工在法定标准工作时间以外工作"，如果员工的工作既不是用人单位的要求、决定，也没有用人单位认可的加班记录，而只是自愿加班的话，则不属于法律认定的"加班"，用人单位无须支付加班费。但那种用人单位间接要求员工不得不在节假日、工作日晚上耗费时间完成工作，变相地延长了员工的工作时间的，属于法律层面的加班，应当支付加班费。

除了加班之囧，很多劳动者还会遭遇生育之囧。有些公司在其企业规章制度中明文规定，或者有不成文的规定，即劳动者在合同期内禁止结婚生育，一旦违反此规定，公司则不留情面，将其开除。劳动者去找用人单位理论，用人单位还振振有词："企业的规章制度是广而告之的，明知有这样的制度，不遵守好制度，还要刻意去违反，是不服公司管理，属于严重违反劳动纪律或者用人单位规章制度的情形，可以解除合同。"

事实上，"合同期内不得结婚、生育"的规定不仅违反伦理道德，同时也触犯了法律。我国《婚姻法》规定，中华人民共和国公民享有婚姻自由，禁止任何干涉婚姻自由的行为。公司禁止在合同期内结婚的行为，无疑是对婚姻自由的干涉，是对《婚姻法》的违反。同样，劳动者也享有自己决定是否生育、何时生育的权利，公司同时也侵犯了劳动者的生育权。由于这一条款与法律规定相抵触，所以是无效的。

若说生育之囧是对伦理道德的违反，那么，恋爱之囧则有过之而无不及。企业或公司不允许员工之间的办公室恋情已经不再是新闻，一些公司在其规章制度中还明文规定不允许员工之间谈恋爱，人为地画定了一条红线，一旦员工“触碰”红线，违反该规定，就将其开除。

杨鹏是某公司市场部的主管，能力出众，随和可亲。小雪是该公司的客户经理，身材高挑，容貌姣好，从进入公司，就成为不少男同事暗恋的对象。由于公司业务需要，二人时常一起讨论工作上的事情，有时候加班到很晚，二人就一起去吃饭。一来二去，二人互相深深吸引，很快就确定了恋爱关系。但是公司有一条规定：不允许谈办公室恋情，一旦发现，就会做出开除决定的处理。后来二人谈恋爱的事情传到公司高层领导的耳朵里，领导找二人谈话，杨鹏和小雪无奈承认在恋爱的事实，但二人保证不会影响公司的业务和工作。但是碍于二人在公司的身份，领导认为二人没有做出表率，严重破坏了公司规章制度，于是将二人开除。虽然公司禁止办公室恋爱的初衷在于办公室恋情有可能影响当事人的工作效率，严重的会有泄露公司机密的隐患。但是因办公室恋情开除员工则涉嫌违法。

案例中，公司事先颁发“禁恋令”，杨鹏和小雪明知故犯，公司依据《劳动合同法》第39条的规定，解除劳动合同，似乎合理合法。但是，其实这种看法是错误的，因为公司制定的这项规章制度本身就是违法的。我国《婚姻法》第3条第1款规定：“禁止包办、买卖婚姻和其他干涉婚姻自由的行为……”公民有权自己做主决定其婚姻状况，即是否恋爱、结婚等，其他任何组织和个人都不能强制和干涉。本案中公司通过颁发“恋爱令”擅自限制企业员工之间的恋爱，以开除为要挟，迫使员工放弃自己的婚恋自由，违反了我国法律关于公民婚姻自由的规定，因此是无效的。劳动者若是遇到此类情况可以向劳动仲裁部门反映，以维护自己的合法权利。

十四、祸从天降

——工伤的认定及法律适用

虽然大家都祈祷“高高兴兴上班，平平安安回家”，可是在现实工作中，难免遇到个磕磕碰碰，轻则磨破皮扭了腰，重则缺胳膊断腿，甚至可能发生工亡事故。当祸从天降，遭遇到了不幸，一味悲伤是没有任何意义的，我们要思考这种伤害是否可以认定为工伤，通过工伤赔偿弥补损失。那么，到底什么样的伤害可以称为“工伤”呢？

所谓工伤，也称职业伤害，是指劳动者（职工）在工作或者其他职业活动中因意外事故和职业病造成的伤残或死亡。包括应当认定为工伤和视同工伤两大类。

一类是应当认定为工伤的情形：

（1）在工作时间和工作场所内，因工作原因受到事故伤害的；

（2）工作时间前后在工作场所内，从事与工作有关的预备性或者收尾性工作受到事故伤害的；

（3）在工作时间和工作场所内，因履行工作职责受到暴力等意外伤害的；

（4）患职业病的；

（5）因工外出期间，由于工作原因受到伤害或者发生事故下落不明的；

（6）在上下班途中，受到非本人主要责任的交通事故或者城市轨道交通、客运轮渡、火车事故伤害的；

（7）法律、行政法规规定应当认定为工伤的其他情形。

在此基础上，《最高人民法院关于审理工伤保险行政案件若干问题的规定》又细化了以下几种工伤的情形：

（1）职工在工作时间和工作场所内受到伤害，用人单位或者社会保险行政部门没有证据证明是非工作原因导致的；

（2）职工参加用人单位组织或者受用人单位指派参加其他单位组织的活动受到伤害的；

（3）在工作时间内，职工来往于多个与其工作职责相关的工作场所之间的合理区域因工受到伤害的；

（4）其他与履行工作职责相关，在工作时间及合理区域内受到伤害的；

（5）职工受用人单位指派或者因工作需要在工作场所以外从事与工作职责有关的活动期间；

（6）职工受用人单位指派外出学习或者开会期间；

（7）职工因工作需要的其他外出活动期间；

（8）在合理时间内往返于工作地与住所地、经常居住地、单位宿舍的合理路线的上下班途中；

（9）在合理时间内往返于工作地与配偶、父母、子女居住地的合理路线的上下班途中；

（10）从事属于日常工作生活所需要的活动，且在合理时间和合理路线的上下班途中；

（11）在合理时间内其他合理路线的上下班途中。[①]

另一类为视同工伤的情形：

---

① 其中第1—4项属于《最高人民法院关于审理工伤保险行政案件若干问题的规定》第4条之规定，第5—7项属于第5条之规定，第8—11项属于第6条之规定。

（1）在工作时间和工作岗位，突发疾病死亡或者在 48 小时之内经抢救无效死亡的；

（2）在抢险救灾等维护国家利益、公共利益活动中受到伤害的；

（3）职工原在军队服役，因战、因公负伤致残，已取得革命伤残军人证，到用人单位后旧伤复发的。[①]

在国务院出台《工伤保险条例实施细则》后，最高人民法院又出台了相应的司法解释，且每年的指导案例也有关于工伤认定的内容，工伤认定内容的多样性和认定过程的复杂性可见一斑。目前，在实践中有以下几个容易让人疑惑的问题：

首先，职工上下班途中遭遇交通事故，在肇事方已赔偿的情况下，职工是否还能享受工伤待遇呢？刘某为鄄城某有限公司车间工人。2009 年 4 月 19 日下午，刘某骑自行车上班途中发生交通事故，造成 L2（腰）椎体爆裂性骨折。刘某受伤后，以道路交通事故人身损害赔偿纠纷为由将交通事故责任方起诉到鄄城县法院。经法院调解，由肇事车辆投保的保险公司一次性赔偿刘某医疗费、误工费、护理费、残疾赔偿金、精神损害抚慰金等共计 14.8 万元。事后，刘某申请工伤认定，2009 年 12 月 22 日，鄄城县劳动和社会保障局依法认定刘某上班途中发生的该起伤害事故属工伤。2010 年 8 月 3 日，经菏泽市劳动能力鉴定委员会鉴定，刘某伤残程度为 9 级。由于该公司未为刘某缴纳社会保险费，刘某遂向当地劳动争议仲裁委员会申请仲裁，请求终止与该公司的劳动关系；由该公司支付停工留薪期间的工资、一次性伤残就业补助金、一次性工伤医疗补助金等共计 51907 元。2010 年 12 月 1 日，仲裁委审理后裁决：双方解除劳动关系；该公司支付刘

① 引自《工伤保险条例》第 15 条，以上三种情形为视同工伤的情形。

某一次性伤残就业补助金 21004 元，一次性工伤医疗补助金 16803 元，6 个月的停工留薪期工资 8760 元。

按照我国法律的精神和最高人民法院司法解释的规定，劳动者发生工伤事故，能否获得双重赔偿分为两种情况：如果属于用人单位责任的，工伤职工应当按照《工伤保险条例》的规定，享受工伤保险待遇，不能再通过民事诉讼获得双重赔偿；如果劳动者遭受的工伤，是由于第三人的侵权行为造成，则第三人不能免除民事赔偿责任，工伤职工可以获得双重赔偿。但因工伤事故产生的直接费用，原则上不予重复计算。

其次，工伤认定有时间限制吗？实践中，会出现仲裁委员会以劳动争议仲裁申请超过了时效期限为由驳回劳动者的仲裁请求或者工伤认定机关以超过时效为由不予认定工伤等情形。那么，工伤认定的时效限制究竟是怎样的呢？《工伤保险条例》关于时效的规定，因申请主体不同而不同：一是用人单位，时效是 30 日，即自发生事故伤害或者按照职业病防治法规定被鉴诊断为职业病之日起 30 日内向统筹地区劳动保障行政部门提出工伤认定申请。二是工伤职工或者其直系亲属、工会组织，在用人单位怠于向劳动行政主管部门申请认定工伤的，上述三类主体可以成为申请工伤认定主体，时效为 1 年，也是自发生事故伤害或者按照职业病防治法规定被诊断鉴定为职业病之日起 1 年内。超过时效的，自然会被驳回请求或不予受理。因此，维权时，务必要注意时效问题。

此外，发生工伤可以“私了”吗？在实践中，许多职工发生了工伤事故后，由于对于法律的规定一团雾水，或者认为工伤认定和索赔的程序太冗长烦琐，又或者急于需要钱支付医疗费用等原因，往往产生与用人单位就工伤保险待遇达成“私了”的想法。“私了”在很大程度上，对劳动者是不利的。因为劳动者可能取得比法定赔偿标准要低很多的赔偿额。而且如果协议约定支付保险待遇后不能再向用人单位主张任何权利，那么工伤复发后就只能自掏腰包了。因此，在签订“私了”协议之前，可以做两手准备：一边收集证据准备仲裁；一边先咨询律师，对大致的赔偿额有个了解，在协商时不至于太吃亏，且因医疗和工伤复发等发生的费用务必要求用人单位承担，如果无法达成一致意见，就申请仲裁。

看到工伤处理这么复杂的程序，再次提醒广大劳动者们，上班一定要注意“安全第一”，但如果实在不幸遭遇了工伤，也要沉住气，厘清相关问题，牢记注意事项，将其妥善地解决。

十五、国家的穹顶之下

——社会保障知多少

穹，意指中间高而四周下垂的样子。例如，苍穹，即天空，将大地罩住，给人以保护之感。推而广之，国家的穹顶之下，即是指国家对社会大众的保障。我们的国家，是由千千万万个小家庭组成的大家庭。我们每一个人，虽然是一个独立的个体，但同时也是社会大家庭里不可或缺的一分子。在小家庭中，我们的家庭成员生病了，失业了，发生意外了，我们的家长都会进行帮助。同样的，国家这个大家长也不会对此无动于衷，置之不理。那么，你知道国家的社会保障是如何实现的吗？国家又会给予我们哪些社会保障呢？

原来，国家的社会保障就是将我们整个大家庭的收入——国民收入进行一次再分配，并且通过制度将其固定下来，保证无收入、低收入以及遭受各种意外灾害的公民能够维持生存，保障劳动者在年老、失业、患病、工伤、生育时的基本生活不受影响，同时根据经济和社会发展状况，逐步增进公共福利水平，提高国民生活质量。那么，社会保障有哪些种类呢?

由于受到中华民族家国同构、等级差序、中庸之道等具有浓厚本土色彩的文明元素的直接而深远的影响，我国的社会保障制度发展至今已自成一体。[①]大致形成了以下五大种类：社会保险，是指国家为了预防和分担年老、失业、疾病以及死亡等社会风险，实现社会安全，而强制社会多数成员参加的，具有所得重分配功能的非营利性的社会安全制度。[②]社会保险是社会保障制度的一个最重要的组成部分。目前，我国建立起了以城镇职工为保障对象的社会保险制度体系。主要项目有社会统筹与个人账户制度相结合的养老社会保险、社会统筹与个人账户制度相结合的医疗社会保险、工伤保险、失业保险、生育保险。其中，养老保险的作用是确保劳动者在达到法定退休年龄退休后，从政府和社会得到一定的经济补偿物质帮助和服务；医疗保险的作用是保障职工基本医疗需求；工伤保险也称职业伤害保险，其作用是为劳动者由于工作原因并在工作过程中受意外伤害，或因接触粉尘、放射线、有毒害物质等职业危害因素引起职业病后，由国家和社会给负伤、致残者以及死亡者生前供养亲属提供必要物质帮助；失业保险的作用是对因失业而暂时中断生活来源的劳动者提供物质帮助；生育保险的作用是为在职女性因生育子女而导致劳动者暂时中断工作、失去正常收入来源时提供物质帮助。

---

① 参见郑功成：《中国社会保障演进的历史逻辑》，载《中国人民大学学报》2014 年第 1 期，第 33 页。

② 上述定义来源于百度百科，最后访问时间：2016 年 2 月 16 日。

[①]

社会救济也称社会救助，是指国家面向低收入者和不幸者组成的生活困难群体提供款物接济和扶助的生活保障措施。它以国家财政拨款为物质基础，以帮助社会脆弱群体摆脱生存危机为目标，采取的是无偿救助的方式。[②]

社会福利其含义有广义和狭义之分，广义的社会福利是指提高广大社会成员生活水平的各种政策和社会服务，旨在解决广大社会成员在各个方面的福利待遇问题。狭义的社会福利则是提高广大社会成员生活水平的各种政策和社会服务，旨在解决广大社会成员在各个方面的福利待遇问题。社会福利是社会保障体系中的最高纲领。

社会优抚是指国家和社会对军人及其家属所提供的各种优待、抚恤、养老、就业安置，来源于我国《宪法》第 45 条第 2 款之规定：“国家和社会保障残废军人的生活，抚恤烈士家属，优待军人家属。”社会优抚制度的建立，对于维持社会稳定、保卫国家安全、促进国防和军队现代化建设、推动经济发展的社会进步具有重要的意义。

---

① 图片来源于百度百科。

② 参见郑功成:《中国社会保障演进的历史逻辑》，载《中国人民大学学报》2014 年第 1 期。

社会互助是指在政府的鼓励和支持下，社会团体和社会成员之间自觉自愿组织和参与的扶弱济困活动。一种是为受助者提供资金，另一种是为受助者提供服务。政府的鼓励和支持主要体现在税收优惠、下拨经费等，社会互助的资金主要来源还是社会捐赠和成员的自愿交费。社会互助的基本形式主要有工会、妇联等群众团体组织的群众性互助互济，民间公益事业团体组织的慈善救助，以及城乡居民自发组成的各种形式的互助组织。

在上述五种社会保障中，社会保险是覆盖面最广、参与人员最多、对我们的日常生活影响最大的一种。根据人力资源和社会保障部发布的社保报告，截至 2014 年年底，全国城乡居民基本养老保险参保人数达到 50107 万人，城镇（城乡）居民基本医疗保险参保人数达 31451 万人，工伤保险参保人数 20639 万人，失业保险参保人数为 17043 万人。

有人会问："这么多人都参加，我也想参加，怎样才能参加？"我国参加社会保险根据主体不同分为两种情况：一种是用人单位的全日制职工。由用人单位自用工之日起 30 日内为其职工向社会保险经办机构申请办理社会保险登记。[①] 另一种是无雇工的个体工商户、未在用人单位参加社会保险的非全日制从业人员以及其他灵活就业人员，需要自行向社会保险机构申请办理社会保险登记。是不是仅仅登记就可以了呢？当然不是，还要按照规定缴纳社会保险费。但这社会保险费缴多少，如何缴，又有人犯嘀咕了。这同样分两种情况：对于有单位的职工，社保由单位统一缴纳，实行比例缴费，由个人缴费和单位缴费组成，以工资总额为基数，社保缴纳额度每个地区的规定都不同，但比例是大致相同的，各地略有变动。对于无雇工

---

① 参见《社会保险法》第 58 条规定。

的个体工商户、未在用人单位参加社会保险的非全日制从业人员以及其他灵活就业人员，可以直接向社会保险费征收机构缴纳社会保险费。这种情况缴费数额以上一年度地区社会平均工资为基数，而且根据本地区的规定，可能有不同的档次，在参加时可以向所在地的社保部门咨询。

还有人问："我比较缺钱，是否可以不缴社会保险，让单位把它应缴纳的部分直接支付给我？"现实生活中，的确出现了不少职工自愿弃保的情况，即职工主动与公司达成协议，自愿放弃社保。那么这种协议是合法有效的吗？答案当然是否定的。"弃保"会对用人单位和职工造成双重伤害。对单位而言，将可能被社会保险行政部门、劳动保障行政部门处以罚款，而且还要自行承担对职工的工伤赔付。对于职工而言，则可能因缴纳年限不足而不能享受相应的权利。例如，养老保险必须缴满 15 年，退休后才能享受终身。

第二章　律久弥新

第一节　史制名规

一、嫡长子继承制度

[1]

朱允炆（1377 年 12 月 5 日—？），为懿文太子朱标次子，明太祖朱元璋之孙，明洪武三十一年（1399 年）继皇帝位，1398 年 6 月

① 图片来源于百度百科，最后访问时间：2016 年 2 月 16 日。

30 日至 1402 年 7 月 13 日在位，年号建文，故后世称建文帝，又作朱允文、朱允汶。

在电视剧《穿越时空的爱恋》当中，皇帝朱元璋将皇位传给了长孙朱允炆，而不是燕王朱棣，以至于朱棣通过靖难之役夺取皇权，史称明成祖。很多人不明白为什么朱元璋要将王位传给朱允炆而不是朱棣。其实朱元璋对是否由朱允炆来继承皇位很是犹豫，因为朱允炆的性格比较软弱，没有身为君王应该有的果断和勇敢，朱元璋担心由他继位不能承担起治理国家的重任。朱元璋曾经亲口对他的大臣说："太子死了，皇长孙（朱允炆）年纪还小，如果让燕王来继承皇位，大家觉得怎么样？"大臣回答："立燕王绝对不行！如果立燕王，那么秦王、晋王怎么办？让皇长孙继位才能让天下人心服口服，四海归心。"但是，最后朱元璋还是选择了让孙子朱允炆继承皇位，很多人不明白为什么，以为就像电视剧里描述的那样，只是朱允炆更加讨朱元璋欢心而已。其实，用嫡长子继承制度来解释完全合情合理。

商末周初，我国就已经开始实行嫡长子继承制度。《春秋公羊传·隐公元年》中说："立嫡以长不以贤，立子以贵不以长"，即王位的继承人必须是自己的嫡亲长子，不论他是否贤能，王位的继承人必须是妻所生的长子。《唐律疏议·户婚》第十二卷中说："无嫡子及有罪疾，立嫡孙；无嫡孙，以次立嫡子同母弟；无母弟，立庶子。"也就是说，一般来讲，由正妻所生第一个儿子作为父亲的继承人，如果没有嫡子或者嫡子有原因无法继承时，则立嫡孙，没有嫡孙的，就立和嫡子同一个母亲的弟弟。没有同胞弟弟的，才立庶子。因此，由于朱允炆是朱元璋长子朱标的儿子，是他的嫡长孙，而朱棣不是他的长子，选立长子的儿子（嫡长孙）为法定继承人，理由就是"皇孙世嫡，富于春秋，正位储极，四海系心"，也符合嫡长子继承制度。

所谓嫡长子继承制度其实是为了解决一妻多妾制度导致的继承纠纷。在中国古代，继承的内容既包括身份继承也包括财产继承。然而，由于实行一妻多妾的婚姻制度，所以在兄弟之间必然会出现继承矛盾，因此，嫡长子继承制度也就应运而生。嫡长子继承制度能够有效地避免兄弟之间为争夺权位以及财产而引发的争端，有利于社会的稳定与和谐。但是，用我们现代人的眼光来看，一个不可忽略的问题就是：仅仅承认嫡长子有继承权，是否侵害了其他子女的权利？

《继承法》第 9 条明确规定无论男女，均享有同等的继承权。① 这从根本上否定了中国古代的嫡长子继承制度，确立了儿子、女儿均有继承权的基本原则。同时，《继承法》分别确立了法定继承与遗嘱继承制度。法定继承即按照法律明确规定的继承顺序继承，分别包括配偶、子女、父母、兄弟姐妹、祖父母、外祖父母。所说的子女，包括婚生子女、非婚生子女（也即通常所说的私生子）、养子女和有扶养关系的继子女。所说的父母，包括生父母、养父母和有扶养关系的继父母。所说的兄弟姐妹，包括同父母的兄弟姐妹、同父异母或者同母异父的兄弟姐妹、养兄弟姐妹、有扶养关系的继兄弟姐妹。其中第一顺序为：配偶、子女、父母。第二顺序为：兄弟姐妹、祖父母、外祖父母。继承开始后，由第一顺序继承人继承，第二顺序继承人不继承。没有第一顺序继承人继承的，由第二顺序继承人继承。而所谓的遗嘱继承则是指公民可以按照自己的意愿分配自己的财产，并不受法定继承顺序以及范围的限制。《继承法》的规定，完全与中国古代的继承制度不同，其强调的是平等的继承权，并不承认嫡长子特权。此外，《继承法》还规定了与中国古代的嫡长孙继承制度类似的继承制

---

①《继承法》第 9 条规定："继承权男女平等。"

度，即代位继承制度。如上文所述，所谓的嫡长孙继承，即没有嫡子或者嫡子因为特殊原因无法继承时，由嫡长孙继承。《继承法》第11条明确规定代位继承制度，即如果被继承人的子女先于被继承人死亡，那么被继承人的子女的晚辈直系血亲可以代位继承，但是代位继承人只能继承他的父亲或者母亲有权继承的那部分遗产。[①] 也就是说，在现代，如果被继承人的子女先于被继承人死亡而无法继承的，其子女可以代位继承，根源于古代的嫡长孙继承制度。

当然，不可否认的是，任何一种继承制度都是与当时的社会以及各种制度相适应的，只要是符合历史潮流的，能促进当时社会进步的，都是先进的社会制度，我们不能以现在的眼光去批评古代的法律制度。因此，在建立我国的社会主义法律体系时，对于传统法律制度应当去其糟粕，取其精华。中国古代的嫡长子继承制度是源于当时的一妻多妾制度而产生的，有利于解决当时各个子女之间的继承矛盾和纠纷，有利于维护社会的稳定与和谐，毫无疑问的是嫡长子继承制度促进了我国社会的进步，在当时，嫡长子继承制度符合社会发展的需要。然而，在强调人权以及法律面前人人平等的现代社会，嫡长子继承制度显然是不符合社会的现实状况。我国《继承法》明确规定男女继承权平等，无论男女，无论是否婚生，只要是被继承人的子女均有平等的继承权。在明确继承人范围的同时，还明确了继承人的顺序，这个顺序并不是以年长作为标准的，与以年长和身份作为继承标准的嫡长子继承制度完全不同。当然，我国现代的继承制度对于古代的继承制度有一定的吸收和传承，如代位继承制度。总而言之，在看待古今法

---

①《继承法》第11条规定："被继承人的子女先于被继承人死亡的，由被继承人的子女的晚辈直系血亲代位继承。代位继承人一般只能继承他的父亲或者母亲有权继承的遗产份额。"

律传承的问题上，我们应该持有一种客观的态度进行评价，既了解古代的制度，又应该清楚现在的法律规定，以维护自己的合法权益。

二、婚姻六礼

[1]

高中课文《国风·卫风·氓》中有这样一段话："氓之蚩蚩，抱布贸丝。匪来贸丝，来即我谋。送子涉淇，至于顿丘。匪我愆期，子无良媒。将子无怒，秋以为期。乘彼垝垣，以望复关。不见复关，泣涕涟涟。既见复关，载笑载言。尔卜尔筮，体无咎言。以尔车来，以我贿迁。"

译为白话文则是指，"氓"以做买卖为借口去见那个女孩，女孩对男孩也有意思，但是因为男方没有好的媒人，所以女方误了婚期。男方占卜后，确认没有凶兆，女方拿着嫁妆就嫁过去了。这段话生动地描述了我国古代结婚条件以及结婚的程序要件——"六礼"。

根据《礼记·昏礼》上载："是以昏礼纳采，问名，纳吉，纳征，请期，皆主人筵几于庙，而拜迎于门外，入，揖让而升，听命于庙，所以敬慎重正昏礼也。"另《仪礼》上说："昏有六礼，纳采、问名、纳吉、纳征、请期、亲迎。"因此，所谓婚姻"六礼"涵盖的内容是：

① 图片来源于百度百科，最后访问时间：2016 年 2 月 16 日。

纳采、问名、纳吉、纳征、请期、亲迎。

1. 纳采：男方家请媒人去女方家提亲，如果女方家愿意议婚，则男方家准备彩礼前去求婚。“纳采”为六礼之首。《礼记·昏义》曰：“纳采者，谓采择之礼，故昏礼下达，纳采用雁也。”也就是说、媒人去女方家里说媒，第一次是用大雁作为见面礼的。

2. 问名：即男方家请媒人询问女方的名字和出生年月日。名有两种，一为名字，即女子出生三月的时候所命之名。二为名号，即以姓氏为名之类。因为男方的名字在纳采的时候已经向女方表明，因此问名不包括问男方的名字。问名的目的有两个：一是防止有血缘关系的近亲属之间通婚；二是通过询问女方的出生日期进行占卜，预测男女双方的结合是否吉利。

3. 纳吉：即男方将女子的名字、出生日期取回后，在祖庙进行占卜。如果占卜的结果显示的是吉兆，那么男方家就会准备彩礼通知女方，并且决定成婚。

4. 纳征：又称纳币，由男方家里派人送彩礼到女方家里去，以此作为缔结婚姻的聘礼。

5. 请期：指的是由男方家选定一个结婚的日期，并且在准备好礼物后去告知女方家，征求女方家的同意。《礼仪·士昏礼》云：“期用雁，主人辞，宾许告期，如纳征礼。”

6. 亲迎：由新郎亲自上门迎娶新娘。

中国古代的婚姻“六礼”，程序烦琐，重视父母之命、媒妁之言，彩礼是婚姻关系成立的必要条件，这种婚姻形式一直流传了两千多年。比如，在清末，陕西的很多地方，婚姻嫁娶都还基本上按照“六礼”的形式进行。婚姻“六礼”的结婚形式由于重视父母之命和媒妁之言，从而忽略当事人的自愿，容易导致包办婚姻现象的出现。同时，由于彩礼是结婚的必要条件，因此在现实中，婚姻转变成买卖关系，造成买卖婚姻的滥觞。

我国《婚姻法》第5条明确规定，结婚必须建立在男女双方自愿的基础上，任何第三人都不能以任何理由干涉男女双方的结婚自由，既不能阻止双方结婚，也不能阻止双方成立婚姻关系。[①] 因此，婚姻自由是结婚的首要条件以及基本原则，父母也不能干涉子女的婚姻自由。同时，《婚姻法》第6条和第7条还分别规定了结婚必须要满足的条件以及禁止结婚的情况。《婚姻法》第6条规定男性只有年满22周岁才能登记结婚，女性只有年满20周岁才能成立婚姻关系。[②] 第7条还规定了禁止结婚的两种情况，即直系血亲和三代以内的旁系血亲之间不能结婚，患有医学上认为不应当结婚的疾病的不能结婚。同时，《婚姻法》第10条规定了婚姻无效的情形，即重婚的，也就是本来就存在婚姻关系，又与另外第三者结婚的，后者婚姻是无效的；有禁止结婚的亲属关系或者患有不能结婚的疾病，结婚后还没有治愈的，婚姻关系无效；男女一方或者双方没有达到法定婚龄的，婚姻关系无效。[③] 显而易见的是，在这些结婚的条件当中，并不包括彩礼这一项，我国《婚姻法》强调的是男女双方均要达到法定婚龄才能结婚。

关于结婚的程序，我国《婚姻法》第8条规定，男女双方想要

---

①《婚姻法》第5条规定："结婚必须男女双方完全自愿，不许任何一方对他方加以强迫或任何第三者加以干涉。"

②《婚姻法》第6条规定："结婚年龄，男不得早于二十二周岁，女不得早于二十周岁。晚婚晚育应予鼓励。"

③《婚姻法》第7条规定："有下列情形之一的，禁止结婚：（一）直系血亲和三代以内的旁系血亲；（二）患有医学上认为不应当结婚的疾病。"第10条规定："有下列情形之一的，婚姻无效：（一）重婚的；（二）有禁止结婚的亲属关系的；（三）婚前患有医学上认为不应当结婚的疾病，婚后尚未治愈的；（四）未到法定婚龄的。"

成立婚姻关系，必须到婚姻登记机关进行登记，没有去婚姻登记机关进行登记结婚的，可以补办，没有补办的，视为男女双方并未成立婚姻关系。[①] 因此，在我国，男女双方是否成立婚姻关系，在于是否合法取得结婚证，没有取得结婚证而仅仅同居者，不成立婚姻关系，也就是说我国不承认事实婚姻。我们可以发现，中国古代所强调的那些婚姻程序，如问女方姓名、占卜、彩礼等，在我国现今的婚姻法中已经被全部抛弃，我国只承认取得结婚证的婚姻关系。

中国古代的婚姻制度强调的是父母之命和媒妁之言，并且只要履行了纳采、问名、纳吉、纳征、请期、亲迎这“六礼”，就代表男女双方成立了合法的婚姻关系。但是我国现今婚姻法强调婚姻自由，父母不得干涉男女的婚姻自由，并且结婚必须达到法定婚龄，没有法律上规定不能结婚的情形。在满足这些结婚条件之后，男女双方还必须依法取得结婚证，两人的婚姻关系才真正成立，同居关系不代表婚姻关系。男女双方在婚前同居，其间发生的财产关系并不受到法律的保护，双方同居之间产生的共同财产并不能作为夫妻共同财产，如果只是一方在同居期间创造的财产，双方在分开时，另一方无权分得那部分财产。并且，因为没有我国婚姻法的保护，双方并没有夫妻间的忠诚义务，因此如果一方背叛导致感情破裂而分开，另一方并不能因此而请求背叛的一方给予补偿金。综上所述，根据我国婚姻法的规定，男女双方只有满足法律规定的条件，履行了法律规定的程序，才能确

① 《婚姻法》第 8 条规定：“要求结婚的男女双方必须亲自到婚姻登记机关进行结婚登记。符合本法规定的，予以登记，发给结婚证。取得结婚证，即确立夫妻关系。未办理结婚登记的，应当补办登记。”

立夫妻关系，男女双方的权利才能得到有力的保障，事实婚姻与同居关系均不能得到法律的保护。

三、七出三不去

[1]

“孔雀东南飞，五里一徘徊。”《孔雀东南飞》一文讲述的是东汉年间，在庐江郡发生的一场爱情悲剧。男女主人公因为男方的母亲逼迫而分开，最后二人只能相约自杀，本文用以说明古代婚姻制度中的离婚制度。刘兰芝非常能干，诗书礼乐样样精通，对婆婆孝顺，非常勤劳，但是婆婆仍然百般刁难，即使夫妻感情和睦，婆婆也要焦仲卿休妻，焦仲卿最后也只能休妻。那么，人们可能会问：为什么焦仲卿必须听从母亲的命令休妻？他不是对刘兰芝感情很深吗？为什么婆婆要以刘兰芝“无礼节”“专自由”休她？以其他理由能否休刘兰芝？有没有什么情况焦仲卿及其母亲是绝对不能休刘兰芝的？在此，本文将介绍我国古代的离婚制度——“七出三不去”。

“七出三不去”是西周时期关于解除婚姻关系的习惯性规定，到唐代，“七出三不去”才正式被成文法所规定。《礼记·大戴礼》云：

---

① 图片来源于百度百科，最后访问时间：2016 年 2 月 16 日。

“妇有七去。不顺父母，去；无子，去；淫，去；妒，去；有恶疾，去；多言，去；盗窃，去。《礼记·大戴礼》云：“妇有三不去，有所娶无所归，不去；与更三年丧，不去；前贫后富，不去。”

首先介绍作为离婚积极条件的“七出之条”。“不顺父母”，是指儿媳不孝敬公婆，顶撞父母，礼法认为这是“逆德”。因为在传统中国的婚姻关系中，父母具有决定性的作用，即所谓的“父母之命，媒妁之言”。父母既有权决定婚姻的成立，也有权决定夫妻离婚，因此“不顺父母”被认为是很严重的事。“无子”，是指妻子不能生育，无法完成传宗接代，这在礼法上认为会使夫家无后，中国古代重视血脉家族的延续和团结，因此“无后”也能成为休妻的理由。“淫佚”，其古代意义是指纵欲放荡，在“七出三不去”中，是指妻子与他人通奸。同样，“淫佚”成为休妻的原因也是与宗族有关，“淫佚”会造成后代血缘不清，导致家族血缘混乱，因而被指责为“乱族”。“妒”，是指妻子有妒忌之心，不能与丈夫的其他妻妾和睦共处，扰乱了家庭，因此被指责为“乱家”。“有恶疾”，指妻子患了严重的疾病。但是究竟何种疾病丈夫才能休妻，这些均没有明确规定，丈夫也因此有了任意的“自主权”。“多言”，指妻子太多话或说别人闲话，含有搬弄是非之意。礼制规定“多言去”，理由是“离亲”。窃盗，是指妻子偷盗丈夫家的财产，也包括妻子未经许可动用家庭财产，这种行为在当时被指责为“反义”。

从上文可知，我国古代只有丈夫可以选择是否离婚，妻子没有离婚的主动权，而休妻的条件当中，都是单方面要求妻子履行义务的条条框框。若妻子违背任何一条，丈夫都有权休妻。因此，妻子毫无权利可言，只能逆来顺受、忍气吞声，否则就只能面临被休弃的后果，而在古代，女方被休是一件很可耻的事情，娘家也会认为这丢了自家的脸面。显而易见，“七出之条”的规定，完全出于维护丈夫一方的利益，从根本上忽略妇女的合法权益。

我国《婚姻法》第 31 条规定，男女双方如果自愿离婚的，必须去婚姻登记机关解除婚姻关系，并且，无论任何一方都有权提出离婚。[①] 因此，在我国，男女双方均有权提起离婚，并且离婚主要取决于男女双方本人的意愿，任何人都不能强迫他们离婚。关于离婚的条件，《婚姻法》第 32 条明确规定，重婚或有配偶者与他人同居的，实施家庭暴力或虐待、遗弃家庭成员的，有赌博、吸毒等恶习屡教不改的，因感情不和分居满二年的，其他导致夫妻感情破裂的情形，法院应当准予离婚。[②] 这条规定同时适用男女双方，这与“七出”仅仅约束女方完全不同，体现了现代法律对妇女合法权益的重视和保障。

当然，无论中国古代还是现代，关于离婚均规定了不能提起离婚的消极条件，即“三不去”。所谓“三不去”包括：嫁到夫家的时候带来嫁妆，并且现在没有娘家的不能被休弃；妻子在丈夫家替其父母守孝三年的不能被休弃；妻子刚嫁给丈夫时，夫家贫苦，但是后面夫家富贵了，此时也不能休妻。这在一定程度上保护了女方的权益。我国《婚姻法》第 34 条规定，在女方怀孕期间、分娩后一年内或中止妊娠后六个月内，男方不得提出离婚。“三不去”是为了保护女方的权益而规定的，女方在满足这些条件时，男方不能提出离婚，这在一定程度上保护了女方的权利，但是相比较于“七出”的条条框框，“三

---

① 《婚姻法》第 31 条规定：“男女双方自愿离婚的，准予离婚。双方必须到婚姻登记机关申请离婚。婚姻登记机关查明双方确实是自愿并对子女和财产问题已有适当处理时，发给离婚证。”

② 《婚姻法》第 32 条第 3 款规定：“有下列情形之一，调解无效的，应准予离婚：（一）重婚或有配偶者与他人同居的；（二）实施家庭暴力或虐待、遗弃家庭成员的；（三）有赌博、吸毒等恶习屡教不改的；（四）因感情不和分居满二年的；（五）其他导致夫妻感情破裂的情形。”

不去”显得尤为单薄，这也表明我国古代女方地位的低下。中华法系是一个传承的过程，在现代离婚制度中，我国《婚姻法》在确立离婚自由原则的前提下，仍然强调女方利益的保护，这是法治的与时俱进。

“七出”“三不去”是规定夫妻是否具备离婚条件所要满足的十种情形，但实际是当妻子符合其中任何一种条件时，丈夫及其家族便可以要求休妻。“七出三不去”是古代以维护家长权、父权、夫权为核心内容的家礼的体现，是对妇女地位的贬低。不可否认的是，在古代的婚姻关系当中，丈夫是占据领导地位的。我国《婚姻法》强调婚姻自由，无论男女均有权提起离婚，这是法治的进步，同时也是对人权的保障。

四、傅别与质剂

①

（一）一场借贷纠纷案件

明代南陵县发生的债务纠纷案。南陵县的大户张忠经常自持富有而在乡里欺凌霸市。县民吴亘因为向张忠借了钱，到期无法归还，于

① 图片来源于百度百科，最后访问时间：2016 年 2 月 26 日。

是被张忠连本带利地夺走八亩田地，八亩田地在当时相当于百金。因此，吴亘不服，状告张忠。在审理过程中，张忠将吴亘亲笔所写的抵押字据作为证据出示，字据上写明吴亘向张忠借三十两银子，并且以八亩田地作为抵押。审理者根据双方陈述的事实，认为张忠吞并吴亘八亩田地为不仁，应当归还吴亘。而吴亘借银三十两，已经归还十五两，按本利计应再清偿张忠银三十两。[①]

（二）一分为二，各自为据——傅别

所谓傅别，就是古代的借贷合同。《周礼》云："听称责以傅别。""称责"就是借贷合同，"责"同"债"。西周的借贷契约称为傅别，"傅"指"傅著约束于文书"，"别"指"一别为两，双方当事人各执其一"。所谓"傅别"指的是借贷双方订立借贷合同，然后将合同一分为二，借款人和贷款人分别保管其中的一半，以此作为规定借贷双方权利义务的凭证。当借贷合同发生纠纷时，双方所持有的合同文件就成为判案的依据。

较之于古代的傅别，我国《合同法》对于借贷合同的内容、签订以及履行都给予了非常明确的规定，较之古代的傅别，其更加具体，也更加具有实践性，如《合同法》第 197 条明确规定，借款合同应当采用的形式要求，一般情况为书面形式，但是自然人之间的借款可以不限于书面，可以口头约定。此外，借款合同还应该约定借款种类、币种、用途、数额、利率、期限和还款方式等条款。[②] 即自然人之间的借贷可以不签订借贷合同，并且明确规定借贷合同所要包含的内容。第 204 条规

---

①《廉明公案》卷四。

②《合同法》第 197 条规定："借款合同采用书面形式，但自然人之间借款另有约定的除外。借款合同的内容包括借款种类、币种、用途、数额、利率、期限和还款方式等条款。"

定，办理贷款业务的金融机构贷款的利率，应当按照中国人民银行规定的贷款利率的上下限确定。对于贷款的利息，放贷机构不能肆意抬高，然而在古代并没有这个规定，因此在民间不可避免地出现放高利贷的现象。也正是因为古代借贷市场的不规范，才会出现本文开始描述的类似借贷纠纷案件。为了避免借款人逃避债务，在签订借贷合同的时候，我国《合同法》还规定，订立借款合同，借款人应当向贷款人提供相关的业务活动和财务状况的真实情况，这有利于贷款人了解借款人的资信状况，从而确保债权的实现。关于债权的实现，我国《合同法》第 205 条、第 209 条对还款的期限都有明确的规定。① 以上这些规定，对于借贷纠纷的妥善解决以及贷款人和借款人权利的保障都具有重要作用。

（三）“长质短剂，官府制作”——质剂

说到借贷合同，那就必然会说到买卖合同。在中国古代，买卖合同称为“质剂”。西周时期的买卖契约称为“质剂”，这种契约写在简牍上，一分为二，双方各执一份；质，是买卖奴隶、牛马所使用的较长的契券；剂，是买卖兵器、珍异之物所使用的较短的契券；“质”“剂”由官府制作，并由“质人”专门管理。《周礼》：“听买卖以质剂”“大市以质，小市以剂。”质剂也就是如今的买卖合同，是买卖双方当事人因买卖而订立的契约。卖方与买方订立买卖契约，契约中约定买卖的基本内容和价款，双方根据契约完成买卖。

---

①《合同法》第 205 条规定：“借款人应当按照约定的期限支付利息。对支付利息的期限没有约定或者约定不明确，依照本法第六十一条的规定仍不能确定，借款期间不满一年的，应当在返还借款时一并支付；借款期间一年以上的，应当在每届满一年时支付，剩余期间不满一年的，应当在返还借款时一并支付。”第 209 条规定：“借款人可以在还款期限届满之前向贷款人申请展期。贷款人同意的，可以展期。”

我国《合同法》没有区分“大小”，无论何种合同标的，均是签订统一的买卖合同，合同的基本内容均必须包括在内，但合同双方可以约定不违背法律强制性规定的条款。《合同法》第 12 条第 1 款规定：“合同的内容由当事人约定，一般包括以下条款：（一）当事人的名称或者姓名和住所；（二）标的；（三）数量；（四）质量；（五）价款或者报酬；（六）履行期限、地点和方式；（七）违约责任；（八）解决争议的方法。”因此，无论合同标的是什么，合同的基本内容没有区别。当然合同双方可以根据具体买卖的内容，另行规定相关的合同内容，前提是约定的内容不能违反法律的禁止性规定，否则合同是无效的。

此外，相较于古代的“质”和“剂”分别由官府制作，由“质人”专门管理，我国《合同法》更加强调合同的合意性，针对合同的具体内容、履行方式、履行地点、履行时间等内容均可以由当事人约定，并且除了《合同法》明确规定的那些有名合同外，当事人还可以依据实践当中的实际需求签订无名合同，无名合同也可适用《合同法》的相关规定，如我国《合同法》第 12 条规定，当事人可以参照各类合同的示范文本订立合同。因此，对于合同的具体类型，法律并没有具体限制。这种区别的根本原因还是在于社会制度的不同。封建社会并不注重商业的发展，并且对商业有众多的限制，因此商业的社会地位低下。我国现在实行的是社会主义市场经济，首先由市场本身自动调节，只有当市场调节失灵时，政府才介入其中。因此，我国《合同法》主要遵循的是当事人合意、自愿原则，关于合同的内容以及形式，当事人都可以自行约定，即使《合同法》没有明确规定，只要不违背我国现行法律的强制性规定，当事人的约定都是有效的，这也是古今买卖合同的根本不同。

从古至今，商业发展都是社会繁荣不可缺少的一环，无论是封建社会的重农抑商还是中国现在的社会主义市场经济，商业都以屹立不倒的姿态在历史的长河里生生不息。既然有商业的运作，就必然会出现规制商业行为的体制，这也就孕育了本文所讲的“傅别”与“质剂”两种合同形式的产生，与古代的合同相比，现代的合同强调的是合同双方的合意性，这也与我国实行的社会主义市场经济的政策是密不可分的。由此可见，法律制度是社会实践逐步发展的产物。

五、保辜

①

（一）“保辜”——保人之伤，保己之罪

吐鲁番出土的文献《唐宝应元年六月康失芬行车伤人案卷》记载了这样一个案件：百姓史拂、曹没昌控告行客康失芬在大街上驱牛车快行，轧伤了自己的儿子金儿和女儿想子，造成金儿、想子腰骨损伤破碎。县官对加害人康失芬进行了讯问，康失芬认为，因为牛车并不是自己的，所以不能控制，所以才轧伤了金儿、想子，并且康失芬提

① 图片来源于百度百科，最后访问时间：2016 年 2 月 26 日。

出保辜。最后县官判令：准许康失芬保辜，对其先予以释放，等保辜期限过后再进行判决。那么保辜究竟是什么意思？为何提出保辜县令会准予释放被告呢？保辜有什么后果呢？

保辜制度是中国古代传统刑法中一个独特的法律制度。所谓保辜，指的是殴打他人，以致受害人受伤后，规定在一定的时间段内，根据时间期满后，受害人的伤情来定罪量刑。假设在这段时间内，受害人死亡，但是死亡的原因与和加害人的殴打行为并没有因果关系，对加害人则还是以伤害罪定罪量刑，而不是以杀人罪来定罪量刑。但是，如果受害人在保辜期限内死亡，并且死亡原因正是因为加害人的犯罪行为，则以杀人罪定罪量刑。

《唐律疏议·斗讼律》第 21 卷对保辜制度有明确的规定。保辜制度仅仅适用于殴打或者伤害他人，且并未当场死亡的案件。辜限由法律规定，以辜限内的不同结果作为定罪量刑的依据。根据不同的伤情，法律规定的辜限是不同的。如凡是适用保辜期限的，以手脚殴打伤人的，辜限为十日；用别的物体打伤人的，辜限为二十日；用金属等锋利器具及滚烫的水、火焰伤人的，辜限为三十日；致人骨折的、肢节错位的，伤口深及见骨的，辜限为五十日。[①]

保辜制度由来已久。据学者推断，保辜制度可能首创于西周。经魏晋南北朝到唐代，保辜制度的立法体系开始完备，并正式写入律典。

---

①《唐律疏议·斗讼律》第 21 卷："凡是殴人，皆立辜限。手足殴人，伤与不伤，限十日；若以他物殴伤者，限二十曰；'以刃'，刃谓金铁，无大小之限，'及汤火伤人'，谓灼烂皮肤，限三十日；若折骨跌体及破骨，无问手足、他物，皆限五十日。注云'殴、伤不相须'，谓殴及伤，各保辜十日。然伤人皆须因殴，今言不相须者，为下有僵仆，或恐迫而伤，此则不因殴而有伤损，故律云'殴、伤不相须'。'余条殴伤及杀伤各准此'，谓诸条殴人，或伤人，故、斗、谋杀，强盗，应有罪者，保辜并准此。"

一直到清末变法，新《刑律》才废除了保辜的规定。保辜制度的建立，因为如果受害人没有在辜限内死亡的话，加害人只需承担伤害的法律责任，因此，加害人为了减轻自己的刑罚，往往会积极对受害人进行救治，以期能够减轻罪行。也就是说，保辜制度可以督促犯罪行为人对自己的犯罪行为进行补救，有利于社会的稳定，有利于保障受害人的根本利益。此外，保辜制度还有积极的教育作用，若受害人没有在辜限内因为加害人的伤害行为死亡，加害人就可以减轻责任，即加害人如果对自己的行为有悔意，他就有机会改过自新，这样既能约束人民的行为，也能给予犯罪人一个重新改过的宝贵机会。由此可见，保辜制度对人民的法治教育具有积极的作用，有利于社会秩序的稳定。

（二）现代的刑事和解制度

我国《刑事诉讼法》第 277 条规定，对于一些犯罪情节较轻的案件，犯罪嫌疑人、被告人有悔罪表现，并且通过向被害人赔偿损失、赔礼道歉等方式获得了被害人谅解，且被害人自愿和解的，双方当事人可以和解。[①] 并且在当事人之间达成和解协议后，公安机关、人民检察院、人民法院在确定其真实性、合法性以及自愿性无误后，当事人能够得到从宽处理。我国现代的刑事和解制度是针对社会危害性较轻的几类犯罪，犯罪行为人可以通过补救，取得受害人的原谅，双方达成和解协议，人民检察院可以提出从宽处理的建议，而对于犯罪情

① 《刑事诉讼法》第 277 条规定："下列公诉案件，犯罪嫌疑人、被告人真诚悔罪，通过向被害人赔偿损失、赔礼道歉等方式获得被害人谅解，被害人自愿和解的，双方当事人可以和解：（一）因民间纠纷引起，涉嫌刑法分则第四章、第五章规定的犯罪案件，可能判处三年有期徒刑以下刑罚的；（二）除渎职犯罪以外的可能判处七年有期徒刑以下刑罚的过失犯罪案件。犯罪嫌疑人、被告人在五年以内曾经故意犯罪的，不适用本章规定的程序。"

节轻微、不需要判处刑罚的，可以作出不起诉的决定。

与保辜制度相比，现代刑事和解制度也是根据犯罪嫌疑人的补救行为来对犯罪行为人进行定罪量刑，二者均有利于促进犯罪行为人及时更正错误，弥补已经酿成的错误，避免危害的进一步扩大。同时也有利于促进犯罪行为人改过自新，促进社会的和谐。当然，保辜制度与我国的刑事和解制度存在根本差异，如制度适用的范围、适用的条件以及适用的结果都是不同的。刑事和解制度是社会进步条件下发展的制度，在某些类型的案件，犯罪情节较轻的，如果通过补偿或者赔礼道歉等手段取得受害人的原谅的话，司法机关可以考虑从轻处理或者作出不起诉的决定。

根据前文所述，保辜制度为现代刑事和解制度的发展与完善奠定了理论依据和实践基础。在一定程度上督促和教育犯罪人为了防止犯罪结果进一步恶化，尽力地对被害人进行补救，与现代刑事和解制度的基本要求异曲同工，只是保辜制度规定了辜限，并且适用范围仅限定于伤害行为，而现代刑事和解制度相较于保辜制度适用范围更广，更加符合我国目前的司法实践和社会发展状况。总的来说，无论是保辜制度还是现代刑事和解制度，均是法律为了维持社会稳定，保障受害人的权益，并给加害人一个改过自新的机会而制定的，保辜制度与现代刑事和解制度是一个传承与进步的过程，是随着社会的发展需要而不断变化和逐步适应的制度结果。但是，我们必须承认的是，无论是古代封建社会，还是现代法治社会，我们都重视对人民的教育与感化，注重通过对犯罪行为人的教育，达到既保障受害人的合法权益受到最小的侵害，又能使犯罪行为人改过自新，从而达到促进社会和谐的目的。这也许就是中国上下五千年传承下来的优秀传统文化，对此，我们应当继承适应我国现阶段社会发展的优秀成分，以期促进社会和谐与稳定，加速现代法治国家的建设进程，实现社会主义繁荣与昌盛。

六、“亲亲得相首匿”与“准五服以制罪”

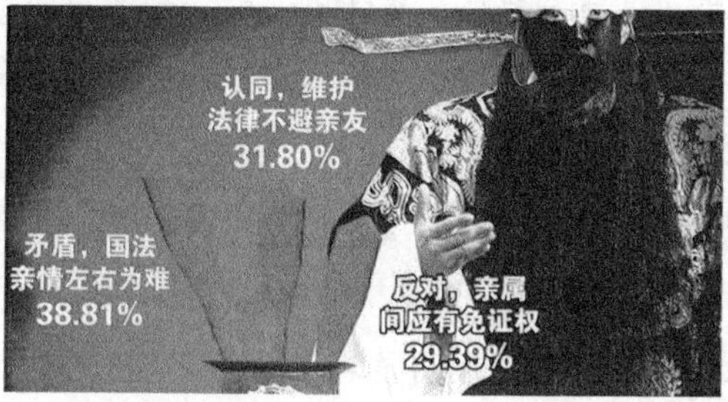

[1]

（一）亲属相隐，不告不判

唐·杜佑《通典》第67卷记载了一个案件：甲没有儿子，拾得道旁他人遗弃的幼儿乙收养为自己的儿子。等到乙长大，因犯罪杀人并告诉了甲。甲遂把乙隐藏了起来。甲应如何断罪？董仲舒认为应当如此判断：甲没有儿子，养活了乙为自己的儿子，虽非其所生，可谁能改变这一父子关系呢？诗经说：螟蛉的幼子，蜾蠃给养大。《春秋》之义，父亲为儿子隐匿罪行天经地义。甲应该包庇乙。皇帝之后下诏认为这一论断是正确的。[2]汉宣帝地节四年（前66年）下诏明确规定：“父子之亲，夫妇之道，天性也。自今子首匿父母，妻匿夫，孙匿大父母，皆勿坐。其父母匿子，夫匿妻，大父母匿孙，罪殊死，皆上请廷尉以闻。”这句话的意思是父子之间，夫妻之间，互相包庇对方所犯的罪行是人的天性。“亲亲得相首匿”是汉代刑罚适用原则之

---

① 图片来源于百度百科，最后访问时间：2016年2月26日。

② 赵晓耕：《千古名案》，法律出版社2007年版，第287页。

一，具体是指汉代法律所规定的直系三代血亲之间和夫妻之间，除犯谋反、大逆以外的罪行，对于其他的犯罪行为，可以互相包庇，并且这种包庇行为是法律所允许的，包庇人无须承担任何责任。父母应该隐匿子女的犯罪，丈夫应该隐匿妻子的犯罪，祖父母应当对孙辈的犯罪隐匿，对于隐匿的犯罪，隐匿人不必对其隐匿行为负责，被隐匿人也不必对其犯罪行为承担责任。

“亲亲得相首匿”是中国古代重要的司法制度，对于维护社会稳定以及和谐有着重要作用，也是古代封建家长制的必然要求。当然，我们不得不承认，这一原则很明显地侵犯了受害人的合法权益，因为如果亲属故意隐匿犯罪行为，则可能会使得犯罪行为无法得到依法判决，受害人的权利也无法得到保障。我国《刑法》第 310 条规定了包庇罪，即明知是犯罪的人而为其提供隐藏处所、财物，帮助其逃匿或者作假证明包庇的。[1] 换言之，根据我国《刑法》的相关规定，如果明知是犯罪的人还为其提供躲避的场所，帮助其逃避或者作假证明包庇犯罪的，也以包庇罪论处。因此，根据我国现行法律的规定，无论是否是亲属关系，如果故意包庇犯罪嫌疑人，均是犯法的，这与古代的亲属相隐原则完全不同。但是，不可否认的是，我国现行法律的规定符合依法治国的基本要求，也更能保障受害人的合法权益，符合有罪必有罚的原则。由此可见，根据现行的《刑法》的规定，任何人都不能包庇犯罪嫌疑人，否则就要承担相应的法律后果，即使犯罪行为人是自己的亲属，也不能包庇其罪行。

---

① 《刑法》第 310 条第 1 款规定：“明知是犯罪的人而为其提供隐藏处所、财物，帮助其逃匿或者作假证明包庇的，处三年以下有期徒刑、拘役或者管制；情节严重的，处三年以上十年以下有期徒刑。”

（二）亲疏远近，等级治罪

清代的案例汇编《刑案汇览》记载了这样一个案件：吴大文和查传贵的妻子杨氏通奸，被其丈夫查传贵知道之后，查传贵趁机以此为借口勒索吴大文。吴大文的二儿子吴延华对父亲和查传贵的行为很不满，因此吴延华经常和查传贵争吵，查传贵就想搬家。但是吴大文却担心以后不能与杨氏继续通奸，遂产生了杀害二儿子吴延华的想法。于是，他找查传贵商量好，两人串通把吴延华诱骗到一个僻静的地方，趁吴延华不备，将其杀害。

在吴大文杀子一案中，官府认为即使吴大文既和查传贵的妻子通奸，又杀害自己的亲生儿子，其行为既违背道德伦理，又残忍至极，但是因为吴大文杀死的是自己的儿子，因此对吴大文不得不从轻处断，判处徒刑两年半。而查传贵因为与吴延华没有亲属关系，需按一般的原则进行处罚，处刑上反而比作为主犯的吴大文更重。

人们也许会疑惑：在合谋杀死吴延华的案件中，吴大文是主犯，查传贵是从犯，按照常人理解，对吴大文的处罚应该要比查传贵重才对，为什么对吴大文的处罚要轻呢？这样裁判是否符合法律的规定？其实，中国古代重视宗族关系、亲疏远近，并根据“五服”制度来解释古代官员的判案逻辑。

《晋律》第一次将五服制罪即“服制”作为定罪量刑的原则。从此确立了后世的法定亲属等级制度。“准五服以制罪”的原则是：服制愈近，即血缘关系越亲，以尊犯卑者，处刑愈轻；相反，处刑愈重。服制愈远，即血缘关系疏远者，以尊犯卑，处刑相对加重；以卑犯尊，相对减轻。五服具体指的是斩衰、齐衰、大功、小功、缌麻。斩衰是用很粗的生麻布做成的衣服，不缝边，像斧斩一样，因此被称为斩衰。穿这种丧服服丧三年，用于臣、子、妻、妾为君、父、夫服丧。齐衰则由缝边的生麻布做成。大功和小功则是用熟麻布做成，只是做工不同。缌麻由细的熟麻布做成。五种服制的服丧时间依次减少，有一年、九月、五月、三月。从自己开始，上到父亲、祖父、曾祖父、高祖父，下到子、孙、曾孙、玄孙，同时还有上述亲属的旁亲，都是有服亲的。

五服制罪体现的是以亲疏关系的远近作为定罪量刑的依据，并且血缘关系越近，尊犯卑承担的责任越小，卑犯尊承担的责任越大。在中国古代，强调的是人情和亲疏等级，认为尊长具有绝对的优越地位，因此更加维护尊长的权利。但是我国现行刑事法律坚持罪责刑相适应原则，即刑事责任的承担须以行为人的犯罪行为为依据，同与其犯罪对象的关系无直接关联，体现了法律面前人人平等的基本原则，是对基本人权的保障，无论是尊长还是晚辈，只要实行了犯罪行为，均要承担相应的法律后果，并不会因为其身份而有所偏袒。

七、株连九族与实行连坐

（一）孝儒不从，成祖灭其族

方孝孺案是中国历史上有名的惨案，在他死后，他所写的书籍被归为禁书，并且收藏他的著作的人也要被处以死刑。方孝孺是明朝洪武年间有名的儒士，师从宋濂，建文帝朱允炆即位的时候，辅佐建文帝。燕王朱棣攻入南京的时候，将方孝孺打入监狱。朱棣为了强化自己皇权的合法性，想让方孝孺为他起草即位诏书。但是，方孝孺誓死不从，掷笔于地说："死即死耳，诏书不草！"故而惹怒了朱棣，燕王大声说："诏不草，灭汝九族！"方孝儒针锋相对地说："莫说九族，十族何妨！"但是方孝孺还是不愿意替朱棣起草诏书，于是朱棣下令将方孝孺凌迟处死，并且灭了方孝孺十族，方孝孺的九族加上他的朋

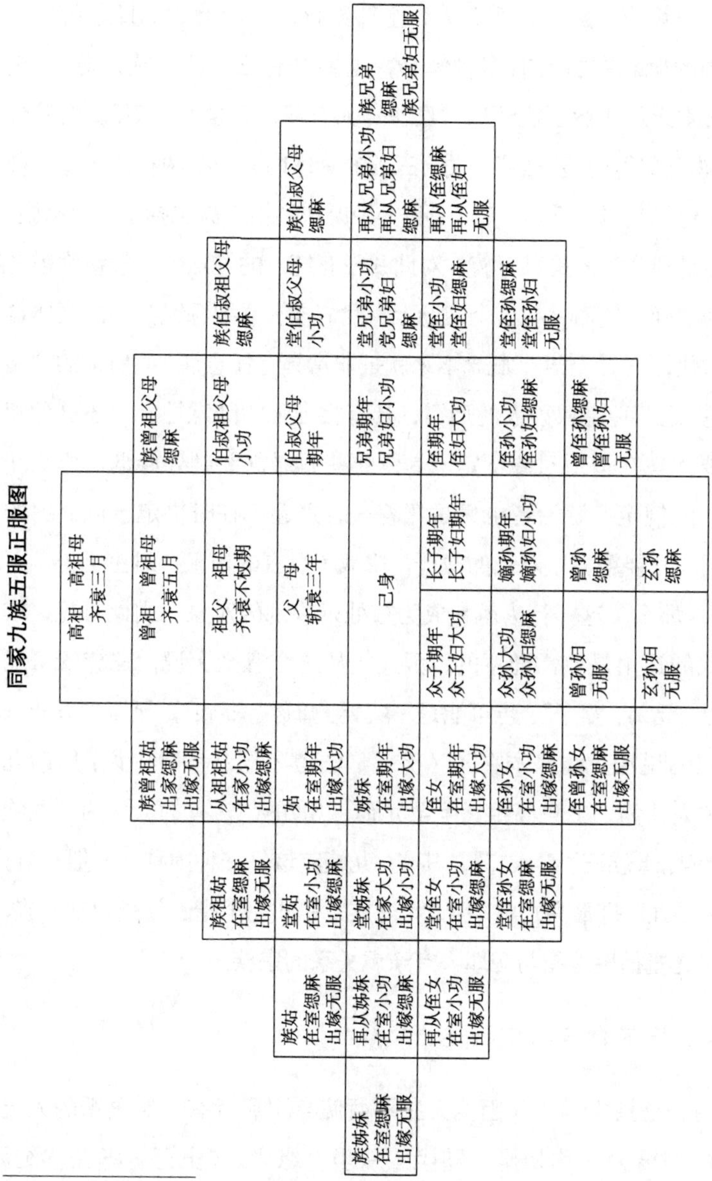

①

① 图片来源于百度百科，最后访问时间：2016 年 2 月 26 日。

友、门生也算作一族，共 873 人，全部处死，行刑就达 7 日之久。

族刑的概念在古代有多种解释，主要是有三族、九族之分。《史记·孝文本纪》集解引应诏曰“秦法一人有罪，并坐其家室”。秦武公三年，“诛三父等而夷三族”。关于三族的具体内容，有两种说法，一种是指三族包括父母、兄弟、妻子；另一种说法是指三族包括父族、母族、妻族，但是到底指的是哪三族，对此并没有统一的说法。一般认为前者描述较为准确。然而，在这个问题上，我们没有必要深究其中的具体含义。在古代，“三族”这个概念本来就是非常具有任意性，而所谓的“夷三族”，更是一种皇权独大的刑罚，具有相当强的随意性。上述这种随意性主要体现在适用对象不定，具体哪些犯罪需要判处族刑，律法并没有统一的规定。统治者也只是凭着一时兴起，临时决定予以处罚的具体范围。只要触犯了君主的尊严，挑战了君主的极限，君主觉得“不可忍受”，那么，这一行为就会成为被处以族刑的对象。由此可见，族刑在古代的适用是非常随意的。因此，从这个意义上说，三族既可能是“父母、兄弟、妻子”、也可能是“父族、母族、妻族”。至于“九族”，也有不同的说法。沈家本在其《历代刑法考·刑制考》中说：所谓九族，有的人认为“上自高祖，下至元孙，凡九族”，有的人认为“九族者，父族四、母族三、妻族二”。其实，九族应该是一种虚称。一般来讲，我们认为“九”是最高之数，因此“九族”并非完全指的就是包括九族，可能仅仅是概括性地指与犯罪人有亲属关系的宗族。

（二）民不自治，实行连坐

连坐，是指中国古代因他人犯罪而使与犯罪者有一定关系的人连带受刑的制度。又称相坐、随坐、从坐、缘坐。《史记·孝文本纪》说：“民不能自治，故为法以禁之。相坐坐收，所以累其心，使重犯法，所从来远矣。”

根据秦律，秦时连坐有同居连坐、什伍连坐、文官上下级连坐、武官与士兵连坐以及举荐人与被举荐人连坐。同居连坐就是指家属连坐。什伍连坐，指的是在秦代以五家或者十家组成一个单位，构成联保组织，在这个组织内大家互相监督，如果有一个人犯罪，则其他人必须向官府告发，否则也要与犯罪行为人一起承担责任。职务连坐，主要是指上下级官员之间进行连坐。秦朝实行连坐制度一方面是为了加强人民之间团结，方便管理；另一方面实行连坐的主要目的在于震慑人民，迫使人民对于犯罪怀有畏惧，同时也能鼓励人民互相监督，以减少犯罪行为的发生。

（三）罪责刑相适应，有罪才有罚

我国《刑法》第 5 条规定，刑罚的轻重应当与犯罪分子所犯罪行和承担的刑事责任相适应。这就是我们通常所说的罪责刑相适应原则，它是中华人民共和国刑法的三个基本原则之一。罪责刑相适应原则，要求当事人承担的刑事责任不仅要和犯罪行为所导致的危害结果相适应，而且还要与行为人的刑事责任能力相适应，结合行为人的主观恶性和人身危险性的大小，分析犯罪行为以及犯罪行为人各个方面的因素，确定轻重适当的刑罚。很显然，无论是株连九族还是连坐制度，均与我国现行《刑法》规定的罪责刑相适应原则相悖。我国《刑法》第 4 条规定，无论亲疏远近、尊卑贵贱，只要触犯了刑法，均依据刑法进行处罚。另外，罪责刑相适应原则要求无罪之人不需要承担刑事责任，这与中国古代的连坐之法不同，相比较而言，罪责刑相适应原则更符合法治的基本要求，也更为注重公民合法权益的保护。在现代法治国家，人权是毋庸置疑的重要因子，人权的保障关系到一个社会的稳定以及一个国家的长治久安。因此，我们既要做到法律面前人人平等，不允许存在根据亲疏贵贱来判案的情况，更不允许出现一人犯罪，其他人也要承担责任的情形，应当做到罪责刑相适应，从而构建社会主义法治国家。现代法治社会既要求每一个触犯法律的人都要受到应有的惩罚，而且这种惩罚需要与犯罪行为的侵益程度相适应，同时也需要做到“有责才有罚”，对于无罪之人，不能要求其承担任何刑事责任。

株连九族与实行连坐是中国封建社会的统治者为了巩固皇权、防止社会动乱而实行的一种统治制度，它的存在显然与我国现行刑罚体制相违背。但是，我们不能因此一味地去批判中国古代的某种法律制度，毕竟每个时代都有自己需要存在的制度，而这种制度也许会被历史长河所淘汰，但是在它所存在的那个时代，只要适应那个朝代的需要，那这个制度就是相对合理的，今天我们只需要了解并且站在那个时代进行客观评价即可。

八、十恶不赦

[①]

普天之下莫非王土、率土之滨莫非王臣。

唐律的刑罚适用原则分为三类：（1）十恶重罚原则；（2）皇亲、

① 图片来源于百度百科，最后访问时间：2016 年 2 月 26 日。

官僚减免原则；（3）其他刑罚原则。所谓十恶重罚原则，也就是我们通常所说的“十恶不赦”，犯了“十恶”当中的任意一条，不仅犯罪者本人要被处以严酷的刑罚，其父母、兄弟姐妹等亲属也要受到牵连。并且，即使是皇亲国戚，犯了“十恶之条”，也不能享有法律规定的从轻、减轻等刑罚优待方法。例如，唐代高宗时期的“房遗爱谋反”事件，即房遗爱和妻子高阳公主合谋发动的政变。高阳公主因与僧人辩机私通被发现，辩机被高宗处腰斩之刑，高阳公主也受到太宗的斥责，并不许其再进入宫中。因此，高宗即位之后，高阳公主、房遗爱便联络与高宗不和的薛万彻、柴令武，打算发动政变，但是事情败露，一干人都被逮捕。高宗派长孙无忌审理此案，李元景、李恪、房遗爱、高阳公主、薛万彻、柴令武、巴陵公主等全部被杀。

所谓“十恶”，其实指的是十种类型的犯罪，因为这十种类型的犯罪社会危害性特别严重，对国家利益的损害特别大，因此把它称为“十恶”。《北齐律》第一次将“十恶”中的各个条目归纳在一起，列为“重罪十条”，即一反逆，二大逆，三叛，四降，五恶逆，六不道，七不敬，八不孝，九不义，十内乱。隋时将重罪十条改为十恶，并将其中的叛、降两条合并，另增不睦一条；又在前三条上各加以“谋”字，成为谋反、谋大逆、谋叛；在不敬条上加“大”字，成为大不敬。唐承隋制，对十恶依旧采取重罚的原则，十恶的具体内容如下：

1. 谋反，是一种图谋推翻封建皇权统治的犯罪行为，即“谓谋危社稷”。谋反这一罪名从秦朝就已确立，一直沿用到清末。律文的注解是“谋危社稷”。在中国古代，社指的是土地神，稷指的是谷物神，社稷代表的是君主的政权，因此，“谋反”就是危害社稷。

2. 谋大逆，是一种图谋、毁坏皇帝宗庙、陵寝和宫殿的犯罪行为，唐朝的法律明确规定这类犯罪有三项具体罪名："谋毁宗庙、山陵及宫阙。"

3. 谋叛，是一种背叛国家，投靠敌方的犯罪行为，即"谓谋背国从伪"。秦律规定，凡是被确认已经在战场上死亡的士兵，如果后来又被发现活着回到自己的国家，那么他就会被判处到官府做奴隶。如果这个士兵是在战场上主动放下武器，不战而降的，那么就会被处以株连九族的刑罚。可见，中国封建社会对于背叛国家、威胁君主政权行为的处罚非常严酷，对官兵的约束也特别严厉，这也是君主为维护自己的统治而"不得不"为之的一种行为。

4. 恶逆，是一种殴打、谋杀尊亲属的犯罪行为。唐以后专指家族内部犯上侵害的罪名，如子女伤害或者杀害父母、祖父母、妻子伤害或者杀害丈夫等，包括所有以下犯上的行为。

5. 不道，隋唐后专门指一些恶性侵害罪名，是一种杀死全家、把人肢解、用毒物伤杀人、以邪术诅咒人等的犯罪行为。这类犯罪行为的特点是手段极其残忍，社会危害性很高。

6. 大不敬，是一种危害皇帝的人身安全和尊严的犯罪行为。包括盗窃皇帝御用的某些物品、因失误而不是故意导致皇帝受到人身侵害、对皇帝不尊重三种类型的犯罪行为。

7. 不孝，是一种子孙不能善待父母、祖父母的犯罪行为。具体包括不赡养父母长辈，对父母不尊重，打骂父母或尊长，甚至包括在父母服丧期间，谈婚论嫁、寻欢作乐、不穿孝服，等等。

8. 不睦，是一种亲族之间互相侵害的犯罪行为。也就是亲属之间故意惹是生非，与亲属不和谐，如夫妻之间进行殴打、辱骂的行为。

不睦因有违礼教“亲亲”的原则，也列为十恶。

9. 不义，是一种侵犯长官和夫权的犯罪行为。隋唐以后主要指平民谋杀本地各级地方长官，士兵谋杀本部五品以上的长官，学生谋杀老师。

10. 内乱，是一种亲族之间犯奸的犯罪行为。指的是亲属之间互相通奸，被认为有违礼教。

从上文可知，其实所谓的“十恶”主要是危害皇权以及危害宗族和睦的犯罪行为，对于这类犯罪，法律规定了非常严厉的刑罚，并且触犯这类犯罪，还会连累亲属，实行连坐。此外，这类犯罪不适用从轻和减轻刑罚的制度，即使是皇室中人，也不能享受。并且，对于犯“十恶”之罪的行为人而言，以下犯上所应当承担的刑事责任重于以上犯下，例如妻子殴打丈夫是比照丈夫殴打妻子的刑罚加重一等处罚的。这意味着，最为严厉的“十恶”之条恰恰体现出了中国封建社会人民之间的不平等地位，同时也体现出了封建社会对皇权和宗族关系的维护与保障。“十恶”之罪的设立，能够从各个方面对平民百姓进行约束和监督，但凡出现任何危害或者可能危害皇权的行为，便会被处以非常严厉的刑罚。如此一来，普通百姓就会对皇权怀有一种畏惧心理，君主便能高枕无忧，永掌皇权。但是，通过历史经验的证明，高压政策并不能为皇权提供“免死金牌”，所谓“水能载舟，亦能覆舟”，一旦百姓到了无法承受的地步，他们便会“揭竿而起”，皇权亦就不保。一个社会想要长治久安，就要注重保障人民的各项基本权利，在此基础上维持社会秩序，如此才能实现国家的稳定与和谐，国家才能永葆繁荣昌盛。

九、六赃

[1]

从古至今，中国有一个亘古不变的话题，那就是反腐。有权就可能会存在权力的滥用问题，导致以权谋私，权钱交易现象的出现。为了防止腐败现象的出现，中国古代封建社会往往会制定非常严苛的监察制度和惩罚制度。例如，为使“朱氏天下”长治久安，朱元璋不得不对官吏的腐败行径加大打击力度。在这种形势下建立的监察制度，宛如布下一张非常严密的法网，官吏们的一举一动皆在他的监控之下。另外，为了使官员对于贪污犯罪产生一种畏惧心理，中国古代还建立了一套比较完整的定罪和惩罚制度，本文将主要介绍唐律规定的“六赃”。

所谓“六赃”，是指《唐律》规定的六种非法获取公私财物的犯罪。在量刑上，对于官吏利用职务谋取非法财物的行为，唐律规定了非常严峻的刑罚体系。六赃的具体内容如下：

一是“受财枉法”，指官吏收受贿赂，作出不符合法律的判决，枉法裁判。唐律“监主受财枉法”条规定，受绢一尺杖一百，每一匹加一等、十五匹处绞刑。很明显，唐律对于这类犯罪的处罚非常严苛，

---

① 图片来源于百度百科，最后访问时间：2016 年 2 月 26 日。

只受贿布匹就要处绞刑，也许这就是所谓的“重刑治国”。而到了明代，明律区分“有禄人”枉法和“无禄人”枉法，相比较而言，“有禄人”枉法要承担的责任比“无禄人”枉法重，这里的“有禄人”指的是官员枉法，“无禄人”指的是非官员因为收受财物作出非法裁判，如民间组织中的工作人员枉法。由此可见，无论哪个朝代，对官员的约束要比非官员的约束要轻得多。

二是与“受财枉法”相对应的“受财不枉法”，指官吏收受贿赂，没有为行贿人作违背法律的处断。因为这类犯罪的行为人并没有做出“枉法”行为，所以比受财枉法的罪轻。唐律“监主受财不枉法”条规定，赃一尺杖九十，每二匹加一等，三十匹加役流。“无禄人”受财不枉法减一等处刑，四十匹加役流。

三是“受所监临”，指主管官不是因公事而受下属吏民的财物。《唐律》职制篇规定，官吏出差，不得在所到之处接受礼物；主动索取或强要财物的，加重处罚。一般来讲，如果下属因财政关系向上级提交财物，这属于因公收受，但是如果上级非因公事收受下属提交的财物，则为法律所禁止，如果上级非因公事向下级索取财物，则索要遭受的惩罚更加严重。此外官员不仅不能非因公收受财物，还不能非因公获取任何非法利益，包括商业利益等。

四是“强盗”，指以暴力获取公私财物的行为。明、清律没有“受所监临财物”和“强盗”，但有“监守盗”和“常人盗”。“监守盗”指的是盗取自己因职务而经手的公共财物，而“常人盗”指的是一般人盗取钱财。

五是“窃盗”，指以隐蔽的手段将公私财物据为己有的行为。唐律规定的“窃盗”涵盖了官员窃取公私财物和非官员窃取公私财物，这与我国现行刑法的规定不同。

六是“坐赃”，指官吏或一般人不是由于收受贿赂或盗窃等原因，而是为公或为私收取不应该收取的财物，是六赃罪中最轻的一种。例如，财产受人侵损，受损害一方从侵害一方所得到的赔偿超过实际损害，超过部分按“坐赃”处罚《唐律》杂律篇规定。这一规定其实与我国现行民法规定的不当得利类似，只是区分了官员违法和非官员违法。

综观《唐律》中惩治贪污受贿的立法，关于定罪量刑都有非常明细的规定，区分了各种情况下的犯罪行为以及应当承担的法律后果。例如，唐律区分了“受财枉法”和“受财不枉法”，“枉法”的法律后果要比“不枉法”严重，这可以防止官员徇私枉法，滥用职权。另外，关于具体的犯罪行为，唐律区分了各种官员贪污的具体行为模式。唐律区分“受所监临”和“坐赃”，前者是官员不是因为公事而收受财物，后者指的是官员本身因为公事收受了财物，收受财物本身具有合法的理由，但是收受的财物已经超出了其本应该收取的财物范围。此外，唐律将贪污犯罪分成六类后，对每一种类型的犯罪都规定了非常明细的处罚标准。总的来说，唐律中的贪污腐败犯罪立法，层次分明，标准明细，具有很强的实用性。

反观我国的贪贿立法，规定的内容较为粗糙，对于犯罪行为模式的规定并没有唐律规定得翔实。例如，关于贪污罪，我国《刑法》第382条和第383条规定了贪污罪及其处罚标准。贪污罪的犯罪行为是利用“侵吞、窃取、骗取”等手段获取公私财物，但是在现实生活中，由于科技的进步和具体实践的复杂，犯罪行为的表现往往非常多样，因此，可能会使得有些犯罪行为成为漏网之鱼。相比较《唐律》而言，我国现行刑法规定的贪污罪的犯罪形式比较笼统，不如《唐律》规定的细致，因此，在司法实践中也就有了更多的不确定性，从而缺乏可操作性。在刑罚的设置方面，《唐律》对于官员利用职务便利谋取公私财物的处罚显然比普通民众非法获取公私财物的处罚要严厉。例如，关于起刑点的规定，《唐律》规定，无论是官员利用职务非法获取财物还是普通民众非法谋取公私财物，起刑点均为“一尺绢”，这与我国现行法律的规定是截然不同的。根据我国现行法律以及司法解释的规定，盗窃罪的起刑点为 1000 元，[①] 但是贪污罪的起刑点是 5000 元，也就是说，官员犯罪比普通民众犯罪受到刑事处罚的标准明显低 5 倍。可以看出，这两种不同起刑点的规定，显然是不公平的，对于官员犯罪的威慑力也会大打折扣。因此，在笔者看来，对于如何防止官员的贪污腐败行为，在进行法治教育以及道德约束的同时，规定较为完整、严厉的处罚标准，可以成为减少官员职务犯罪的另一种途径。而在这个过程中，吸收古代严密的刑罚设置体系，设立细致的刑罚处理标准，可以作为完善我国现行法律体系的参考，正所谓他山之石，可以攻玉，古为今用也。

十、五刑

传统五刑是中国古代法律制度的重要组成部分，也是中国刑罚体系的核心内容。五刑可分为奴隶制五刑、封建制五刑这两种历史形态，前者包括墨、劓、刖、宫、大辟，后者则包括笞、杖、徒、流、死。发展至现代，我国现行的刑罚体系分为主刑和附加刑，主刑包括管制、拘役、有期徒刑、无期徒刑、死刑五种类型，附加刑包括剥夺政治权利、罚金、没收财产、驱逐出境。刑罚制度的演变大致沿着由残酷到

---

① 《最高人民法院、最高人民检察院关于办理盗窃刑事案件适用法律若干问题的解释》第 1 条第 1 款规定：“盗窃公私财物价值一千元至三千元以上、三万元至十万元以上、三十万元至五十万元以上的，应当分别认定为刑法第二百六十四条规定的‘数额较大’、‘数额巨大’、‘数额特别巨大’。”

人道、由剧烈到平和这样一条发展脉络，借助近年来在电视银屏上热播的《后宫·甄嬛传》宫廷历史剧里面的经典桥段作为引子，我们可以从中窥见一些法律常识，借而向读者普及这些法律常识。

前些年各大卫视都在热播宫廷历史剧《后宫·甄嬛传》，这部电视剧堪称是宫廷斗争巨制，用了大量的剧集来重点描写后宫中嫔妃们的宫斗情节，其中就涉及不少经典的刑罚桥段，如剧中人物崔槿汐跟太监苏培盛私自对食，后被他人举报被罚入慎刑司每日刑舂，即用舂米来服刑。[①]实际上，“女犯舂米”的刑罚可以溯源至秦朝的“城旦舂”，城旦是处罚男犯去修城墙工事；舂则是处罚女犯人去舂米。汉代以前城旦舂是无期徒刑，发展到了汉文帝直至清朝则变成了有期徒刑，一般最长为六年。“城旦舂”作为古代所施用的一种刑罚，必须附加墨（脸上刺青）、劓[②]（割除鼻子）等肉刑，然后再押送官府或边远军营，每天戴着镣铐来服晒谷、舂米的劳役，其中还涉及奴隶制五刑中的墨、劓刑。[③]墨，亦称黥刑，史料记载道：墨，黥[④]也。意指在受刑人的面部或额头刺刻后涂上墨色成为永久性标记的刑罚，墨刑为肉刑中最轻的刑罚，一般被视为是耻辱刑。但是墨刑也是极其不人道的，毕竟墨刑的执行一般是用刀在犯人脸上刺刻，等疮口结疤后再涂黑使皮肤变色。我国古代四大名著之一《水浒传》中的人物及时雨宋江、打虎英雄武松、禁军教头林冲等诸多英雄好汉都曾遭受过这等刑罚。劓刑，

---

① 关于《后宫·甄嬛传》中人物崔槿汐与苏培盛之间等故事情节的描述，引自博文：http://blog.ifeng.com/article/27232039.html，最后访问时间：2016 年 2 月 26 日。

② 劓字念作“yì”，指割掉犯人的鼻子。

③ 关于秦代将墨刑与劓刑作为城旦刑的附加刑，参见占茂华等编：《中国法制史》，中国政法大学出版社 2010 年版，第 177 页。

④ 黥字念作“qíng”，指在犯人脸上刺青。

即割去犯人的鼻子，劓刑是比墨刑重一等的刑罚，古代甚至把割鼻作为“天罚”。相传在西周穆王统治时期，正式将劓刑编入法定刑之中，从而成为常用刑。至秦朝时施行劓刑之风更盛。但是在西周汉文帝改制时，将墨刑改为笞三百，劓刑才被排除在法定刑行列之外。[①]

[②]

除了墨、劓刑，奴隶制五刑包括刖[③]、宫和大辟刑。刖刑，又叫刵、膑。刖，断足也，意指斩去犯人的足趾。膑，去膝骨也，意指将犯人的膝盖骨去掉，如战国时期孙膑曾被魏将庞涓取除膝盖。与墨刑、劓刑相同，刖刑在夏商周时期也被定为法定刑之一。但是进入封建社会后，劳动力的价值和作用日渐增加，刖刑的广泛施行势必会严重影响到社会经济的发展，故而至汉文帝改制时，以笞刑五百代斩左趾，以弃市代斩右趾，由此废除了斩趾刑。[④]

宫，淫刑也，亦称腐刑，是残害男女生殖器的刑罚，惩罚强度仅次于死刑。宫刑历史悠久，相传早在舜帝时期的刑罚就包含宫刑。夏商时期规定男女不以义交适用宫刑。西周有“公侯无宫刑”的说法，因

---

① 关于我国汉代文景时期的刑罚改革，参见范忠信等编：《中国法制史》，北京大学出版社 2010 年版，第 175 页。

② 图片来源于百度百科，最后访问时间：2016 年 2 月 26 日。

③ 刖字念作“yuè”，指砍掉犯人的腿。

④ 参见金开诚等编：《古代刑罚与刑具》，吉林文史出版社 2011 年版，第 88 页。

为贵族公侯们的身份比较尊贵，对他们不能施加宫刑，目的是保全这些家族的子嗣继承，维持家族的长久统治，由此可见当时宫刑的适用是被限制在一定范围内的。但是至秦代时有所扩大，据传当时受宫刑的犯人达七十余万人。直到汉初文帝时期才正式废除宫刑，在此之后宫刑被当作宽赦死刑的替代刑罚。汉武帝时期的《史记》作者著名史学家司马迁曾因替李陵败降之事辩解而遭受宫刑。大辟，即死刑，是奴隶制五刑中最重的刑罚，行刑手段多样，如斩首、绞、弃市、车裂等。[①]

奴隶制五刑的前四种都是损人身体的肉刑，至汉初文帝时期就被废除。后代统治者规定了几种新的法定刑来代替原先的五刑，即笞、杖、徒、流、死刑，被称为封建制五刑，隋唐后被正式确定为主刑和法定刑罚施行。[②]

笞刑，意指笞打受刑者的臀部、背部使人受痛，是封建五刑中的轻刑。实际上早在古代战国时期，笞刑就是一种可以随时施用的刑罚手段。秦朝时笞刑使用较多，大多用于对刑徒的管理。汉代文帝、景帝改革刑制，将劓刑、刖刑分别用笞刑代替，但是由于笞数太多，在行刑过程中经常将人活生生打死。景帝时期规定了“箠令”，运用国家法令的形式规范了笞刑的执行，如笞打犯人的箠的规格、笞打的部位以及笞打的方式方法等。直至隋唐时期，将笞刑分为五等，以十为一等，即从十下到五十下，并规定了执行笞刑的杖的尺寸，后代基本沿袭了唐代的规定。

---

① 关于奴隶制五刑中死刑种类的说法，参见金开诚等编：《古代刑罚与刑具》，吉林文史出版社 2011 年版，第 88 页。

② 隋朝时期确立了新五刑，即封建制五刑，废除了前代如枭首、车裂等酷刑，并减轻了流、徒等刑种。参见占茂华等编：《中国法制史》，中国政法大学出版社 2010 年版，第 192 页。

[1]

杖刑，意指用比笞杖稍大的常行杖捶打犯人，是一种比笞杖稍重的刑罚。杖成为刑罚方式，始于东汉。隋统一中国后，规定了笞为轻，杖为重，杖的刑具较之更粗。唐朝进一步规定了杖刑的刑数、刑具、受刑部位等，同笞刑一样，后代统治者皆沿袭唐制。宋金时期还实行一种宽赦刑罚的制度，名作折杖法，即将笞、杖、徒、流刑折合成一定数目的杖数，只执行杖刑而不再执行其他刑罚。在此要特别介绍一下我国古代的法外用杖制度——廷杖，最为后人熟知的是明太祖朱元璋开廷杖先河，明朝后代皇帝频繁使用廷杖，皇帝可以在朝堂之上适用这一刑罚。根据相关史料记载，当时皇帝下令杖打群臣致死的情形并不少见。[2]

徒刑，奴也，意指在一定时期内剥夺犯人的人身自由并强制其从事劳役的刑罚。起源于周朝，凡被处以黥、劓、刵、宫等肉刑的犯人，均须从事劳役，肉刑为主，服劳役为辅。北周时期将劳役刑改名为徒刑，隋朝将徒刑期限分为五等，从一年到五年，每半年为一等，后世

---

① 图片来源于百度百科，最后访问时间：2016 年 2 月 26 日。

② 明朝太祖朱元璋将廷杖这一法外刑罚制度化，作为强化君主权力的工具。参见占茂华：《中国法制史》，中国政法大学出版社 2010 年版，第 178 页。

皆沿袭隋制。[①]

流刑，放逐也。意指将犯人遣送到一定的地区生活或者强制其服劳役，而不许犯人擅自返回原籍，流刑是仅仅轻于死刑的一种刑罚，它比笞杖之刑、徒刑都要重得多，流刑是将犯人流放到边远偏僻之地，并且国家对流刑的解除也要困难得多，唐朝将流刑分三等，里程分别为二千里、二千五百里、三千里，后世皆沿袭唐制。[②]

死刑，亦称极刑、生命刑。将犯人杀死，剥夺其生命，是古代五刑中最重的刑罚。古代的死刑分为法定死刑、法外死刑两大类，前者是指包括枭首、弃市、绞、斩以及车裂、凌迟等明确写入国家法令的死刑；后者则是指炮烙、醢[③]、脯[④]、断背以及剖心等从未写入法典的死刑。这些残酷的死刑执行方法让人不寒而栗，毫无人道可言。

无论是奴隶制五刑，还是封建制五刑，都是历史遗留的产物，它们都是封建阶级统治人民的工具，君主利用人们害怕刑罚的心理来强制人民无条件地服从统治者的命令。发展至今时今日，我国形成了以管制、拘役、有期徒刑、无期徒刑和死刑为主刑，罚金、没收财产、驱逐出境和剥夺政治权利为附加刑的刑罚体系。虽然我国保留了为世人所诟病的死刑，但是我国逐渐减少了对死刑犯的判决和执行，加之枪决的死刑执行方式太过于血腥、残暴，所以如今更多的是选择注射死亡。从古代五刑演变至我国现行的刑罚体系，表现出由野蛮到文明，

---

① 自隋朝确立了封建制五刑后，唐律在此基础上对徒刑细分了不同等级，并且规定了相应的执行方法。参见范忠信等编:《中国法制史》，北京大学出版社 2010 年版，第 176 页。

② 唐律也对流刑的处罚等级进行了细分，同时规定了不同情形的执行方式。参见张晋藩等编:《中国法制史》，中国政法大学出版社 2014 年版，第 298 页。

③ 醢字念作“hǎi”，指将犯人做成肉酱。

④ 脯字念作“fǔ”，指将犯人做成肉干。

由残暴到人道的发展趋向。

十一、车裂与凌迟

车裂和凌迟是我国古代刑罚中最为典型的两种死刑，我们在阅读小说和观看影视剧的过程中经常会遇到这两个法律名词，很多读者和观众可能对它们都处于一知半解的状态。从有关两者的历史典故进行追根溯源，向观众和读者阐述车裂和凌迟的具体含义以及其他相关的知识。

近日来，电视剧《芈月传》正在电视荧屏上热映，剧集一开播就谈到当时秦国的著名改革者商鞅被刚继位的秦惠文王派兵抓捕，并处以极刑车裂，当时行刑的场面拍得十分震撼。剧中另一人物苏秦是一位著名的外交家，曾任六国之相，是当时合纵学说的代表人物，但是在《芈月传》中苏秦最后同样被齐国君主处以车裂之刑。《芈月传》是一部以历史为题材的影视剧，利用很多经典的片段来演绎那些鲜为人知的历史情节，但是它毕竟是电视剧，难以真实地重现车裂那般残忍、血腥的执行方式，毕竟那是极其不人道的。但是我们不禁发问，在观剧过程中又有多少观众能够真正地了解车裂的含义呢？

①

① 图片来源于百度百科，最后访问时间：2016 年 2 月 26 日。

车裂，意指将受刑人的头和四肢分别绑在五辆车上，套上马匹，分别向不同的方向拉扯，这样就会把人的身体硬生生地撕裂为六块，当然有时候官府在执行这种刑罚时不用车，而直接用五条牛或者马来拉，故而车裂亦被称五牛分尸或五马分尸。[①]根据《周礼》等相关史籍资料的记载，早在我国周代就已经实行了车裂刑。[②]相传在秦末农民起义时，陈胜的一名都将宋留奉命率兵攻占南阳，在行军途中听说陈胜已死，便不敢再向武关方向进军，而向东撤退到新蔡，降了秦军。宋留作为农民起义军的叛徒并未保全性命，而是被秦将送到咸阳，遭了这车裂之刑。东汉晚年爆发的黄巾起义，为了响应张角，马元义在洛阳谋划了起义，并且联络中常侍封谞、徐奉等人作为内应，拟定于三月五日动手，但是由于叛徒唐周的出卖，马元义等人被捕，亦被判车裂于洛阳。[③]上述的这些历史事例足可见：当时我国的古代统治者对组织、策划以及参加农民起义这样的“作乱者”深恶痛绝，但凡是抓获农民军的首领或者是其他骨干分子，无论他是投降或者是坚持到底，都一律处以车裂这种残酷的刑罚，做到以儆效尤。除此之外，我国历史上还有很多类似的案例，如造成秦朝二世亡国的奸臣赵高被子婴刺死后，在咸阳城中被车裂，还有刺秦王未遂的勇士荆轲，亦是被秦王嬴政判处车裂。故而后人一提及车裂之刑，便如同谈虎色变一般，可见它在古代是一种极其残酷的刑罚。直到后来隋朝改革新律时，才

---

① 据史料记载，车裂又被称作轘刑，在春秋战国时期使用较为频繁，如楚国的观起、秦国的商鞅都是受此刑罚而死。参见范忠信等编：《中国法制史》，北京大学出版社 2010 年版，第 387 页。

② 参见金开诚等编：《古代刑罚与刑具》，吉林文史出版社 2011 年版，第 89 页。

③ 上述关于车裂刑的历史典故，引自：http: //www.gs5000.cn/gs/kx/1104.html，最后访问时间：2016 年 2 月 26 日。

将车裂刑正式废除。[①]

前文谈了车裂，下面我们再来说说凌迟，即民间所传的“千刀万剐”。明朝崇祯年间，后金政权使出了离间计，当时明朝的著名将领袁崇焕蒙冤入狱，后被判处极刑凌迟。根据《明史》相关史料记载，在行刑当天，袁崇焕被五花大绑地押往刑场，途中那负责行刑的刽子手每割一块肉，便向人们讨钱，因为京城百姓听信了谣言，都无比地痛恨袁崇焕那莫须有的汉奸行径，便纷纷扔钱争买崇焕公的肉，并取之生食，那场面可谓是有钱的捧个钱场，没钱的捧个人场，当时的穷人们争抢着刽子手手中的崇焕之肉，甚至一块肉被人们互相抢夺撕扯成数块，堪比是一场“人肉大卖场”。待到袁崇焕的肉卖尽后，刽子手开膛取出其五脏，竟截寸而沽，人们买之“和烧酒生吞，血流齿颊”。至法场时，袁崇焕气绝身亡，白骨嶙峋，只剩下一具头颅，崇祯皇帝下令将其首级挂在长城上的九个边防关口，并以此震慑边将。[②]

凌迟，是一种将人身上的肉包含身体四肢一刀刀割去，肢解处死人的刑罚，按照切割胸口、二头肌、大腿、手臂至肘部、小腿至膝盖、枭首的顺序，最后将肢解后的身体残骸放入预定的篓子里，并将头颅公开示众。这种惨绝人寰的刑罚最初出现在秦汉时期左右，在当时并不属于法定刑种，只能算作一种私刑。直至五代时期被定为法定的死刑种类，正式定名为凌迟是在辽代。早期，凌迟主要是用于处罚那些触犯谋反、大逆等“十恶不赦”罪名的重罪犯，因为这些犯罪都涉及谋逆君主威严的行为，如重大暴动、叛国、谋取皇位等。但是发展到清朝乾隆统治时

---

① 我国隋朝文帝时期《开皇律》废除了车裂、枭首等酷刑，改为徒、流刑罚，正式确立起封建制五刑体系。参见占茂华等编:《中国法制史》，中国政法大学出版社 2010 年版，第 177 页。

② 上述关于明将袁崇焕被处凌迟的历史典故，引自：http: //www.sznews.com/culture/content/2013-09/04/content_8489460_2.htm，最后访问时间 2016 年 2 月 26 日。

期，子女谋害父母、弟幼谋害兄长，妻子谋害丈夫、奴仆谋害主人等触犯家庭、社会伦理道德的犯罪，同样也要被判处凌迟。[①] 直至后来为了镇压“反清复明”等农民起义运动，那些不按时交纳赋税的犯人也要被处以凌迟；这其中还包括了那些残暴的犯罪行为，如斩断他人四肢、杀害同一家族三人以上以及组织帮派用以制造恐慌等，都一律处以凌迟。凌迟刑之残酷、血腥，存续历史之久，确实令后人惊讶不已，直到清朝末年改革刑罚时才得以废除，从此退出了历史的舞台。

相比于我国现行的枪决、注射死亡等死刑执行方式，我国古代车裂和凌迟刑却是表现得如此野蛮和残暴，丝毫没有半点人道可言。宋朝著名词人陆游曾经如此描述遭受凌迟的受刑人：“肌肉已尽而气息未绝，肝心联络而视听犹存。”这是何其可怜、悲戚。车裂、凌迟刑的创设目的，很大程度上是当时统治者为了能够有效地打击老百姓的反抗，维护自身的家族统治，这类严酷的刑罚主要目的是用来打击那些可能会危及王朝统治、破坏社会稳定的犯罪。随着时间的推移，我们的社会在不断发展，越来越关注基本人权的保障，那些不人道的刑罚变得不再适应时代的需要，必须改用更具人道化的其他执行措施来代替它们，西方很多国家都相继废除了死刑的适用。故而一直以来关于死刑废除的问题受到国家和知识学术界的极大关注，人们纷纷追问我国死刑存在的合理性。就学界的主流思想和个人观点而言，本书认为我国现行死刑的存在能够更加有效地震慑犯罪人和潜在犯罪分子，保障社会公众对自己生活环境、生存秩序的最低预期，加之国民心中“杀人偿命”的心理确实很难在短时间内

---

① 关于我国古代凌迟刑的起源、发展以及适用范围，主要参见范忠信等编：《中国法制史》，北京大学出版社 2010 年版，第 188 页。

彻底地消除，国家能做的是减少死刑这种残酷刑罚的判决和执行，以及考虑采用其他更人道的执行方式。易言之，我们在对待死刑的存废问题时，不能一概而论。

十二、狱讼与“五听”

断狱，争罪者，刑事诉讼也；听讼者，争财者，民事诉讼也。[①]断狱与听讼是我国古代西周时期的法律所划分的两种诉讼种类，诉讼制度是我国古代法律制度的重要组成部分。“五听”指的是西周时期的司法官吏在裁断狱讼所使用的审判技术，包括辞听、色听、气听、耳听、目听。“五听”断狱讼要求法官在审理案件时，通过细致地观察当事人的表达是否清楚，神情是否镇定，气息是否匀速，精神是否正常，眼神是否迷离等，对上述情形综合、全面地进行判断，进而认定当事人陈述的真实性。[②]本书拟将向读者阐述我国古代法律对诉讼的种类划分以及古代“五听”断狱讼这种审判技术所具有的独特韵味。

官司，简言之就是在日常生活中双方或者多方主体产生矛盾的时候，由当地的官府作为主持方来协调各方的意愿，进而化解他们之间矛盾的一系列步骤、顺序和方法。古人倒是聪慧得很，早在西周时期的国家律令就已经巧妙地将官司分为狱与讼两大类，那么我国古代狱与讼之间的区别又是什么呢？

---

① 关于我国西周时期将诉讼分为狱与讼两大类，分别对应刑事案件与民事案件。参见占茂华等编：《中国法制史》，中国政法大学出版社 2010 年版，第 176 页。

② 关于我国西周时期审判官吏在审理案件时采用“五听”的审问方式，这种审判方式主要是运用了心理分析来进行司法决断。参见范忠信等编：《中国法制史》，北京大学出版社 2010 年版，第 178 页。

①

狱，是个多么可怕的字眼儿，难保大家不会联想到监狱、囚牢、身陷囹圄这些特定的情境。根据史籍《周礼》记载：狱者，争罪也。将这句话简单地翻译成现代通行的白话文就是：所谓狱，即为狭义上的“官司”，当时的控、辩双方在公堂之上对质，激烈地争辩、讨论对方的行为是否构成犯罪，并最终由官吏来裁决被控告方是否应该承担法律责任。由此可见古人所称的“狱”就是我们如今所说的刑事诉讼。

讼，则与上文提到的狱相对。《周礼》中亦记载道：讼者，争财也。意思是指两人或者两人以上为了确认某项争议财产的归属问题，告到当地的衙门并由司法官员来裁断该财产的最终所有权。因为讼的标的物主要是指财产，所以讼与我们如今所称的民事诉讼非常相似。当然讼与狱最大的区别之处就在于两者所针对的内容以及两者所追求的目的存在差异：一般而言，前者所针对的内容大多是财产，包括诸如金钱、房屋、土地等动产或者不动产；后者所针对的则是主体特定的侵害行为是否事实清楚，证据确实、充分，是否已经构成了刑律中所规定的犯罪类别，如典型的偷盗、杀人、放火等行为；讼的参与主体所追求的主要目的是确定争议财产的归属，即财产的所有权问题；狱的

① 图片来源于搜狐网，最后访问时间：2016 年 2 月 26 日。

参与主体所追求的目的则是是否能够认定被控告方的行为构成犯罪，同时应该如何进行适当的量刑处罚。[①]

基于狱与讼所针对的内容与所追求的目的有所不同，我国古代法律将诉讼分为狱（刑事）与讼（民事）两种，它们之间的区别在上文已经作了阐述，在此毋庸赘言。在此对应于我国现行法律体系下对诉讼制度的安排，包括刑事诉讼、民事诉讼和行政诉讼三大类，[②] 刑事诉讼指由国家公安机关作为侦查机关、人民检察院作为公诉机关和人民法院作为审判机关来主持刑事案件程序的依法开展和进行，当事人以及其他的诉讼参与人参加到法定的程序中，从而追究被追诉者的刑事责任的一系列诉讼活动；民事诉讼指在民事领域内，人民法院作为审判机关运用司法权来审理和裁决平等的民事主体之间关于人身、财产等利益纠纷的活动；行政诉讼则是指作为行政相对人的自然人、法人或者其他组织认为行政机关作出的行政行为侵犯了他们的合法权益，向司法机关法院提起诉讼，从而对行政行为的合法性进行认定，俗称“民告官”。这三种不同的诉讼类型构成了我国目前以及未来在很长时期内都将适用的诉讼框架，它们之间有很多的相同之处，如诉讼参与主体的重叠、诉讼程序的设置等方面。

上文介绍了我国古代西周时期以来对狱、讼的明确区分，并将其与我国现行的诉讼种类进行了简明的比较。借此作为引子，笔者向大

① 关于我国西周时期对狱与讼两种诉讼分类的详细说明，以及这种分类对后世诉讼制度的确立与完善起着非常重要的作用。参见翟婉华：《试论西周的诉讼制度》，载《兰州学刊》1991 年第 5 期，第 22 页。

② 自中华人民共和国成立以来，我国逐渐建立、完善了国家的诉讼制度体系，先后颁布了《民事诉讼法》《刑事诉讼法》和《行政诉讼法》三大诉讼法，充分保障了公民的诉讼程序权利，从而便利当事人通过司法诉讼途径来维护自己的合法权益。

家介绍我国古代独具特色的“五听”断狱讼的审判技术。“五听”包括辞听、色听、气听、耳听、目听五种具体方式，这里的“听”意指判断、认定。归纳起来，这五种审判方法就是根据当事人的说话表达是否清楚来判断当事人的陈述是否合理；当事人的神情变化可以反映他当时的情绪变化；当事人陈述时的气息是否匀速能够表现出他是否心虚的内心状态；当事人在庭审过程中能否正确地回答问题表明了他的精神状况是否正常；注视当事人说话时的眼神，如果他有意躲闪迷离，说明他心里可能有“鬼”。[1]

[2]

“五听”断狱讼是我国古代司法官吏用以判断当事人的内心活动变化，从而对特定案件的事实进行认定并作出最终的裁决，“五听”的审判方式对我国古代的诉讼实践影响深远。“五听”作为一项重要的审判技术，确已符合了古代社会司法人员取证技术短缺和分析认定证据的能力有限等这些实际情况，只能依据当事人的陈述和证人证词

---

① 关于我国西周时期审判官员对“五听”审判方式的具体适用，参见张晋藩等编：《中国法制史》，中国政法大学出版社 2014 年版，第 338 页。

② 图片来源于搜狐网，最后访问时间：2016 年 2 月 26 日。

等言词证据来梳理案件的事实脉络，因此这就对司法官吏的审理技巧提出了较高的要求，司法者必须亲自坐堂问审，认真地听取当事人的陈述，并细致地观察其表情和神色，综合判断、分析案情以便能够准确地查明案件事实，所以我国古代的“五听”要求司法者兼具感性认识和理性判断。但是“五听”所表现出来的缺陷也是显而易见的，过于强调司法官吏仅仅利用察言观色的方法对当事人的陈述等言词证据进行主观的判断，不免带有司法者较强的任意性和盲目性，很容易导致冤假错案。①

综上所述，我国古代狱、讼分立的诉讼体系建构，对我国后世的诉讼制度安排也具有一定程度的影响，尤其让后人深思的是我国古代司法官吏所应用的“五听”断狱讼的审判技术，这些特有的审判方法无疑杂糅了丰富的心理学、逻辑学等学科知识，我们不得不感叹聪慧的古人竟能创造出这么独到的方法体系并精妙地运用到如此严肃的司法活动之中，实在堪称一绝。

十三、公室告与非公室告

我国古代秦朝法律规定的诉讼有公室告与非公室告之分，② 那么哪些诉讼案件应该属于公室告，哪些又应该属于非公室告呢？公室告指的是那些侵犯家庭之外的其他社会成员的人身或财产的犯罪行为，又被称为“公罪”；非公室告则是指那些家庭内部成员之间犯罪的案

---

① 关于后世学者对我国西周时期主要采用“五听”审判方式的评价，主要参见张晋藩等编·《中国法制史》，中国政法大学出版社 2014 年版。参见范忠信等编：《中国法制史》，北京大学出版社 2010 年版。

② 文章此处及后文对秦代诉讼分类包括公室告与非公室告的相关论述，参见张兆凯等编：《中国古代司法制度史》，岳麓书社 2005 年版，第 158 页。

件，故也被称为“家罪”。秦律对公室告与非公室告的规定采取了如此精细的划分，其渊源和依据是什么，以及所追求的社会效果又是什么呢?

根据史籍文献《睡虎地秦墓竹简·法律答问》对公式告与非公室告的原文记载，大致可解释表达为：侵犯、伤害他人的人身或者财产，是为公室告；子女盗窃自己父母的财产、父母杀伤子女奴妾等行为，是为非公室告。[①] 凡是属于公室告的案件，国家的司法机关必须受理，不得拒绝当事人的控告；凡是属于非公室告的案件，司法机关一律不得受理，倘若一方当事人仍执着于控告，则该控告者被判有罪。上述主要是基于我国现存的一些历史资料对秦律公室告与非公室告规定的记载，我们可以看出，秦律明确规定了那些危害公共利益的犯罪案件应该归为公室告，因为这类案件对国家统治秩序的危害相对较大，对人们的生活安定影响较为突出，所以强制要求司法机关必须如实受理，充分保护受害者的利益。而对于那些发生在家庭内部的犯罪案件，国家司法机关不予干涉，交给家庭内部自主处理。

秦律对公室告与非公室告的明确划分，体现了当时统治者意图维护家庭内部家长在法律上的尊上地位。尤其是当时的法律规定了“子告父母、臣告主，非公室告，勿听”，足以说明非公室告作为“家罪”，不由国家司法机关管辖，而由家法自行处置、管理。除此之外，史籍《睡虎地秦墓竹简·法律答问》中亦并未记载秦律将上述这些行为定为“不孝”之罪。与此相反，秦律对于“父母伤害、刑杀子女、奴妾”这类非公室告同样地采取了不予受理的态度，但是却确立了“若受害

① 参见占茂华等编：《中国法制史》，中国政法大学出版社 2010 年版，第 176 页。

方继续对父母、尊长提出控告，则可判处控告者有罪”的特殊规则。[1]从另外一个角度保护了家长父母在家庭中的地位和生杀予夺的特殊权力。那么读到这里，肯定有不少人会发问：当时的统治者为何如此重视和维护父母、尊长在家庭中的至上地位，并且承认他们享有这么不可思议的权力？其主要原因在于我国古代非常重视家庭情感的维系，家国一体的思想深入人心，尤其是强调子女对父母的孝，即子女对父母的服从，古语有云：“夫孝，天之经也，地之义也，民之行也。”当时的家长理所当然地拥有对子女实施教令与惩责的权力，国家的法律将“不孝”列为大罪“十恶”之一，予以严惩，并且这种传统的“孝”文化的观念在中国长达几千年的历史中占据着绝对的支配地位，由此可见，古代家长对子女人身、财产支配权的影响非同一般。特别值得一提的是，与我国秦朝处于相当年代的古罗马帝国时期也同样在法典中承认和规定了“家父权”这样类似的法律概念。

当然，秦律并非一味地纵容当时父权可以任意地残忍杀子。根据相关史料记载，倘若子女、奴妾犯了错误，家长想刑杀、伤害其子女、奴妾，必须先征得官府的同意。例如，《告子》中表明了：某位父亲以自己亲生子“不孝”为由，请求官府将其子处以死刑。如果家长没有事先征得官府的同意，擅自对子女、奴妾实施了杀伤行为，那么他就要承担法律责任，如一人擅自杀了自己的儿子，结果被判黥刑。[2]秦律在规定了非公室告的前提下，尊重父权在家庭中的地位，将“家罪”归为“家法”处置，但是又设置惩罚滥用父权的法律条文，从而

① 此处还涉及我国古代“亲亲得相首匿”的法律原则，意思是说亲属之间不能检举对方的罪行，而应该互相包庇、隐藏罪行。尤其是晚辈不能主动向官府检举长辈所犯罪行，否则会被追究“不孝”的法律责任。这是古代非公室告案件（家罪）与孝道精神的重合之处。

② 参见范忠信等编：《中国法制史》，北京大学出版社 2010 年版，第 188 页。

保证了父权不得与法律相违逆，着实体现了秦朝立法者的高超技术和非凡智慧。[1]

[2]

相比于我国古代秦朝以来所建立的非公室告与公室告两种主要的诉讼种类，我国现行的法律体系内刑事诉讼中亦设置了类似的诉讼种类，一般来说可分为自诉案件[3]和公诉案件[4]。前者是指刑事案件中被害人或者其法定代理人主动向人民法院提起诉讼，自诉案件包括告诉才处理的案件和不需要公安机关侦查的轻微刑事案件；其中告诉才处理是指在这类案件中必须先由被害人或其法定代理人提出控告，否则法院将不予受理。后者指作为国家刑事公诉人的各级检察机关依法代表向人民法院提起诉讼，依法追究犯罪人的刑事责任。公诉案件的程

---

① 在非公室告案件中，原则上是不允许出现父亲随意残杀子女的现象。当时的国家立法虽然崇尚父权至上，尊重“家法”对“家罪”的惩处，但是也不能抛开家庭伦理关系于不顾，必须保证社会秩序稳定。

② 图片来源于搜狐网。

③ 关于我国刑事诉讼中自诉案件所辖范围，具体参见《最高人民法院关于适用〈中华人民共和国刑事诉讼法〉的解释》第1条：人民法院直接受理的自诉案件包括：(1) 告诉才处理的案件；(2) 人民检察院没有提起公诉，被害人有证据证明的轻微刑事案件；(3) 被害人有证据证明对被告人侵犯自己人身、财产权利的行为应当依法追究刑事责任，且有证据证明曾经提出控告，而公安机关或者人民检察院不予追究被告人刑事责任的案件。

④ 关于我国刑事诉讼中公诉案件所辖范围，除自诉案件之外，其余大部分的刑事案件都属于公诉案件，当然还包括部分公诉转自诉的刑事案件。

序设置相较于自诉案件而言更为复杂，一般而言，人民检察院会对公安机关侦查终结移送审查的案件，以及对于自行侦查终结的案件进行审查，若认为该案犯罪事实清楚，证据确实、充分，已经构成刑法规定的犯罪，检察机关才能依法向人民法院提起诉讼，追究被告人的刑事责任。虽然我国现行《刑事诉讼法》规定的自诉案件与我国古代秦律中规定的非公室告有几分相像，但是我们也要认清以下两点：首先，自诉案件固然遵守不告不理原则，但是其仍归属于国家司法机关管辖，而非公室告完全排除了国家司法权力的干涉；其次，非公室告还存在一类情况：家长杀伤子女、奴妾，若子女、奴妾控告家长，告者有罪，① 这是古代非公室告与现行自诉案件两者进行比较最明显的差异。无论是在几千年前的秦朝还是处在 21 世纪的现今，公室告（公罪）和公诉案件都是主流，国家颁行的法律除了适用于家庭，同时还需要有效地调整和规范社会秩序，充分地发挥法律所应有的规范作用。

我国古代法律对非公室告与公室告的明确规定，体现了以下法律原理：社会是法律的基础，法律是社会发展的产物。法律的完善必须适应社会的发展，唯有符合社会现实和将来一定时期内发展需要的法律才是可行的。② 诚然国家的长治久安有赖于家庭内部的和睦、安定，秦律规定了非公室告旨在鼓励家庭的内部矛盾由内部自主解决，亲属

---

① 其实这类情形仅仅是针对子女、奴妾而言的，相当于是出于古代“亲亲相隐”家庭伦理精神的需要所作的规定。参见范忠信等编：《中国法制史》，北京大学出版社 2010 年版。

② 根据经典的法理学知识，法律与社会之间的关系必须遵从：社会是法律产生的基础和前提，随着社会的发展，法律也会随之发展。但是法律却受到其固有滞后性的制约，可能影响到法律对社会调整、规范作用的充分发挥。公室告与非公室告案件的分流正是顺应了社会发展的趋势，契合了人们的心理预期。

之间相互起诉，难以有效维护国家和社会的和谐稳定。因此，我们必须正确认识和理解我国古代的非公室告与公室告划分的基本依据和时代背景，正因为它们有力地诠释了古人所持有的家庭伦理道德，才会让后人真正地体会到这些法律思想本身所蕴含的重要启示作用。

十四、《春秋》决狱

《春秋》决狱作为我国古代用来审判案件的一种重要的推理判断方法，最早是由西汉时期名儒董仲舒提出来的，主要指国家司法官吏援引儒家经典著作中的经义和范例分析犯罪事实，并进一步定罪、量刑。在此，所谓儒家之经典主要是指《诗》《书》《礼》《易》和《春秋》，合称为五经，又以《春秋》为主。《春秋》决狱的核心和基本精神是“原心定罪”，即根据当事人的主观动机、意图等确定其是否有罪及量刑的轻重。[1] 通过《春秋决事比》中的几个经典案例，向读者诠释《春秋》决狱的正确含义以及断案原理。

[2]

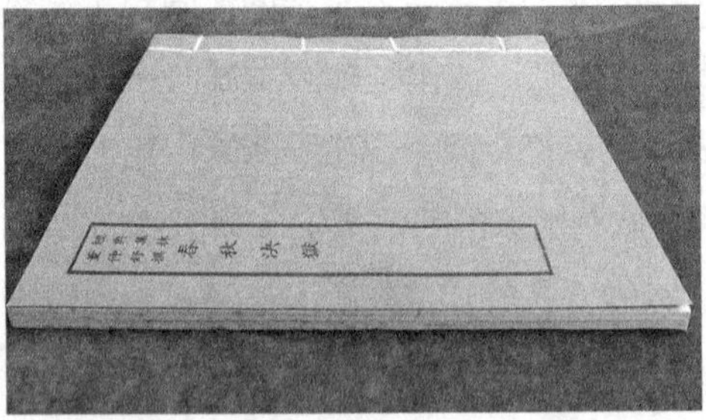

---

① 关于我国汉朝武帝时期董仲舒等人所提出《春秋》决狱的司法裁判方法，参见李贵连、李启成:《中国法律思想史》，北京大学出版社 2010 年版，第 278 页。

② 图片来源于搜狐网，最后访问时间：2016 年 2 月 26 日。

（一）亲亲容隐应无罪

张三没有儿子，在路旁偶然捡到了一个被亲生父母抛弃的幼婴，并决定将其收养并取名作张小三。张小三一天天长大，后因为和别人发生一次激烈的口角，一气之下杀死了对方，张三护子心切把张小三藏了起来。后经人举报，官府派人将张三和张小三统统抓了起来，并准备对他们定罪处罚。倘若按照当时的国家律令：藏匿犯人要遭受重刑。也就是说，张三包庇藏匿张小三的行为足以使其身陷牢狱，但是儒家经典《春秋》规定父子一方犯罪后，可以互相隐藏罪行。当地官员认为，既然他们之间是父子关系，所以张三隐匿张小三的行为不能判处重罪。直至唐朝法律明确规定了父子可以相互隐匿，且不构成犯罪。[①]

亲亲得相首匿的原则即是根据儒家经典《春秋》经义倡导的容隐无罪的精神发展而来，旨在维系家庭成员之间的血缘关系和家族情感，同时也反映了当时的法律尊重和保护传统孝文化的倾向。中华法系所特有的亲属容隐制度后来影响到东亚、东南亚许多国家的法律和文化，亲亲容隐之所以被认为是无罪的，原因是当时的司法官吏考虑到容隐者的动机、情感愿望等，主要依据当事人的主观意志来认定其是否犯罪。

（二）子不养，父之过

甲生有一子乙，迫于穷困、负有债务等生活压力，实在无力抚养，

---

① 上述关于《春秋》决狱的案例（笔者已由文言文翻译成现代文，并对案中人名稍作改动）参见李贵连、李启成：《中国法律思想史》，北京大学出版社 2010 年版，第 279 页。

于是甲心一横，将乙作为还债的等价物抵给了富人丙。丙家生活条件优越，乙便成了当地不折不扣的“富二代”，到处横行霸道。一日，甲在集市上恰逢乙，便在众人面前说道：“乙，吾子也。”公子哥乙一听，觉得心里特窝囊，心想自己咋又多出了这么个穷“爹”，盛怒之下找人狠狠地打了甲二十棍子。甲心寒至极，遂将乙告到了当地官府，按照当时律令，儿子打父亲要判处死刑。到了公堂之上甲才心生悔意，觉得自己竟然亲手将自己的儿子推向了死路。不过幸运的是，当地官员认为甲生了儿子却不亲自抚养，也就相当于甲、乙之间的父子关系从那时就已经断绝，所以乙打甲不应当被判处死刑。①

子不养，父之过。上述事例中悲情父子俩之间的闹剧最终以一个令后人啼笑皆非的结局收场，父子关系的存续与否是该案判决的关键所在。官员根据不负责的父亲甲当初抛弃自己孩子乙的主观意愿出发，认定甲、乙之间的父子关系早已断绝，并从维护社会公共秩序和善良风俗的角度向世人阐明了父母与子女之间抚养和赡养相辅相成的关系：父母抚养子女是子女赡养父母的前提，子女赡养父母是父母抚养子女的归宿和期望。

（三）误打误撞非“本意”

甲和邻居乙因宅基地的划分界限发生了激烈的争执，乙从家中抽出砍柴刀准备刺向甲，碰巧甲的儿子从外玩耍回来，见此情景，便随手拿了棍子相救，结果混乱之中，失手打伤了父亲。根据当地的法律，认为儿子殴打父亲乃犯重罪，按律应当处死。但是董仲舒根据孔

① 上述关于《春秋》决狱的案例（笔者已由文言文翻译成现代文），引自：http://blog.sina.com.cn/s/blog_4bf9f1f001000c6r.html，最后访问时间：2016 年 2 月 26 日。

子在《春秋》中的观点认为，儿子误伤父亲的动机并非故意殴打，而是在突发情况下为了救父亲误打误撞，因此，这类特殊情况应该免罪。[①]

[②]

本案中儿子救父心切，在与他人混乱厮打过程中误打误撞伤了自己的父亲，此种情况下儿子的动机和意图是很明显的，即为了使自己的父亲免于受到他人伤害。《春秋》经义提倡亲属间应当互帮互助，尤其是当长辈遇到外人的不义伤害时，晚辈应当竭尽全力相救，哪怕是牺牲自己的生命。古人有血亲复仇的传统，这种符合人性的做法得到了儒家经典的肯定，所以本案中儿子的做法是符合人之常情的，不应当依照法律判处死刑。

（四）改嫁还须讲人情

在沿海地区，一女子的丈夫照常出海捕鱼，途中发生了风暴，大风打翻了捕鱼船，渔夫不幸淹死在海中，亲友出海寻了好几日，都没

---

① 上述关于《春秋》决狱的案例（笔者已由文言文翻译成现代文，并对案中人名稍作改动）参见李贵连、李启成:《中国法律思想史》，北京大学出版社 2010 年版，第 278 页。

② 图片来源于搜狐网，最后访问时间：2016 年 2 月 26 日。

找到尸体。事故发生四个月后，女方父母欲将该女子改嫁他人，却遭到了族人和外界的反对和唾骂。原来按照当时的法律，在丈夫没有埋葬前，女子是不能改嫁的，否则将会依律处死。《春秋》经义中认为，如果女子改嫁既不是淫荡，也不是为了图谋私利，当然可以免罪。[①]

古人男尊女卑的身份差异，尤其体现在家庭、婚姻等方面。一个家族中女子的地位始终要附属于男子，就连女子的改嫁都要遵守这些刻意地维护男女不平等的礼法典章，而男子可以随意一纸休书结束一段婚姻。在上面这个案例中丈夫出海时意外身亡，无法找到尸体，导致不能按期下葬，那么照理说女子终生不得改嫁。可是根据《春秋》经义，此种情况下女子改嫁是出于正当需要，并非动机不纯，应该从人性动机出发，而不应判处有罪。

（五）功过相抵需分明

一年春日，大夫跟着君主出外狩猎，君主射箭打得一头小鹿，让大夫带回。半路上，大夫碰见了母鹿，母鹿凄惨地对着他哀鸣。大夫心软可怜它们，于是就放了小鹿。后来被君主知道，勃然大怒便打算以违背君命为由重重处罚大夫。但是还没来得及下令，君主便旧疾复发，医术高超的大夫治愈了君主的病，君主心中大喜不但免了罪，还准备提拔他当官。[②]

《春秋》经义认为，当初君主猎得小鹿，大夫没有主动阻止，因

---

① 上述关于《春秋》决狱的案例（笔者已由文言文翻译成现代文，并对案中人名稍作改动）参见侯欣一等编:《中国法律思想史》，中国政法大学出版社 2012 年版，第 197 页。

② 上述关于《春秋》决狱的案例（笔者已由文言文翻译成现代文，并对案中人名稍作改动），引自：http: //i.chaoxing.com/13766581/blog_cae03f9cafa7a9f3.html，最后访问时间：2016 年 2 月 26 日。

为秦汉时期规定春季禁止捕杀任何野生禽兽，所以大夫的不加劝阻与《春秋》之义相悖，应当判罪。但是后来大夫发善心放了小鹿，并为君主医治了旧疾，算是将功补过。功过相抵，赏罚分明，这才算是符合了君主的治世之道。但是君主想要提拔大夫的做法倒是不合情理的。

《春秋》决狱作为我国古代社会礼法融合的具体表现形式，主要是指司法者在对犯罪人定罪、量刑的时候要着重考虑其犯罪动机。一国的法律是在法家思想的指导下建立的，讲求赏罚有度，将律令作为维持社会秩序的主要工具，[①]但是在儒家代表董仲舒看来，既然儒家学说是当时社会的正统思想，那就要求国家司法机关必须以儒家经典作为指导，主张以《春秋》经义断狱，反映了当时的中华法系曾一度将礼制的地位置于国家法令之上的独特之处。

十五、自首免罪

我国古代刑法中的自首制度，一般而言被认为是中华法系中所特有的刑法制度。自首制度源于古代君权神授的神权思想，君主作为神的意志即天命的传达者，他的命令当之无愧地具有神圣的不可忤逆的绝对权威，平民百姓应当自愿地服从君权的统治。同样，统治者为了管理和教化一国境内的子民，王者应当遵从以德配天的原则，真正做到“恤刑”“保民”，人民的普遍服从才能使皇权统治长治久安。[②]正因为自首制度符合了统治阶级的利益需要，所以自首减刑免罪的原则

① 参见张国华:《中国法律思想史新编》，北京大学出版社 2003 年版。

② 关于我国古代自首制度产生的原因以及这种制度对社会整体所具有的独特作用，后世法律史学者所编写的论著对此多有研究，其中“恤刑”与“保民”是自首制度最为显著的社会矫正功能。具体参见曾代伟等编:《中国法制史》，法律出版社 2012 年版；俞荣根等编:《中国法律思想史》，法律出版社 2000 年版；等等。

才会历久而不衰，为历代统治者所重视。本书将探寻自首制度的源头，并以此作为引子，向读者解释我国现行《刑法》中对自首制度的具体规定，让人们更多地了解自首的相关知识。

根据我们现存的这些刑法史料记载，我国古代自首制度的规定最早出现在《尚书》，其中写道“凡厥庶民，有猷，有为，有守”。其中的“守”即指自首之意。上面整句话的意思大致可理解为：但凡是处罚百姓的犯罪，对事先谋划犯罪的，已经实施犯罪行为的，犯罪后自首的，要区别这些情节，分别给予不同的处罚。到秦代时将自首称为自出，并对自首者减轻处罚。发展至汉代则称自首为自告，首次在国家律令中规定了“先自告，除其罪”的处罚原则，相传在汉武帝统治时期，衡山王太子刘孝向官府自首自己以及其父等多人的谋反活动，从而使皇帝免除了其参与谋反的罪责。[①] 我国古代自首制度经历后世的继承与不断发展，唐朝时的律令继承了以往朝代自首减免刑罚的原则，对自首制度作了具体而全面的规定，形成了完备的自首制度。我国古代自首制度是随着礼法结合的发展而逐步演进的，儒家“德主刑辅”、引礼入法的主张成为封建王朝的正统思想，这就要求国家必须按照礼的要求恤刑保境、教化国民。

上文主要阐述我国古代自首制度的渊源和演变过程，对比我国现行的自首制度，两者存在哪些区别？下文笔者将与大家分享一个关于我国现行自首制度的实务案例，并借此向大家阐释我国现行《刑法》规定的自首制度有哪些不可缺少的构成要件，以便大家能够正确地认识自首的概念和性质。

---

① 关于汉代自首免罪的经典刑罚原则，参见张兆凯等编：《中国古代司法制度史》，岳麓书社 2005 年版，第 176 页。

当事人唐某与杨某自高一年级开始确定恋爱关系，同居期间多次发生性关系。2008 年春节前后，经医院检查，杨某确定自己已经怀孕，打算生下这个孩子，便多次找到唐某商量此事，问其将来应该做何打算。唐某则显得十分犹豫，两人遂产生了意见分歧，当天晚上大吵了一架，不想唐某竟产生了置杨某于死地的邪恶念头。一日，唐某将杨某从其家中骗出，至偏僻处用事先准备好的匕首连续刺了杨某腹部、背部等处数刀。在此过程中，唐某因害怕其大声呼喊被人发现，便用匕首向杨某的颈部割了一刀，然后将其抛到了河中，最终导致杨某溺水身亡。案发后，杨某的父母及其亲属寻觅了几日，未能发现被害人的行踪，向公安机关报了案，并向民警说明了被害人杨某生前与男友唐某的联系非常密切。公安机关在对唐某询问的过程中，唐某对上述犯罪事实供认不讳，检察机关遂提起公诉。①

上述这起青年情侣故意杀人案件中，唐某的犯罪事实清楚，证据确凿充分，被告人唐某在公安机关侦查过程中主动承认了其所犯的全部罪行。后来法院在审理本案的过程中，对于被告人唐某在公安机关的询问过程中交代犯罪事实这一行为是否成立自首产生了意见的分歧：一种意见认为，公安机关询问唐某是在被害人杨某的亲属提供线索的情况下进行的，且公安机关怀疑唐某具有一定的作案嫌疑，因此唐某在此种情况下的如实供述不能被认定为自首；另一种意见认为，公安机关的例行询问仅仅是作为案件侦查的必要手段，在这种情况下唐某并没有被认定为该案的重大犯罪嫌疑人，同时公安机关的询问也并非是对唐某采取了强制措施，说明此时唐某的如实供述当然地符合

---

① 关于上述这起青年情侣故意杀人案件的详细描述，引自：http: //www.docin.com/p-310901312.html，最后访问时间：2016 年 2 月 26 日。

了刑法关于自首的法定条件，应当认定被告人唐某系自首。这两种不同的意见分别代表了刑事案件审理过程中对被告人唐某的认罪行为能否构成自首所提出的不同认定角度。那么我国现行《刑法》规定的自首又是由哪些要件构成的呢？

[1]

我国《刑法》总则部分规定的自首可分为两种：一般自首和特殊自首。一般自首是指犯罪分子犯罪以后自动投案，如实供述自己罪行的行为。特殊自首，亦称准自首，是指被采取强制措施的犯罪嫌疑人、被告人和正在服刑的罪犯，如实供述司法机关还未掌握的本人其他罪行的行为。[2] 由此可见，无论是一般自首，还是特殊自首，最终认定的本质条件皆归为以下两点：一是当事人自动投案，自愿将自身置于司法机关的控制之下；二是如实将所犯的罪行告知司法机关。因此对上述案件中被告人唐某的行为能否成立自首，必须从这两点本质构成要件进行准确认定：

---

① 图片来源于搜狐网。

② 关于我国《刑法》对自首的规定，具体参见《刑法》第 67 条，犯罪以后自动投案，如实供述自己的罪行的，是自首。对于自首的犯罪分子，可以从轻或者减轻处罚。其中，犯罪较轻的，可以免除处罚。被采取强制措施的犯罪嫌疑人、被告人和正在服刑的罪犯，如实供述司法机关还未掌握的本人其他罪行的，以自首论。犯罪嫌疑人虽不具有前两款规定的自首情节，但是如实供述自己罪行的，可以从轻处罚；因其如实供述自己罪行，避免特别严重后果发生的，可以减轻处罚。

第一，被告人唐某在接受公安机关的询问时主动、如实地供述了自己的犯罪事实，从而表明了其认罪服法的态度：自愿将自己置于司法机关的控制下。公安机关为了获得案件线索或者了解更多的案情事实，会对任何可能知情的人进行询问。虽然本案中的被告人唐某在实施犯罪后并没有主动到公安机关投案，但是其在作为案件"知情人"接受公安机关的询问时承认了自己的犯罪事实，当时他的罪行并没有被国家司法机关发觉，因为公安机关所掌握的证据仅仅能证明唐某与被害人杨某是男女朋友关系，两人的日常联系较为密切。换言之，公安机关并无直接证据可以证明唐某有作案的重大嫌疑。因此，唐某的行为就应该认定为在公安机关尚未掌握充分证据的情况下自愿接受公安机关控制的一种认罪表现，符合了我国《刑法》认定自首的第一个本质要件。

①

第二，唐某如实供述了自己的犯罪事实，导致了公安机关彻底地掌握了其所犯的罪行，这也是认定唐某成立自首的一个重要原因。倘若当事人唐某不能如实地供述犯罪事实，即便是他自动投案，主动地将自己置于司法机关的控制之下，也同样不能彻底地调查清楚

① 图片来源于搜狐网，最后访问时间：2016 年 2 月 26 日。

案件的全部事实，这就表明了刑事案件中犯罪嫌疑人、被告人如实供述犯罪事实在自首认定中的重要作用。本案中唐某在公安机关的询问过程中能够如实供述自己的罪行，符合了自首认定的第二个本质要件。

此外，还有非常重要的一点值得说明，该案中唐某仅仅是接受公安机关的例行询问，而并非被采取了强制措施。与我国《刑法》中规定的特殊自首作比较：成立特殊自首的主体必须是已经被采取强制措施，并且当事人供述的是司法机关还未掌握的本人其他罪行。援引“举重以明轻”的裁判原则，① 既然被采取强制措施的当事人供述自己的罪行，可以成立特殊自首，那么该案被告人唐某在接受公安机关询问时主动交代了当时侦查机关尚未掌握的罪行，当然地可以成立自首。毕竟此时当事人唐某所供述的犯罪事实能够最大程度地帮助司法机关节省办案成本。因此，唐某的行为符合国家鼓励犯罪人自首的刑事司法政策的法律目的以及自首制度所要追求的社会效果。

在我国的刑事司法实践中，当事人自首的形态可谓是纷繁复杂，本案中唐某的自首行为便是一个很具有代表性的例子。我国司法机关必须准确地把握自首的构成要件：自动投案，并自愿将自身置于司法机关的控制之下；如实供述自己所犯的罪行。唯有这样，国家司法才能在保证有效地打击、惩罚犯罪的同时充分保障犯罪嫌疑人、被告人

---

① 关于我国唐代“举重以明轻”“举轻以明重”等刑法类推原则的具体阐述，可参见占茂华等编：《中国法制史》，中国政法大学出版社 2010 年版；范忠信等编：《中国法制史》，北京大学出版社 2010 年版。

的合法权利，实现国家司法追求公正的终极目标。[①]

第二节　流言法语

一、法者，天下之程式，万事之仪表

——沈家本

这句法谚的意思是："法"是社会关系的固有调整系统，是衡量天下人言行是非、功过、曲直的客观标准和必须遵守的行为规范。

为法律信仰而殉道

在古希腊先哲中，聪慧、睿智、豁达、伟大者不乏其人，生前弟子满堂，死后著作等身者也绝非仅有，但是，苏格拉底却以他善辩而不为人师，述而不作，显示出了独特的风貌。他被当今人们称为"西方孔子"，古希腊"站着沉思的哲学家"。

苏格拉底生于雅典，父亲是雕刻师，而母亲是一位助产婆。苏格拉底早年也学过雕刻，据说雅典城的那些辉煌的石刻中也有他的作品，在他的一生中，有过两次婚姻，第二任夫人据说脾气不太好，甚至苏格拉底被处死的那天还在狱中吵闹。他性格倔强、刚硬，擅长说教，尤其喜好运用"辩证法"将那些自以为学富五车、才高八斗的人驳得哑口无言。但是，他所运用的辩证法与我们现今运用的辩证法不同，

① 刑事案件中的犯罪嫌疑人和被告人同样享有法律保护的基本权利，不能因为他们的一些违反法律的行为，全盘否定、无视他们的合法权利。保护这些涉嫌犯罪的正当程序权利也是司法公正所要追求的重要目标。自首制度有助于实现有效打击、惩处犯罪和教化犯罪人重新开始未来生活的双重治理效果。

它是一种很伤人的辩论技术，分为“讥讽”和“精神助产术”两部分。怎么理解呢？具体来说，就是辩论者首先向对方请教学问，假装自己什么也不懂、不知道。然后辩论者与被提问方通过一问一答的方式逐渐推进，直至使被提问方出现前后矛盾的回答，从而达到“讥讽”的目的。因为这种辩论技术，最终致使苏格拉底得罪了一些自以为是的“智者”。于是，这些自以为是的“智者”便借用雅典当时荒诞不经的法律，控告苏格拉底传授对诸神不敬的学问，腐化及误导青年。

公元前 399 年一个晴朗的早晨，500 名陪审员进行了决定命运的抽签仪式，经过形式非常民主的起诉和辩护，城邦以 220 票赞成无罪，280 票反对，最终判处苏格拉底死刑。然而，在苏格拉底被审判之前，已经有弟子和朋友通知他，他们已经决定帮助他越狱，让苏格拉底准备逃亡，这样他就可以逃避审判和惩罚。但是苏格拉底坚定地表示他不会越狱。当他的一个学生为了说服他越狱告诉他“雅典法律是有问题的，因此不遵守它也是可以的”时，苏格拉底却反问这位学生：“越狱就正当吗？对一个被判有罪的人来说，即使他确信对他的指控是不公正的，逃避法律制裁难道就正当了？有没有一种服从任何法律的义务？”就这样，他静静地等待着雅典法庭的审判。即使当时雅典城的司法制度早已偏离了神话时代的“专业法官与普通民众相结合”的合议庭制度，而是按极端民主制的原则，即从雅典 10 个部落中自由平等地推选出 50 人，组成一个 500 人的公民大会进行审判。这种审判表面民主，但实权却往往操控在一小撮人手里，可以说，当时雅典的民主早已演变为“劣质民主”了。但是，为了维护城邦法律的权威，苏格拉底仍以一个严格的宪法主义者主张，城邦有权对公民的品行进行审查，而公民也应该通过公正的审判洗刷他的冤屈和不公。

最后，苏格拉底还是选择了接受审判，并坦然地接受了死刑。审判后一个月，他镇定地接过了掺有毒芹汁酒的碗，在进行了最后的祷告之后，仰头一饮而尽。黄黄的毒药顺着他长长的花白胡子流下来，弄脏了他的衣襟。最后，他还抓着他朋友的手说："别忘了，我欠阿撒拉庇乌斯一只公鸡。请替我还了。"然后他静静地躺在草席上，用草席的另一端盖上了头，撒手西归了。

这是西方法学史上的一个经典故事，但它给予我们的不仅仅是一个故事的愉悦，而是一个关于公民要忠实履行"守法义务"的故事。苏格拉底之死的确是一个悲剧，因为，他最终死在了他的同胞——伟大的雅典公民之手。雅典人用自己的双手扼杀了一个值得他们引以为傲的思想巨人，这不能不说是一个时代的悲剧。但是，苏格拉底的死也同样使我们警醒，对于苏格拉底而言，法律与城邦是一样的，都源于神，是神定的原则。法是正义的表现，也是强者的意志体现。法是城邦的基石，城邦生活的道德组织不可能没有法律。无论是自然法还是人造法，人们都要无条件地服从并严格遵守它。因为遵守法律是为了感谢国家赐予的恩惠，服从城邦和法律是公民义不容辞的天职、责任和义务，而且，服从法律有利于提高城邦成员的道德水平和正义意识。苏格拉底视法律为最高权威，即使献出生命，也不愿意破坏通过民主公正方式得出的裁定，用生命捍卫法律的尊严和裁判的权威。他一再拒绝逃跑，不是维护法官的面子，也不是漠视生命的宝贵。因为他认为公布的法律比自己的生命更重要，尊重司法权威，有利于他深爱的国家的稳定和社会进步，所以他所做的不仅仅是维持内心道德的安宁，而且也是在维护国家法律的权威，一般的雅典公民维护自己的城邦，是维护它那宏伟的架子，而苏格拉底则是想巩固那地下的根基。如此深明大义，至今听来仍令人感到震撼。

可能西方法律文化与以中国代表的东方法律文化的某些信仰不

同。在古代大多数中国人看来“留得青山在，不怕没柴烧”，只有留住自己的生命，最终才能为自己昭雪，才有真正的意义；只要自己是真的被冤枉，往往是不信赖法律，而选择先逃狱，再找证据平反。而有些西方人似乎就不像中国人这么“坚决”。他们认为，对待自己认为不公正的法律，态度要慎重。因为法律就是秩序，没有什么理由可以逃避法律。再者，当某些人认为这个法律公正，而另一些人持相反看法时，能否一定会找到一个公认的标准来确定谁是谁非呢？当然不一定。而且，苏格拉底认为自己和徒弟们是正确的，但大多数雅典人却不这么认为，因为价值判断本来就具有主观性，但法律是理性而秩序的，是不能为个人意志所左右的。

两千多年前一个智者，选择维护法律的尊严而绝不苟且偷生，即使冤死在法律之手也不怨不尤，这不得不让人敬佩。以死来维护法制的尊严，这是苏格拉底留给世间的绝唱。

二、一民之轨，莫如法

——战国·韩非:《韩非子·有度》

这句法谚的意思是：要统一民众的行为，没有什么比得上法律的了。强调法在调整社会关系、规范人们行为中处于最重要的地位，或者说最为有效。

信仰无界行为有界

故事主人公小东，家住西安市，妻子小丽比他小 5 岁。1994 年经人介绍，他们相爱并结婚，两年后妻子生了一个大胖儿子，全家沉浸在快乐幸福之中。1998 年的一个秋天，妻子小丽回来告诉丈夫，说有一个外地口音的妇女，在村子附近经常与她套近乎、拉家常，说话挺善解人意的，想请她到家里玩，丈夫小东随即爽快地答应了。一天晚上，妻子小丽将这个女人领到家里，才知道她姓张，之后夫妻俩就称她为张姐。饭后，张姐把话题引导到“生死有命，富贵在天”上来，大肆宣扬“神”无处不在、无所不能及信“神”的好处。她告诉小东夫妇只有相信“神”才能保佑他们每个人的平安，才能驱散家中的“魔鬼”。相信“全能神”才能免遭浩劫，保佑家庭安康。妻子小丽没有什么文化，心想只要能保佑全家人平安无事，信什么都行，丈夫小东也没有反对。从此，妻子小丽只要有空就抱着张姐送的书看，有关的碟片也百看不厌，废寝忘食，甚至还经常梦见“神灵”附体和“天堂”的美景。就这样，妻子小丽与张姐打得火热，亲如姐妹。

2004 年 12 月的一天，小丽告诉小东说她已经是“全能神”传福音里的中层干部了。动员丈夫小东也加入，说将来肯定比她能干，能当上更大的领导。并帮丈夫起了“灵名”。丈夫心想：“我从小到大从未当过领导，信‘神’能当上领导，为什么不干呢？”如此一来，丈夫小东慢慢地越陷越深。在妻子小丽的介绍下，他开始被分配到其他教会点做小带领，主要负责带新人、传福音、做人员和奉献款统计工作。每周六早晨，丈夫小东还组织 50 多名教友来家里聚会，念神话、讲道、讲见证，过教会生活。因为小东工作出色，2006 年又被调到另外一个村教会点做大带领，后来“组织”上又让他做了奉献款保管员，两次将 30 万元的奉献款交予他保管，并让他给“神”写了起誓保证书：保证不存银行、不外借、不挪用、不贪占、不损坏和丢失。丈夫小东把奉献款分别埋在后院、厨房煤气罐下和车棚里。手里掌握着财政大权，小东“工作”更加勤奋了，在“神”的道路上越走越远。丈夫小东除了保管好奉献款外，每个月还要想方设法，省吃俭用地挤出 800 元奉献款向“神”上交。生活虽然艰苦，但妻子也毫无怨言，默默地为“神”奉献着。丈夫小东传教非常敬业，在附近是发展教友最多的带领。

2012 年春节以来，“上级”经常让他们看一些《外国教会生活》的碟片，里面涉及西方一些“邪灵”附体现象，意思是：人一旦“邪灵”附体了，就必须通过消灭肉体，才能达到消灭“邪灵”的目的，才能救人。时间长了，丈夫小东识别“邪灵”附体的水平也在不断提高。一天，妻子传教回来，小东感觉她有些“邪灵”附体的迹象，便对她说：“最近你没有觉得身体‘黑暗’了吗？你可能是‘邪灵’附体了，你想去掉你身上的‘邪灵’吗？”妻子感到有些害怕，说：“当然想了。”于是，丈夫小东就告诉她说：“那好，你得先死去，你死了，‘邪灵’才能死，然后‘神’会保佑你‘死而复生’的，而附在你身上的‘邪灵’是不会被‘神’保佑并复活的。”就这样，丈夫小东等待着“拯救”妻子时机的到来。

2012 年 3 月的某一天，丈夫小东受“圣灵”指引，残忍地杀害了妻子并将其掩埋。丈夫小东希望附在妻子身上的“邪灵”尽快死去，期待着“神”的来临，能使妻子“死而复生”。

第二天早晨，丈夫小东把“拯救”妻子的经过告诉了家人和邻居，消息很快传遍全村，乡亲们都聚集到他家后院，看到这残忍的场面，有的叹息，有的悲伤，更多的是指责和愤怒。当丈夫小东如梦惊醒之时，妻子却永远不会复生了，一个原本幸福的家庭就这样被“全能神”无情地断送了。

这个故事在其内涵上并不仅仅反映邪教的恐怖，它同时更加深层次地表明：任何一个人不管有什么样的信仰，在行为上都没有特权，一个人或一个群体都必须遵循法律这一最低底线，作为公民没有法外生存的权利。

一项正义的法律之所以不得不承认人有信仰的权利，包括不信仰的自由，是因为法律只能管理人的外在行为，它不能干涉人的内在精神，除非人的内在精神外显为一种行为以后触犯了法律，这时才是法律行动的时候。从近代宪法史上，我们可以看到，对信仰自由的确认是随着人类理性能力的发展而得到认同的，它在世界上大部分国家得到认可，并且成为许多国家宪法明文规定的公民基本权利。

但同时，作为一个全体公民服务机构而存在的国家，不仅仅是承认一个人的基本信仰自由，同时它还要保护他的权利，即防止他人侵害他的权利，因此，每个人也相应地必须承担不得非法侵害他人权利的义务，这当然包括不能侵害他所在国家的基本立国准则的义务。因此，对于宗教信仰自由，法律也有着一定的界限。

三、立善法于天下，则天下治，立善法于一国，则一国治，如其不能立法，而欲人人悦之，则曰亦不足矣

——《王安石全集·周公》

这句法谚的意思是：为政治国最重要的是立法，而且要立良善之法，制定了良善之法，并推行于天下则天下大治，制定并推行于一国则一国大治。如果所立之法难称良善，则于国于民有害无利，自然不会得到人民的衷心支持。

纳粹恶法并非“法”

中国古代伟大的逻辑学家公孙龙提出的著名逻辑问题：白马非马。而从古至今，一直困扰人们的法律问题就是“恶法是法吗”？1945年第二次世界大战眼看就要结束了，希特勒手下的一名盖世太

保分子仍然使一位人妻悲痛欲绝。

1951 年，德国联邦最高法院开始审理各类与战犯有关的案子，以示正义。这位人妻在政府的鼓励下，像许多人那样走进了法院，状告盖世太保分子犯有故意杀人罪。可是在法庭上，盖世太保分子说，他当时杀人是执行公务，执行法律。他还将 1945 年德国国会通过的紧急法令搬出来，以示自己杀人的法律理由。那部法令规定："每位德国武装人员，对各类逃犯负有不经审判即射杀之义务。"他向死者的妻子表示深深的歉意，但坚决否认犯有杀人罪。很显然，如果承认纳粹德国的法令属于法律范畴，那么案件的审理将会变得十分困难。于是，纳粹联邦法院首先对"法律的名分"进行了界定，否认纳粹时期德国的法令是法律。法院称那些法令有违人类最基本的正义原则，根本不能作为任何行为的法律理由，任何有良知的人都不应该、更不会执行这样的法令。盖世太保分子的辩护理由就这样被驳回了。当然，在普通人看来，一种规则只要是官方认定的就可以算作法律；也就是说，不管它是多么地离谱、不通人性；多么地有违伦理道德、有违正义，它都是法律，都需要得到一国公民的遵守。就像中国古代的"君要臣死，臣不得不死"以及纳粹德国、日本帝国当年制定的一系列法律一般。

但是我们试想，如果人们都像奥斯汀一样毫不犹豫地坚信"恶法亦法"，那么正义何在？这时的法律也就完全成为一国"统治者"抑或"掌权者"谋取自身利益的一种手段、工具。正如新自然法学派的代表人物富勒所阐释的法与道德之间的关系：法律必须以道德为基础，法必须具有内在正义性，不符合基本道德的法律不应该成为法律或不应继续成为法律，即"恶法非法"。这看起来是一个很简单的道理，但事实上对该含义的把握并不是那么容易的一件事。换言之，对于什么是"恶"，我们并不能够给予一个精确的定义，该如何去认定，我们也无法取得一致的说法。但即使如此，它也应该成为我们的一个共识，因为我们需要的是公平、正义，而不仅仅是法律条文本身。

"恶法亦法"的形式逻辑结构是"白马也是马"，抑或"坏人也是人"，然而这不过是对此论题望文生义的理解，没有多大意义。"恶法亦法"与"恶法非法"之争的真正意义在于：作为一国的执法者是否应当执行恶法，作为一国的公民是否应当遵守恶法？在这里"恶法"中的"恶"是邪恶的意思，即邪恶的法律，并不是非科学或有缺点的法律。"恶法"也是国家制定的或认可的并由国家强制力保证实施的一条、一组、一部法律或整个法律制度。

如果是"恶法"，当然是可以不遵守的，也是不应该遵守的。关键是判断"恶法"的标准是什么？主张"恶法非法"的辩手提出了三个标准，第一个标准是：这部法律是否是多数人意志的体现。第二个标准是：这部法律是否符合大多数人的利益。第三个标准是：这部法律是否有利于生产力的发展。这三大标准也是法学界的主流主张。但是，判断法律的"善"与"恶"只能有一个标准，那就是当时当地人的一般道德观念。凡当时当地的一般道德观念认为该部法律是剥夺个人基本权利或者是显失公平的法律，那么它就是"恶法"。

这个案件的审理所遵循的规则即：战时，一个人因为接受上级的军事命令而犯下罪行，他将承担作为一个人所应遵循的最基本的正义原则下的法律责任，没有任何豁免权。这一规则是在"纽伦堡审判"中确立的，在此之前，军人服从军令是天职的观念在所有国家都被奉行，而在"纽伦堡审判"之后这一观念被增加了一个前提条件，即军令不得违反基本的国际法战争规则和人道主义原则，否则军人不得因为这一观念而为自己的反人道罪进行辩护，并且这一前提规则具有溯及力。

该案中盖世太保分子只是出于效忠于一个具体的人——希特勒，而犯下了杀人罪。而希特勒的法西斯理论经过“二战”的现实的后果已经被证明违背了人类生存的最基本准则——道德伦理，因此如果是因为奉行了希特勒的军事命令而屠杀非武装人员，即构成反人类罪，盖世太保分子恪守这样的邪恶职责当然不能为其罪行辩护。

在此案件中我们可以看出提倡底线伦理是非常有价值和必要的。立法上存在着正义和非正义的问题，执法过程中也一样。如果一项法律本身已经突破了底线伦理，并且这项法律被执法人员不折不扣地执行，那么这种“生硬”执法就会迫使其违背作为一个人对人类良知和基本道义的底线，最终违背人之所以为人的基本义务，因此执行者最终会因为违背底线伦理侵害他人的正当权利而成为罪犯。

四、法不阿贵，绳不挠曲

——《韩非子·有度》

这句法谚的意思是：法律不能偏袒有权有势的人，墨线不会向弯曲的地方倾斜。意指法律应公平公正，一视同仁。

“权势”与“法”的较量

水门大厦地处华盛顿特区西北区泼托马克河畔，由一家五星级饭店、一座高级办公楼和两座豪华公寓楼组成。大厦正门入口处，有一个人工小型瀑布飞流直下，水花飘舞飞扬，使整个建筑群有了“水门”的美称。它原本是一幢普通办公大楼的名字，但是就因为美国民主党总部在它的六楼租了个办公室，谁曾想这幢水门大楼经民主党这一租，就名留青史了。

1972 年 6 月 17 日晚上，美国民主党总部的一位工作人员离开水门大厦后，偶然回头看了看自己的办公室，他惊异地发现，已经熄了灯的办公室里有几条光柱在晃动。不对呀，同事们都已经走了，谁又进了办公室，不开灯，却打着手电筒到处乱照。他马上回到水门大厦，把疑点告诉了保安人员。保安人员立即搜查了有关的房间，抓到五个戴着医用外科手套、形迹可疑的男子，其中一人名字叫詹姆斯·麦科德，是总统连任委员会的安全副官，同时卷入此案的还有白宫顾问亨特。调查人员很快确定这个案子绝不是一般的撬盗案，而是一起与竞选有关的政治案件。那么尼克松或白宫是否也介入此案了呢？

对此，尼克松否认他曾参与这起事件，并且在 11 月的大选中以少有的压倒性优势击败了民主党候选人乔治·麦戈文，获得连任。可是“水门事件”的阴影却挥之不去。连任之后，这位自作聪明的总统开始麻烦缠身。

1973 年 2 月，传媒上大肆张扬“水门事件”还有隐情的新闻报道，一瞬间在全美国掀起满城风雨。为了挽回局面，尼克松再次发表声明，表示其事先不知道“水门事件”，事后也没有任何阻挠调查的行为，并为窃听活动辩护，说这些都是为了国家安全，是合法的、必要的，从罗斯福总统时开始，每一个总统都这么干。他企图再次利用美国人民对他的信任来蒙混过关。

面对这一情形，在国会中占优势的民主党，决定成立一个特别调查委员会，对这次总统竞选活动进行彻底调查。然而一开始，对于此案件的调查进程缓慢，不得不停止对尼克松个人的调查。但是，到 1974 年春季，调查又获得了新进展。“水门事件”委员会掌握了一个新的情况：尼克松从 1971 年年初起，为了记录与手下的谈话和电话内容，下令在白宫办公室里安装窃听系统。调查委员会要求尼克松交出有关的录音带和文件资料。尼克松接到传票，经过一系列的紧张密谋之后，最终决定按照他的“智囊团”的建议，交出了13份经过改动的文字副件。尼克松以为这样便可以把法院给打发了。谁料到，地区法院却穷追不舍，紧接着又发出另一张更不客气的传票，命令白宫将全部录音带的原件立即呈交法院。尼克松的律师向法院抗议道：“为了国家的利益，总统享有绝对的保密特权。”但是地区法院对此辩词根本不屑。

这时双方都明白，法院是否能迫使总统服从传票及其他形式的司法决定，最终将由联邦最高法院决定。他们也知道此案涉及政府利益，请求最高法院决定，也希望避免审判时间过长。于是，这场总统官司便闹到了联邦最高法院。

针对尼克松的律师提出的“总统应有绝对的保密特权”的主张，首席大法官伯尔格尔，在法庭上作出了一个石破天惊的说法：“总统特权并非绝对。”他长篇大论地说：自由平等的精神，是美国的根本。而“司法公正”的原则也是美国宪法最重要的原则。而根据美国宪法的精神，保障“司法公正”的需要是远远大于总统的“保密”需要的。当尼克松的律师圣克莱尔以保护公众利益为借口而拒交录音带时，另一大法官路易斯·鲍威尔质问圣克莱尔：“圣克莱尔先生，保守与一桩刑事犯罪有关的秘密有什么公共利益可言？”此时，一向能说会道的圣克莱尔破天荒地第一次在法庭上被问得哑口无言。

1974年7月24日，最高法院公布了最终判决：法院判决联邦总统尼克松将录音带交给希瑞卡法官，使之在自己的办公室里对它们进行审查。

最终，判决和民众抗议的怒火迫使尼克松交出了录音带。其中有一盘录音带上清楚地记录着“水门事件”发生后六天，尼克松指示他的助手，让中央情报局阻挠联邦调查局调查“水门事件”，这是尼克松掩盖事实真相的铁证。整个白宫被惊得目瞪口呆，他们一直相信总统的清白，一直超出自己的职权范围来保护总统，而总统却从一开始就掩盖真相，并欺骗他的顾问、公众、国会甚至自己的家庭达两年之久，每个人都感到被出卖了，就连共和党的一批参议员、众议员也建议他辞职，尼克松终于到了众叛亲离的地步。

1974 年 7 月 27 日，美国众议院司法委员会通过了弹劾总统的司法文件，接着国会又以总统滥用权力和藐视国会为由对尼克松进行弹劾。

1974 年 8 月 8 日，理查德 · 尼克松成为美国历史上第一位辞职的美国总统，次日尼克松离开白宫，从而缓解了美国历史上一次重大的宪法危机，也使这一重大历史事件成为“法大于权”的一宗经典案例而警戒后世。

总统能不能将自己置于法律之上，这是从“水门事件”发生之后，尼克松与整个权利制约机制抗争的焦点。

不管你是什么人，也不管你是什么事，哪怕你贵为一国总统，只要是涉及法律的问题，涉及公民权利被侵犯的问题，到最后，都还是要听从宪法的裁决，都要由宪法的守护神——正义的法官说了算。同时，这一事件也更好地验证了“法律必须被信仰，否则它形同虚设”这一法谚。

五、法律不保护权利上的睡眠者

唤醒沉睡着的“权利”

案件发生在 2002 年 3 月，王力向艾阔借取一万元，并出具未注明还款日期的借据一份，2003 年 4 月、2005 年 3 月艾阔分别以口头方式，2006 年以书面方式向王力催讨欠款，王力均以自己系支取合伙利润（王力与艾阔系合伙人），而非借款，从而拒绝向艾阔归还一万元。据此，艾阔以王力为被告向法院提起民事诉讼，请求法院判令王力偿还借自己的一万元借款。

根据法律规定，当事人向法院请求保护其民事权利的诉讼时效期间为二年。从权利人知道或者应当知道其权利被侵害之日起开始计算。本案依原告艾阔的主张，系未注明还款日期的借贷纠纷，诉讼时效从债权人艾阔向债务人王力主张权利时开始计算。因为在庭审中，王力否认艾阔于 2005 年 3 月向自己第二次口头催讨过欠款，从而认为从 2003 年 4 月第一次催讨债务到 2006 年的书面催讨债务，已超过两年的诉讼时效，遂请求法院驳回艾阔的诉讼请求。

在审理过程中，本案双方当事人即原告艾阔与被告王力，对案件性质系借贷关系还是合伙关系所持意见虽然有分歧，但是，受诉法院对该案唯一证据即艾阔提供的借据进行审查后，对双方的借贷关系给予了确定。随后，受诉法院围绕艾阔与王力民间借贷一案是否超过诉讼时效，产生了两种意见。一种意见认为该诉讼已超过诉讼时效。理由是：艾阔出具的虽然是未注明还款日期的借据，但自 2003 年 4 月艾阔第一次口头向王力主张权利时起，二年的诉讼时效即开始计算。由于王力否认艾阔 2005 年 3 月有第二次口头向自己主张权利，因此，诉讼时效并未中断，即不重新计算二年诉讼时效。由此，至 2006 年艾阔以书面形式向王力主张权利时止，该诉讼已超过二年的权利保护期，也就是说，艾阔的债权不再具有法律上的保护力，而是转化为自然债权。第二种意见认为艾阔的诉讼未超过诉讼时效。理由是：艾阔于 2003 年 4 月、2005 年 3 月以口头方式主张权利的行为均无证据证实。王力认可艾阔第一次口头主张权利的行为，否认第二次口头主张权利的行为，属于规避法律的行为。由于艾阔与王力系合伙人，二次口头主张权利的行为又均无证据证实。因此均不予认定。即该案件的诉讼时效应该从2006年债权人艾阔以书面方式向王力催讨欠款时开始计算，故本案并没有超过诉讼时效。

其实，判断本案是否超过诉讼时效的关键是，如何认定艾阔第二次口头向王力主张权利的行为，对此，可以从以下两方面加以认定：第一，根据民事诉讼法的有关规定，未注明还款日期的借据，诉讼时效为二十年，但自权利人主张权利时起，诉讼时效为二年。该案庭审中，艾阔与王力双方均认可2003年4月艾阔第一次向王力主张权利的行为，由于双方认可，故无须证据予以证实。由于该次主张权利行为的成立，导致本案诉讼时效自2003年4月开始计算至2005年4月止届满。第二，王力否认艾阔在2005年3月向自己第二次口头主张权利，因此，艾阔对自己第二次向王力口头主张权利行为，应该提供证据证实。其不能提供相应证据予以证实，应承担举证不能的法律后果，即法院对该次口头主张权利的行为，不予认定。艾阔虽于2006年以书面方式再次向王力主张权利，但王力对该债务未予重新认可，故本案已超过诉讼时效。第三，王力虽有规避法律的嫌疑，但艾阔无论是在主张权利的过程中还是在诉讼过程中，均有避免王力规避法律行为发生的可能，因此该诉讼风险应由艾阔承担。从该案看，案情似乎很简单，但当事人是否会保护好自身权利，却是两种截然不同的结果，因此，在民间借贷中当事人应该善于保护好自己的合法权益。

这个故事实际上就是关于诉讼时效的问题。诉讼时效是指民事权利受到侵害的权利人在法定的时效期间内不行使权力，当时效期间届满时，债务人获得诉讼时效抗辩权。在法律规定的诉讼时效期间内，权利人提出请求的，人民法院就强制义务人履行所承担的义务。而在法定的诉讼时效期间届满之后，权利人行使请求权的，人民法院就不再予以保护。唤醒沉睡着的“权利”，不要让你手中的“权利”变成没有任何价值的口号。

六、我不同意你说的话，但我誓死捍卫你说话的权利

让人“讲话”天不会塌

“美国人可以烧毁自己国家的国旗”这样一个消息初次穿过太平洋传到中国时，着实让人们感到吃惊，因为“烧自己国家的国旗”是一个很不寻常的举动。

故事还得从头讲起。虽然人人都知道星条旗是美国的象征，然而鲜有人知的是美国何时才有第一面正式的国旗。最初美国国旗并没有绝对的权威，因为建国者们并不愿意建立一个过于集中的独裁机制，始终坚持着联邦与州之间的适当对峙。因此，对国旗之类的象征看得并不是太重。

国旗作为象征在美国人心里分量突然变重，是从第二次世界大战开始的。各“邦”的美国人通过这场战争，终于意识到他们是一个息息相关的整体。从此，他们对于美国这个联邦的认同，表现在他们对国旗的态度上。爱国热情骤然高涨，到处飘扬的国旗都是百姓们自发挂出来的。玷污国旗者成为全民公敌，因此，这时很难想象有人想要烧国旗。

在美国，“烧国旗”的行为出现在20世纪60年代。那时，美国国内反对越战运动和南方黑人民权的运动引发一些过激行为，巨大的社会动荡和世界范围内的“反思资本主义思潮”，使美国人陷入巨大困惑，传统价值观念濒临崩溃，终于引发人们以烧国旗这样的异常举动来表达愤怒。

1966年6月，美国当时一位很有名的黑人民权领袖——詹姆斯，在密西西比州遭到种族主义者的射杀。这一事件震动世界的同时，詹

姆斯的名字也随之传遍各地。

当这一枪击事件被纽约市一个叫斯特利特的人听到时，怒不可遏。并迁怒于无所作为的联邦政府。尽管他知道，美国是个分权的国家，治安权归属于地方，联邦无权插手，联邦政府也无法派专门的“保镖”对深入南方的民权领袖詹姆斯作跟随保护。作为一个美国公民，斯特利特当然有权当众表达自己心中的愤怒，只是他表达怒火的方式有点奇特——“烧国旗”。

斯特利特原本就是一位得过勋章的“二战”退伍军人，对自己的国家有着非比寻常的热爱之情。在他家里总是整整齐齐地叠着一面国旗，每逢节日他都会取出来悬挂在自己家门前。可是今天，愤怒的他取出国旗走到门外，一把抖开点上火，扔在地上任其被大火烧毁，并激动地向好奇的围观人群讲述自己的愤怒。很快，他就被一名巡警逮捕。

根据当时纽约的刑事法，亵渎国旗是违法的。于是斯特利特被地方法庭判定有罪。斯特利特对此判决不服并提起上诉，当案件一路走到联邦最高法院时。最高法院的大法官们虽然没有宣布纽约的《反亵渎国旗法》违宪，但却认为该部法律“‘用言辞和动作’来损毁、污蔑和践踏国旗”的规定太过模糊。地方法院仅仅因为一种言辞上的冒犯就判定斯特利特有罪的判决构成了对其“表达自由”的侵犯；并且，他的行为在性质上属于一种纯粹的政治抗议，因此应该受到宪法第一修正案有关言论自由条款的保护。于是，1969 年 4 月，最高法院以五比四推翻原判，宣判斯特利特无罪。

这是美国第一个诉至联邦最高法院的“烧国旗”案。显然，当时大法官们面对这个史无前例的案件也在思考。因此在判词中，对烧国旗是否属于受宪法保护的“象征性言论”，并没做出明确说明。但是谁都知道，有了这个开端，问题迟早还要回到最高法院来。

1967 年，纽约中央公园一个大型反越战集会上，又发生了焚烧国旗的行为。各报刊登了现场新闻照片，使之成为历史上最轰动的一次烧国旗事件。鉴于民众压力，国会在 1968 年通过了第一部联邦反亵渎国旗法。国会此举传达了当时大多数民众的强烈呼声：他们从感情上无法接受"烧国旗"。但此举却触怒了诸多"表达自由"的支持者。

20 世纪 70 年代初，美国大学校园的反越战风潮持续高涨。肯特大学的学生在示威中和维持秩序的国民兵发生冲突，混乱中有国民兵在紧张中开枪，导致四名学生丧生。消息传出，全国震惊。在西雅图一个叫斯宾士的大学生怒火难平，决定有所表示。他在一面美国国旗上贴上多条黑色胶带，那是一种源于印第安人的装饰，象征着和平。然后他把国旗倒挂着从窗口伸了出去，向窗外经过的人大声宣扬自己的反战主张。

最终，检方依据"禁止不正当运用"的州法律，对斯宾士提出指控。该法禁止在国旗或州旗上面涂画和装置任何词语、图案、符号，等等。在法庭上斯宾士辩称，他的行为是抗议美国轰炸柬埔寨和肯特大学学生被害。他说："现在有太多的杀戮，这不能代表美国。我认为国旗是代表美国的，我想让人们知道，美国应该代表和平。"可是该法律涵盖一切性质的"涂改"，对动机不作判断，案情论事实定罪。因此他被认定有罪，判处十天监禁缓刑执行，罚款 75 美元。

斯宾士对此不服，他决定上诉。上诉法庭经审理，最终推翻了原判，认为该州法与保护言论自由的宪法修正案相悖。检方上诉到州最高法院，又推翻了上诉法院的裁决，维持原判。斯宾士再次上诉。几经周折，最终，1974 年的 6 月，联邦最高法院以 7∶2 的多数裁决，判定斯宾士有权进行"特殊形式的表达"——"我想让人们知道，美国应该代表和平"，驳回了地方法院的有罪判决。

言论自由，被认为是所有政治权力中的第一首要权利。民主最益于预防非正义，法治则最益于保证实现正义。没有自由表达的意志，一切民主自由的制度构建都等同于纸上谈兵、空中楼阁。爱国情感固然可贵，焚烧国旗虽是不妥，但是，表达自由的原则却是至高无上的，为了维护表达自由，就必须做出牺牲、容忍国旗被任意毁坏这一事实，承受由此而产生的情感上的代价。

然而，一切自由都不是绝对的，言论自由亦然，它并非在任何时候与场合下都是绝对无限制的。禁止和惩罚某些受到精确定义和严格限制的言论类型，是没有任何违宪问题的。它们包括淫秽、亵渎、诽谤以及侮辱或"挑衅"言论；这些言论本身将造成危害，或易于煽动即刻发生的扰乱治安。这类言论并非是阐述任何观念的必要部分，并且它们对获得真理的社会价值是毫无意义的。

七、风能进，雨能进，国王不能进

一纸诉状将国王告上法庭

在资本主义国家德国有这样一个故事，号称"军人国王"的普鲁士国王弗里德里希（1797—1888 年），后来在法国巴黎的凡尔赛宫镜厅被德意志各邦君主拥立为德国皇帝，深受广大人民群众爱戴，他的助手就是大名鼎鼎的铁血宰相俾斯麦。现在德国街头还耸立着此国王骑着青铜战马叱咤风云的塑像。

当年他在距离柏林不远的波茨坦修建了一座行宫，相当于我们今天的北戴河。有一次这位皇帝用伟人们惯有的动作，登高远眺波茨坦市的全景，欲掐腰感慨江山如此多娇，他的视线却被紧挨着宫殿的一座磨坊挡住了。如此不合时宜的"违章建筑"，让这位领袖非常扫兴。

但他毕竟还是爱自己的子民的，他想以一种公道的方式来解决，于是他派人前去与磨坊的主人协商，希望能够买下这座磨坊。

不料这个磨坊主觉悟非常低，丝毫不顾全大局，心里只有小家，没有大家，一点儿也不把“市政规划”和“国家形象”放在眼里。就认一个死理：这座磨坊是从祖上传下来的，不能败在我手里。几次协商，许以高价，晓之以理，动之以情，表示组织的关怀，警告威胁领袖安全，影响伟大祖国形象这个问题的严重性。要知道这里可是一个国家的门面，来这儿的国际友人多了去了，一百多年以后波茨坦公告都是在这里签的。可这个老汉始终软硬不吃。面对这样不识抬举、不可理喻的钉子户，终于威廉龙颜震怒，派警卫员把磨坊给拆了。有趣的是这个钉子户拆迁时倒很配合，展现了良好的绅士风度，好像一点都不担心，既没有哭天喊地，满地打滚，也没有把汽油倒在身上威胁要自焚。他袖手站在一边，嘴里嘀嘀咕咕：别看你是一国首脑，我德国尚有法院在，待我到法院与你理论。

第二天这个老汉，居然就在当地一纸讼状把国家元首告上了法庭，地方法院居然受理了，判决结果居然是威廉一世败诉。判决皇帝必须“恢复原状”，赔偿由于拆毁房子造成的损失。威廉贵为一国之君，拿到判决书也只好遵照执行，高价赔偿损失并按原样将磨坊复原。

后来威廉一世和那个磨坊主都去世了。轮到小磨坊主想进城，希望把磨坊给卖了，不由想起了那个老买主，也不知第二代领导人对这个磨坊感不感兴趣，就给威廉二世写了封信。威廉二世给他回了信：“亲爱的邻居，来信已阅。得知你现在手头拘谨，作为邻居朕深表同情。你说你要把磨坊卖予朕，朕以为期期不可。毕竟此间磨坊业已成为德国司法独立之象征，理当世世代代保留在你家名下。至于你的经济困难，朕派人送去 3000 马克，请务必收下。倘若你不好意思的话，便算朕暂时借予你，解你一时之急需。你的邻居威廉二世。”

历经了多少个统治者，到现在，那个磨坊早已成为德国司法独立的象征，代表了一个民族对法律的信念，像纪念碑一样屹立在德国的土地上。

人最自由、自主、安全和独立的时候是在被称为家的房子里，如果连这一栖身之地都不是自己所有的，人要到哪里去寻求和确保自己的独立自主安全和幸福呢？财产权是其他权利的基础和保障，也是人类自由和尊严的根基。财产权使个人权利具体化，从而在根本上限制了政府对个人权利的侵犯。

八、礼乐不兴，则刑罚不中，刑罚不中，则民无所措手足

也许在孔子带领弟子周游列国的路上，也许在他与弟子平时课堂教育的一次对话中，孔子的一个学生子路先打开了话匣子，这个学生十分刁钻又不失好奇，问了他的老师一个大问题。他问的是为政的事儿，不明白为政首要应该做什么。孔子回答说：最紧要的事嘛，自然应该是正名。接着孔子对他的观点通过演绎推理予以论证，于是有了我们现今在《论语·子路》看到的：“名不正则言不顺，言不顺则事不成，事不成则礼乐不兴，礼乐不兴则刑罚不中，刑罚不中，则民无所措手足。”

中，意为适当。无所措手足，形容受拘束，没办法。连手脚都无处放，不知怎样才好。虽然我们对孔夫子的原话有些陌生，然而与之相关的“名正言顺”“手足无措”等，则早已成为人们的习用成语，被广泛运用。

这段话的大意是：名分不正，说起话来就不顺当合理；说话不顺当合理，事情就办不成；事情办不成，礼乐也就不能兴盛；礼乐不能

兴盛，刑罚的执行就不会得当；刑罚不得当，老百姓就会惶惶不安，连手脚都不知摆在哪里才好。在这里，我们可以看出老百姓惶惶不安过不好的直接原因就是刑罚不得当，浅显地说，就是指刑法过于严苛。

譬如，周朝的最高统治者周厉王，随着王权的增强，他基本上享有了绝对权威，越来越不喜欢那些影响、破坏领导形象和执政权威的事情。所以周厉王在人前自吹自擂，说他能够止谤，也就是禁止诽谤。他的办法很简单，就是苛以严厉的刑罚，把发表诽谤言论的人从肉体上消灭。结果如何？短时间内确实效果明显，人们什么话也不敢说了，只能惶惶度日。在路上碰到了也不敢相互打招呼，而是“道路以目”，用眼光相互交流一下。因此周厉王沾沾自喜。然而这种止谤方法并不真正有效。正如哪里有压迫哪里就有反抗，老百姓不安久了就想反抗，以此来寻找安全感。压迫越严重反抗也就越激烈，最终导致了周朝政权的灰飞烟灭。

再如，明朝的开国皇帝朱元璋，当政之初即主张以猛治国，刑用重典。他主持进行了一系列立法，以严法重刑绳诸吏民。他颁行“大诰”峻令，他实行“剥皮揎（音 xuān）草”①、挑筋、断指、断手、削膝盖等酷刑，试图使臣民畏惧而不敢有丝毫触犯。然而事与愿违，实际上并没有达到他理想中的效果，反而事倍功半。这些严刑峻法固然可以使罪犯望而生畏，不敢触法，但也会使普通的百姓感到惶惶不可终日，甚至连手脚都不知怎样放才好。因此他去世后，这些法律就基本上被废除了。纵观整个历史，刑罚的发展整体上都是由严苛逐渐走向和缓的，所以人民才逐渐放下了惶惶不安的抵触心理，逐渐生活得安实自如。

而刑罚不得当的直接原因是什么呢？孔子说是礼乐不兴。这里的

---

① 明朝朱元璋创设的刑罚，指把人皮完整地剥下来，做成袋状，在里面填充稻草后悬挂示众。

“礼乐”并非我们现在所说的礼仪、音乐，其拥有特定的含义，它既是为人处事的道德规范，又是一种教化的法治观念。在孔子看来，礼乐是刑罚的基础，它是积极的规矩，它主动地提出要求，对人们的言行作出指导和教育，明确地要求人们应该做什么、不应该做什么，可以做什么、不可以做什么；刑是消极的惩罚，是对违背礼的行为的处罚。因此，如果礼乐得不到实施，社会风气不好，刑罚就不会得当；刑罚不得当，民众就无所适从。反过来说，礼乐得到实施，法官公正执法，刑罚就会得当；刑罚得当，民众就知道该如何行事了。这就是著名的“礼刑”关系的论述。

因此当孔子看到春秋时期礼崩乐坏、纷争四起，首先想到的便是修订诗乐，恢复周礼。孔子的学生荀子继承和发扬了他的这一学说，提出：“《礼》者，法之大分，群类之纲纪也，故学至乎《礼》而止矣。”[①]即礼是法制的前提，学礼就是为了用法，这也就不难理解荀子的两个学生李斯和韩非，何以能够成为法家代表人物，推动变法了。

直到今天，我们对于“礼”与“刑”，或者说是“德”与“法”的关系仍然津津乐道，乐此不疲地探索。比如，习近平总书记在文章中谈及“必须坚持依法治国和以德治国相结合。法律是成文的道德，道德是内心的法律”。将二者的关系发展完善，提升到了一个新高度。同时，我们也看出，礼乐不兴，刑罚不得当并非人民无所措手足的根本原因，之所以会产生事不成、礼乐不兴，刑罚不中等一系列的问题，都是因为名分不正引起的，这才是根本原因。

正名问题一直以来都是政治和学术上的大问题。我们推行的政策也好，制度也罢，当我们决定将之推出去时，首先要让它在现实生活

① 参见《荀子·劝学》。

中寻求自己的立足点，然后向理论、法律及意识形态方面寻求突破。当某一事物名不正言不顺的情况长期存在，就必然引起社会成员的思想波动、行为紊乱和利益冲突。为此，要想从根本上实现和谐稳定，就必须给予事物以相应的名分，也就是常说的正本清源、定分止争。只有定分，才能解纷。

九、石以砥焉，化钝为利；法以砥焉，化愚为智

话说中唐时期有一位诗人姓刘名禹锡，他 21 岁中进士，年仅 33 岁，已是“名重一时”。可正当他春风得意，准备大展身手的时候，却被当作政治异己而连连遭贬。先是被贬为连州刺史，行到荆南这一地方，又被贬为朗州司马。朗州，就是今天的湖南常德一带。在唐朝时期属于偏远的南国之乡。诗人踽踽独行，陪伴他到朗州须臾不离的，不过是一把宝刀而已。可这佩刀随他到了南国之后，大概是受南方雨多、潮湿的影响，渐渐生锈裹结蛰伏在剑鞘之中，如重病缠身之人，动弹不得，以至于要剖开刀鞘才能将其拔出。诗人费尽九牛二虎之力才将其拔开，一看，呀！曾经精心锻造打制而成的宝刀，上面布满了斑斑锈迹，曾经的锋芒与锐气一点也瞧不见了。

诗人感到很失落，同时也产生了一个疑惑。那就是：宝刀生锈，主要是因为南方的天气潮湿的缘故呢，还是因为我经常不用造成的呢？诗人想来想去，发现主要原因还是他经常不用造成的，因为南方那些屠夫的刀、猎人的矛，虽然并不精良，也一样蒙受南方的暑气和潮湿，但是因为他们经常使用的缘故，却仍然寒光耀眼。宝刀钝了，还有办法让它重新锋芒锐利吗？诗人正想着，一位从东方来的客人为他带来了一块越地产的磨刀石。诗人不辞辛苦，用此石磨去了刀上的锈斑，又用淘米水将之洗净。那锈迹斑斑的佩剑瞬间变了模样，如同

脏衣服涤去了污垢一般，宝刀再现，清音振耳，寒光逼人。诗人见到此中神奇奥妙，心满意得，脸上露出了舒心的笑容。他不禁感叹："石以砥焉，化钝为利。"这里的砥，即磨刀石的意思。

这时那位送石的客人又告诉他说："我记得当年梅福说过，爵禄这东西，是天下的大磨刀石，汉高祖用来磨砺世人、培养选拔英才，这道理同磨刀是一样的。"诗人有感于磨刀一事和客人的话，辗转反侧，写出了一篇名垂千古的《砥石赋》。他在赋里说："石以砥焉，化钝为利；法以砥焉，化愚为智。"意思是用石砥砺，可以使刀化钝为利；用法治砥砺，可以使社会化愚钝为睿智。诗人看到了法治对于砥砺民众的重大作用。其实，法治的作用，自古以来就不可小觑。比如，秦朝，统一天下之后，全面奉行法家学派的"法治""重刑"，深入贯彻法治观念，制定严密的法律制度，网罗天下人才用法治相砥，"各种赏罚均以法令的形式颁布出去，而且是不分贵贱尊卑务必令行禁止"[①]。至此，秦朝进入了中国历史上第一个"以法治国"的时代，从而使秦国迅速崛起。

再者，唐朝，唐太宗全力推行依法治国，终成"贞观之治"。之所以能成就大唐盛世，最根本的原因就是坚持了依法治国，充分发挥了法治的作用。一来，他修法立规，律令天下。不仅修订完善了《贞观律》，同时编定令、式、格，建立了完备的法规体系。二来，他率先垂范，切实执行。唐太宗注重带头守法，抓住皇亲贵戚、豪强世族这些"关键少数"，有令必行，有法必依，违法必究，确保依法治国顺利推行。三来，加强监督，促进司法公正。他选用清正刚直的顶尖专业人才，推行"三法司"制，建立相互制约、互相监督司法体系，

① 冯达文、郭齐勇：《新编中国哲学史》（上册），人民出版社 2004 年版，第 188 页。

从制度上确保司法公正。终使整个社会从豪强权贵到升斗小民，皆以低调做人、谨慎敬业为荣，不敢以身试法。官风带动民风，民风带动世风。整个社会正气充盈，不同阶层不同种族的人们，和睦相处，大唐帝国成为世界各国仁人志士心目中的“阳光地带”。

“以史为鉴，可以知兴替。”因此，2014 年 10 月，中国共产党第十八届中央委员会第四次全体会议首次专题讨论依法治国问题。10 月 28 日，作出了《中共中央关于全面推进依法治国若干重大问题的决定》，就是要依照体现人民意志和社会发展规律的法律治理国家，而不是依照个人意志、主张治理国家；要求国家的政治、经济运作、社会各方面的活动通通依照法律进行，而不受任何个人意志的干预、阻碍或破坏。

正如习近平总书记在其《习近平关于全面依法治国论述摘编》中强调的一样：“治理一个国家、一个社会，关键是要立规矩、讲规矩、守规矩。法律是治国理政最大最重要的规矩。”“我国是一个有十三亿多人口的大国，地域辽阔，民族众多，国情复杂。我们党在这样一个大国执政，要保证国家统一、法制统一、政令统一、市场统一，要实现经济发展、政治清明、文化昌盛、社会公正、生态良好，都需要秉持法律这个准绳、用好法治这个方式。”

把握好法律这个“治国之利器”，以法为大砥，法治天下，使人民认识到法律既是保障自身权利的有力武器，也是必须遵守的行为规范，增强全社会学法尊法守法用法意识，使法律为人民所掌握、所遵守、所运用，使人民在学法用法的过程中不断滋养法治精神，化愚为智，充分展现出大国国民风范。

十、民不服吾能，而服吾公

在《大清拍案惊奇》中记述一则故事，号称“天下第一廉吏”的于成龙巧断一起小纠纷的事情。故事发生在清朝康熙年间，清官于成龙在广西罗城县令任上遇到了一起纠纷。八月十五中秋节的前日，60多岁的老妇钱归氏到罗城县城东街的老字号糕点铺“月中桂”购买月饼。时值节日前夕，“月中桂”生意兴隆，人来人往，进进出出，热闹非凡。嘈杂间，买了60个月饼的钱归氏与店家争吵了起来，60个月饼，每个5文钱，总共300文钱，钱归氏说钱已付给店家，拿着月饼就要回家；而店家却说尚未收到钱归氏的月饼钱，所以不让钱归氏出店门。恰好于成龙路过此地，被双方拦住，要求这清官大老爷给“评评理”。

区区300文钱的纠纷，拦住了县太爷，双方当事人的目的显然已经不只是为了钱，好在于成龙深谙“为民父母”的儒家为政之道，并不嫌弃草民的锱铢必较而推诿不理，或简单地各打五十大板了事。他很理解黎民百姓“决讼只为公平”的心情，耐心询问事发经过及在场的证人，单是这份耐心与认真，已使人们对“公道”有了几分信心。但这300文的“公道”并不容易讨还。钱归氏是一个来自乡里的质朴老妪，言谈举止甚至长相都带有乡间老人那特有的诚实。她专为买月饼而进城，现在所带的300文钱已经不在身上，坚称付给了店家。按理说她不会为了300文钱的月饼在节前专程来店中行诈。纠纷的另一方“月中桂”，更是“名驰通省，颇负信誉”的店铺，这样一个口碑远播的老字号怎么会为300文钱而讹诈乡中老妪。与钱归氏发生争执的店员，在这家店铺已打工八年，况且店中的规矩甚严，他没有机会将多收的钱据为己有。在场的证人众多，却是人多嘴杂，说法莫衷一是。这种情形，真的有些类似如今生活中时常发生的“高空坠物”，以及其他无法确定加害人或侵权人的那些说不清、道不明的案件：真实无法还原，证据无从收集。

令人感叹的是，当年的于成龙运用自己的智慧，还真就作出了一个令当事人及证人皆大欢喜的公正裁决。他坦诚地说明，300 文钱究竟落入谁手，已经难以查明。如果判钱归氏再出 300 文钱或者退还月饼，对钱归氏而言太不公道；但如果判店家输了这场官司，也是无根无据，一个有着良好声誉的店家或许也会因此蒙冤。于是，于成龙判在场的诸位“一人一文”，凑足 300 文给店家。于成龙如此裁决的理由是“一人一文”并“不伤众人元气”，却可以避免对钱归氏和店家的明显不公。在无可奈何的情况下，做到尽可能的公道。于成龙裁决在场者每人出一文钱的前提，不仅是因为每一个人都有可能是那个“窃贼”，更是因为每一个人都应该具有的那种“助人为乐”的道德品质。

大家为于成龙的判决折服，纷纷慷慨解囊，一起纠纷至此化解，当事人皆大欢喜。《清碑·官箴》里说：“民不服吾能，而服吾公。”意思是老百姓信服的不是我的才能而是我的公正。如果为官公正，执法公正，那么老百姓就不敢怠慢，就会更好地守法。于成龙的判案，正是彰显了司法的公正，才为老百姓所赞赏、所信服，才让大家去很好的执行了。

这与今日法律及法律精神“不谋而合”，可见公平正义作为一种崇高的价值理念，始终是人类社会孜孜不倦追求的理想。不同的是，古代司法公正的实现往往寄托于贤能之士，寄托于清官大老爷的出现，这具有极大的不稳定性，因为不是每个官员都具有这样的才能和素养。而现在，司法公正已经成为我国司法改革的一项重要原则了，并制定相应的制度予以保障。2015 年 4 月，中共中央办公厅、国务院办公厅印发的《关于贯彻落实党的十八届四中全会决定进一步深化司法体制和社会体制改革的实施方案》涵盖的 84 项改革任务中，涉及“保证公正司法、提高司法公信力”的就有 48 项。我国目前正处于社会转型期，社会构成已经发生了深刻变化，社会价值趋向多元化，一方面由于多种价值观念的冲突、碰撞与交织，另一方面弱势阶层的相对剥夺感和不公正感引发了大量社会冲突，直接导致不少涉法上访、信访案件、群体性事件的发生。[①]

这就要求在实现司法公正的路径选择上，不仅要以人为本，充分关注法官等专业人士和以当事人为代表的社会主体对司法公正的看法，吸纳其中的合理成分，厘清司法公正与司法效率、判后释疑、审判公开、司法审判公共关系、社会舆论、司法政策之间的关系，而且还要从立案、审判、执行的全过程动态视角加以解析。立案中，不能仅仅局限于对立案材料的审查和决定是否受理，而忽视立案前的准备，以及立案与审判之间的衔接；审判中，总结出真正契合当代中国社会的审判方法，通过科学方法在实例中的运用可以更加公正和高效地解决各种纠纷；执行与审判一样，都是体现司法公正与否的重要环节，需兼顾执行效率和执行质量，兼顾程序公正与实体公正。

同时，司法改革是实现法治现代化，司法公正的必由之路。西方法学家有言："纠纷处理制度的改革，更甚于纠纷的处理。"[②] 只有如此，司法公正才能蒸蒸日上，人民对司法机关的判决才能信服并积极执行，从而形成良性循环。

十一、罪疑惟轻，功疑惟重。与其杀不辜，宁失不经

雍正十三年至乾隆元年间，苗疆也就是今天的中国西南部再一次发生了叛乱，且事态有反弹恶化的趋势。古州苗变，清军内部，没有协调统一的指挥，一度狼狈不堪，临阵换帅，才将乱局镇压住。在这

① 参见王晨：《司法公正的内涵及其实现路径选择》，载《中国法学》2013 年第 3 期，第 18 页。
② [意] 莫诺·卡佩莱蒂编：《福利国家与接近正义》，刘俊祥等译，法律出版社 2000 年版。

次平乱中，参与此次对苗战争的大臣共有七位，他们分别是：大学士鄂尔泰、经略苗疆张广泗、抚定苗疆大臣张照、扬威将军贵州提督哈元生、贵州巡抚元展成、副将军董芳、副都御史德希寿。雍正十三年十一月，张照、元展成、董芳、德希寿四人被革职后押到京城。哈元生革去扬威将军，暂留提督任职。十个月后，乾隆给以上七人作出了处分和奖励决定。哈元生、张照免死释放，元展成、董芳、德希寿“治罪之处，俱著宽免”，即在罪行轻重有可疑时，进行宽免的刑罚，从轻处置。

至于鄂尔泰、张广泗，乾隆的谕旨指出：他们二人从前经营管理古州苗疆，原来并不是父皇的圣意，也就是说并不是雍正皇帝的本意。因有大臣上奏，父皇便降下旨意询问大学士鄂尔泰。他认为可行，然后父皇便任命张广泗与他共事。那个时候叛乱才刚刚平定，而善后的事宜还有不周到的地方，鄂尔泰即调离了总督之任。上一次叛逆的苗疆蠢蠢欲动，扰害地方，鄂尔泰向父皇上疏引咎自己的错误，请求削去伯爵，又因患病，恳请辞去大学士之任。父皇允许了他的请求，削去伯爵，并让他辞去了大学士之任。鄂尔泰经手办理的不够完善的地方，已奉父皇的旨意处分结案。等到他卸任之后，父皇对他深为眷顾，又赐他俸禄又赐他膏药，恩礼不断，这也是大家都知道的事情。

八月二十三日，鄂尔泰奉遗诏辅政，迄今为止已经一年，兢兢业业尽心尽责。在今日，如果让他现在的佐理之功随意泯灭，而重新议论父皇从前已经了结的案子，实在是于情于理都说不过去。况且他在经营管理三省时，制定了很多安定苗疆的措施，至今苗疆仍然十分安定，人民安居乐业而不被战乱打扰，难道不应该考虑一下他的功绩吗？至于张广泗奉鄂尔泰的委托处理苗疆一事，鄂尔泰远在云南，张广泗身在黔省。如果有处置不协调的地方，张广泗没有推卸的地方，这也是大家都能看到的。但他自成为经略以来，殚心竭虑地进行调度，荡涤苗疆的纷乱，抚慰黎民百姓。因此他现在的功劳，也已经可以掩盖从前的过错。因此张广泗仍任职他原来的职位，以奖励军功。[①] 在这个案子中，乾隆皇帝详细阐述了自己为什么如此处理的缘由。综观其谕旨，不难看出，乾隆皇帝是按照“罪疑惟轻，功疑惟重。与其杀不辜，宁失不经”这一原则对案件予以处理的。

“罪疑惟轻，功疑惟重。与其杀不辜，宁失不经”是什么意思呢？这句话的出处可谓久远，原来它出自《尚书·大禹谟》，“罪疑惟轻，功疑惟重”指的是罪行轻重有可疑时，宁可从轻处置；功劳大小有疑处，宁可从重奖赏。与其错杀无辜的人，宁可犯执法失误的过失。“与其杀不辜，宁失不经”则是指在处理两可的疑难案件时，宁可偏宽不依常法，也不能错杀无辜。归结起来就是：“宁可错放，不可错判。”其精神实质就是无罪推定和疑罪从无。

我们都知道，已经发生的案件事实并不尽然地能给办案人员留下充足的证据，因此还原之前已经发生的事情的真相有诸多困难，导致在实践中常常出现真伪不明的模糊案件，也就是疑案。而面对疑案，裁判者得基于价值取向和利益判断做出选择：疑罪从无或者疑罪从有。

而我国，早在公元前 2300 年左右，皋陶就曾向夏禹谏过“临下以简，御众以宽；罚弗及嗣，赏延于世；宥过无大，刑故无小；罪疑惟轻，功疑为重；与其杀不辜，宁失不经”。可以说此时已有无罪推定和疑罪从无的雏形。

之后在《春秋》决狱中也有基于“宁失不经”等慎杀、避免刑事错案的考虑。及至后面的“秋后处决”等制度的兴起，无罪推定和疑罪从无的思想更加凸显。

---

① 参见《乾隆语录》（五十）。

而真正确立无罪推定和疑罪从无制度最早是在清末。是在当时的修律大臣沈家本为主导的变法修律派在进行变法修律时被引进我国的。这次修律引进了无罪推定，罪刑法定，自由心证，公开审制，律师制度等先进法律制度和原则。

之后我国司法机关在面对疑案时，又进行了一些尝试。“绝不冤枉一个好人，也绝不放过一个坏人”是我们所希冀的一种最佳状态，然而在实践中我们并不是总能够把握好绝不冤枉和绝不放过的度，在多数情况下我们总是偏重于“绝不放纵”，“勿枉勿纵”在落实的过程中也就走向了“勿纵”，走向了重刑、重打击、轻保护的道路，导致了一些刑事错案的发生。

英国哲学家弗朗西斯·培根曾说：“一次不公的判断比多次不平的举动为祸犹烈。因为不平的举动弄脏了水流，而不公的判断却败坏了水源。”如何避免不公判决，也许无罪推定、疑罪从无原则才是从根本上避免冤假错案的方法，也是避免冤假错案的最有效的方法。

因此，改革开放之后，无罪推定和疑罪从无制度又重新进入我们的视野。目前，我国已经制定了以下措施保障其执行：一是司法工作人员和社会大众在思想上树立无罪推定和疑罪从无的正确观念。二是形成审判中心主义，发挥法院的审判功能。任何人非经法律的审判都不能定为有罪。我国在现行的《刑事诉讼法》第 12 条中明确规定“未经人民法院依法判决，对任何人都不得确定有罪”。三是，建立权责统一的监督和追究制度，如死刑复核制度，法官终身责任制等。

可以想见，只要坚定不移地执行，人权保障的明天一定更加湛蓝。

跋

《成长中的法律》原初是为重庆市哲学社会科学规划项目的一个子课题，经与重庆雅明教育集团会商，由我主持并与西南政法大学行政法学院2014级、2015级几位优秀硕士研究生共同完成，如今这些作者或走上工作岗位或选择继续深造攻读博士学位，但那份对《成长中的法律》一书的情怀始终是不忘初心。

少年强则国强，少年立于世界则国家立于世界。国家和社会务必重点关注青少年的精神建设和人格塑造，国家有义务为其提供良好适宜的成长环境，而法律意识、问题意识的能力培养和训练则显得尤为重要。

虽然，吾辈皆曰身处盛世，看似无限风光，但实际究竟如何呢？以人口国策为例，现代社会的风险不容小觑，独生子女背景下的“娃娃”们处处都存有太多的风险与不确定性，在众多风险中最值得重视的莫过于法律问题。一个人在出生前便与法律结下“不解之缘”（如准生证的发放、入学择校等），并且在后续童年、少年、青年等重要的人生阶段中会遇到不同类型的法律难题。据此，有必要从整体上梳理当代青少年成长过程中可能会遇到的各类法律问题，进而全方位地展示该类特殊群体的权利保护在我国法治建设和社会保障工作中的重要地位。

《成长中的法律》是对青少年权利保护的面面观，是现代国家讲求法治、尊重和保障人权的题中应有之义。一方面，基于现实问题的维度考察不同年龄阶段可能出现的法律问题以及相关困惑，从家庭、学校、社会等不同生活环境提取问题类型，逐一进行揭示和解答，帮助青少年树立和强化法律意识。这部详细记载着权利的“葵花宝典”能够有效指引青少年不断努力寻求法律保护、司法救济。另一方面，基于历史经验的维度爬梳古今中外最引人注目的法律制度和法律格言，生动地描绘出一幅恢宏浩瀚的法治画卷。读史使人明智，从古时各朝的法律制度感悟优秀法治的独特韵味，从历代先贤的传世言行体会法治的人性魅力。做人勿忘初心，方得始终，历史所能提供的理论给养是青少年成长过程中不可或缺的重要元素。

这里值得特别一提的是，本课题在完成过程中，得到了重庆市雅明教育集团陈国平先生的大力支持，虽然经费有限，但表达了社会有识之士对青少年普法弘法的价值向度。同时，还得到了作者所在单位行政法学院张瑜书记、谭宗泽院长、金承光副院长等领导的大力支持和鼓励，在此一并感谢。

曾哲

2017 年 12 月 17 日于西南政法大学寓所

图书在版编目(CIP)数据

成长中的法律 / 曾哲等著. —北京：中国法制出版社，2018.6
ISBN 978-7-5093-9473-1

Ⅰ. ①成…　Ⅱ. ①曾…　Ⅲ. ①法律-中国-青少年读物
Ⅳ. ①D920.5

中国版本图书馆CIP数据核字（2018）第111014号

策划编辑 / 责任编辑：侯　鹏　　　封面设计：李　宁

成长中的法律

CHENGZHANGZHONG DE FALÜ

著者 / 曾哲　等

经销 / 新华书店

印刷 / 北京九州迅驰传媒文化有限公司

开本 / 880毫米 × 1230毫米　32开　　　印张 / 9.75　字数 / 234千

版次 / 2018年6月第1版　　　2018年6月第1次印刷

中国法制出版社出版

书号ISBN 978-7-5093-9473-1　　　定价：36.00元

北京西单横二条2号　邮政编码100031　　　传真：010-66031119

网址：http://www.zgfzs.com　　　**编辑部电话：010-66060794**

市场营销部电话：010-66033393　　　**邮购部电话：010-66033288**

（如有印装质量问题，请与本社印务部联系调换。电话：010-66032926）